BARBARA PEVELING, geboren 1974 in Siegen, ist promovierte Ethnologin, Autorin und Journalistin. Mit Nikola Richter gab sie 2021 die Flugschrift *Kinderkriegen. Reproduktion reloaded* heraus. Sie lebt bei Paris und in Köln.

BARBARA PEVELING

GEWALT IM HAUS

INTIME FORMEN DER DOMINANZ

EDITION NAUTILUS

Die Autorin dankt der Kunststiftung NRW und dem Ministerium für Kultur und Wissenschaft des Landes Nordrhein-Westfalen für die Arbeitsstipendien.

Edition Nautilus GmbH
Schützenstraße 49 a
D - 22761 Hamburg
www.edition-nautilus.de

Erstauflage September 2024
Umschlaggestaltung: Maja Bechert
www.majabechert.de
Satz: Corinna Theis-Hammad
www.cth-buchdesign.de
Porträt der Autorin
auf Seite 2: © privat
Bilder auf Seite 48 und 102:
© privat
Druck und Bindung:
CPI – Clausen & Bosse, Leck
1. Auflage
ISBN 978-3-96054-376-3

Triggerwarnung
Dieses Buch enthält Schilderungen physischer und psychischer Gewalthandlungen, die belastend oder retraumatisierend wirken können.

Hilfetelefon
Gewalt gegen Frauen: 0800 116 016
Rund um die Uhr, für Betroffene, Angehörige und Freund*innen

»Alles, was ich an meinem Leben mag, alles,
was mich gerettet hat, verdanke ich meiner
Männlichkeit.«

Virginie Despentes, *King Kong Theorie*

Nacht

Keine dieser vielen Nächte, nicht eine einzige von ihnen, ließ mich verstehen, in welchem System ich gefangen war. Diese Nächte voller Angst und Wut, in denen Schreie wie Sprengladungen explodierten. Nächte, in denen mit Drohungen, Beleidigungen und Anklagen um Dominanz gerungen wurde, bis das Schweigen mich umgab wie Dunkelheit. Für jede einzelne dieser Nächte suchte ich eine logische Erklärung, fand einen Zusammenhang, hielt sie immer wieder nur für einen Ausfall der Ordnung, einen Zufall, schrecklich zwar, da unvorhersehbar, aber reparierbar, ein Versehen, etwas hatte nicht funktioniert, nicht gepasst, damals in meiner Kindheit zwischen den Erwachsenen, die mich aufzogen, später zwischen mir und dem anderen Menschen im Haus, ein Missverständnis war geschehen, ein Irrtum hatte sich ereignet und zu dieser einen dramatischen Nacht geführt. Und auch zu all den anderen Nächten danach, die dieser ersten so sehr glichen, als wären sie Zwillinge, als wären sie identisch, ein grausamer Doppelgänger, der irgendwo in der Ecke, in der Finsternis lauerte und immer wieder hervorgekrochen kam. Egal wie sehr ich mich bemühte, wie unglaublich ich mich anstrengte, dieser einen mir zugeschriebenen Rolle zu entsprechen und den gesellschaftlichen Erwartungen an einen weiblich gelesenen Körper zu genügen – die Explosionen dieser Nacht kehrten beharrlich zurück. Denn diese eine, diese erste Nacht war der Winkel, nach dem sich alle anderen Nächte, eine Nacht nach der anderen Nacht, im Haus ausrichteten. Sie war wie ein Prisma, durch das sich nicht Licht, sondern Dunkelheit brach, die lange, viel zu lange verhinderte, dass ich etwas von dem Prinzip des Hauses erkennen konnte, das Teil einer Gesellschaft ist, die Körper in einzelne Kategorien einteilt und ihnen unterschiedliche Bedeutungen und Rollen zuordnet.

Diese eine Nacht war der Auftakt für alle anderen Nächte. Sie war gekommen, um zu bleiben.

Doch in meiner Vorstellung gehörten diese Nächte lange nicht zu meinem Alltag, obwohl sie sich ständig wiederholten. Sie waren dysfunktional, Ereignisse jenseits der Norm. Ein Unfall ließ diese Nacht zum Abgrund werden. Sie war ein Missgeschick, für das ich mir oft, allzu oft selbst die Schuld gab. Vor allem als Kind, vor allem nach dieser einen fatalen Nacht der Nächte, in der ich meinen Vater verlor, herrschten das Schweigen und die Scham lange über mich, sie beherrschten mich.

Die Nächte blieben, sie wurden zu Jahren, und aus Jahren wurden Jahrzehnte, sie wurden zu einem ganzen Leben, einer Existenz, meiner Existenz. Und in diesen Jahren, diesen Nächten erzählte mein Leben ein Narrativ, das dem von Scheherazade aus Tausendundeiner Nacht glich. Ich überlebte, indem ich der Welt und mir die Geschichte einer Frau erzählte, einer Frau, die mit Mann und Kindern in einem Haus mit Garten lebt, die das Heim pflegt, den Herd heizt und die Kinder hütet, während der Mann das Geld verdient. Diese alte Erzählung, Scheherazades Erzählung, war in meiner Version selbstverständlich etwas modernisiert, mit Ausbildung und Berufstätigkeit, also alles in allem das gesellschaftlich angepasste Narrativ einer heteronormativen Frau.

Mir gelang es nicht, die Scheherazade in mir *zu töten*. In ihrem Buch *Wie ich Scheherazade tötete. Bekenntnisse einer zornigen arabischen Frau*[1] dekonstruiert Joumana Haddad die für sie prägende Vorlage der mythischen Frau, die dem Tod durch die Hand ihres Mannes nicht nur durch List und Tücke, sondern auch durch Unterwerfung entrinnen kann. Die innere Tötung dieser Mythen und Vorbilder ist ein wichtiger Schritt der Befreiung, sie ist aber auch wieder eine Form der Gewalt, die wir uns selbst antun. Ich glaube, wir können uns von diesen emanzipieren, indem wir ihre Lesart neu formulieren. Doch dazu müssen wir erst einmal die Strukturen und Mechanismen der intimen Form der Dominanz entschlüsseln.

Ich erkannte lange nicht, dass die Nächte kein Ausfall, sondern das System selbst waren. Ein System der Körper, der Liebe, der Fürsorge, der Beziehungen, der Familie, Kleinfamilie vor allem, mit Kindern – ein System der Gewalt. Und sie ist überall, sie sitzt schon im Mutterleib vor dem ersten Atemzug, sie wächst mit dem Herzschlag in der Fruchtblase, sie hockt in der Angst auf dem Heimweg von der Schule, der Angst vor Fremden, vor der Schutzlosigkeit und der Erkenntnis, dass es keine Flucht gibt, sie lebt in der Angst, schwanger zu werden beim ersten Mal, ungewollt, sie sitzt in dem Gedanken, nicht schlank, nicht attraktiv genug zu sein, nicht stark, nicht anziehend, nicht männlich oder weiblich genug, sie gehört zum Alltag, sie ist das Schlaflied der gesellschaftlichen Normen und kehrt sich, leise und kontinuierlich, gegen den Menschen selbst.

Gewalt als die von Menschen gegenüber anderen »eingesetzte Kraft ohne Rücksicht auf die Eigenart des Gegenübers«[2] wird von allen Körpern erfahren. Sie wird vor allem von den Körpern erfahren, die einer Minderheit angehören, die in körperlicher Stärke unterlegen sind, die ein Stigma tragen, sei es Hautfarbe, Herkunft oder körperliche Beeinträchtigung. Aber auch die Körper auf der anderen Seite, Repräsentanten der »dominanten« Gruppe, der männlich gelesenen, *weißen* Körper, sind nicht frei von Gewalt. Denn wer Gewalt ausübt, unterwirft sich ihr gleichzeitig, und so tragen auch die sogenannten Täter diese in sich, richten sie gegen sich und andere, denn irgendwo muss sie ja hin, diese Gewalt, die ein System produziert und reproduziert, die es am Leben hält – und davon handelt dieser Text.

Ich habe lange, viel zu lange gebraucht, um dieses System zu verstehen. Vielleicht, weil die Prägung zu existentiell war. Denn wer bin ich, wenn ich nicht das kleine Mädchen bin oder war, das mit den Puppen spielte, die man mir ungefragt gab? Ich kann mich nicht daran erinnern, wer mir meine erste Puppe schenkte, ob ich sie mir gewünscht hatte, aber ich hatte viele Puppen und ich liebte sie. Ich fuhr sie sonntags spazieren und gab ihnen abends einen Brei, bevor ich sie schlafen legte. Ich war eine gute Puppenmutti. Und aus dieser Perspektive schreibe ich dieses Buch, aus der eines Menschen in einem weiblich gelesenen Körper, einer Frau, einer *weißen* Frau, aufgewachsen in einem zwar privilegierten, aber gewaltproduzierenden System, in dem die Etablierung der Dominanz durch die Rollenzuteilung Einzelner systemerhaltend wirkt. Ich schreibe aus der Perspektive einer Frau, die in Mitteleuropa aufgewachsen ist, die Gewalt als intime Form der Dominanz in ihrem Leben als Erwachsene in zwei europäischen Ländern, Frankreich und Deutschland, erlebt hat. Meine Beschreibungen beziehen sich auf persönliche Erfahrungen sowie auf historische und politische Entwicklungen in beiden Gesellschaften. Dabei konzentriere ich mich auf den gesellschaftlichen Umgang mit patriarchaler Gewalt, und dabei vor allem auf Gewalt gegen Frauen.[3] Ich erzähle also von mir, von meiner persönlichen, intimen Nacht, wohl wissend, dass denen, die sprechen, meist eher Sanktionen drohen als den anderen, aber auch im Bewusstsein, dass meine private Geschichte politisch ist.

Frühlingserwachen

Ganz am Anfang, noch bevor die Regelblutung einsetzte, die Brüste wuchsen und mit diesen die Scham, konnte ich in meiner frühen Kindheit für kurze Zeit in eine andere, »verlorene« Identität schlüpfen. An ihr ist »ein Junge verlorengegangen«, sagten die großen Leute, denn außer Puppen liebte ich auch wilde Spiele. Vor allem unter Aufsicht meines Vaters, der keinen Sohn hatte, der sich vielleicht einen Sohn gewünscht hatte oder, schlimmer noch, an sich zweifelte, weil er eben keinen Sohn hatte. Für ihn war ich so etwas wie ein Sohn, er ließ mich in seiner Gegenwart Sohn sein, ermunterte mich sogar dazu. Diese kurze Zeit und diese amüsierten oder vielleicht sogar mitleidigen Blicke der Erwachsenen waren für mich die Erlaubnis, wenigstens für eine gewisse Zeit wild und unbändig sein zu dürfen, mich körperlich messen zu können, bis ich mich unterordnen, ein Mädchen sein musste und die Gewalt nicht mehr ausüben durfte, sondern sie ertrug. Da war dieser Nachmittag, als ich beim Spielen im Stacheldraht hängen blieb. Mein Vater war da schon tot, hatte sich selbst Gewalt angetan, so dass er nicht mehr sagen konnte, *Indianer kennen keinen Schmerz.*

Wenn du heiratest, sagten die, die mich aus dem Draht zogen, *sieht man nichts mehr,* aber die Narbe ist heute noch da und ich habe mich oft gefragt, was passiert wäre, wenn mir jemand stattdessen gesagt hätte: *Indianer kennen keinen Schmerz.* Wenn mir Stärke vermittelt worden wäre statt Unterwerfung, statt dem Warten auf den Prinzen und damit auf das Verschwinden der Narben. Meine Erziehung als Frau ging Hand in Hand mit der Dressur zur Abhängigkeit vom männlichen Zuspruch, ich wollte *Cinderella* sein, wie Colette Dowling[4] schreibt, und auf keinen Fall die böse Hexe. Das Ertragen beginnt mit dem Tragen, dem Tragen eines geschlechtsreifen Organs, das einen anderen Körper im eigenen zu produzieren fähig ist, denn auch das ist eine Wahrheit des Systems: Eine wirkliche Frau ist nur die, die getragen und geboren hat, die einen anderen Körper aus ihrem geschaffen hat. Nur sie erhält diesen Status, der dem einer Heiligen gleichkommt, mit all den unterschiedlichen Ikonen aus den verschiedenen kulturellen Gedächtnissen, die unser gesellschaftliches System heute dominieren – der Muttergottes aus dem Christentum vor allem. In diesem System drohen selbst sehr berühmte und erfolgreiche Frauen wie die Schauspielerin Jennifer Aniston unter dem öffentlichen Druck zu zerbrechen, der auf sie ausgeübt wird, wenn sie die Körperfunktion des Reproduzierens nicht bedienen.[5] Lange habe ich mich in diese Rolle der Frau als Mutter eingefügt und auch darum gekämpft, nicht allein mit meinen Kindern zu sein, denn dies ist die andere Seite der Medaille: Es reicht nicht, Mutter zu sein, es braucht auch den Mann dazu, biologischer Vater oder nicht, aber mindestens einen Begleiter, einen Beschützer, wie sie sagen, eine Schulter zum Anlehnen, mindestens. Dass es meist recht fragile Schultern sind, die einem weiblichen Körper zum Anlehnen geboten werden, und dass frau sich daran auch nicht einfach anlehnen kann, sondern diese stützen, aufrichten, sich ihnen sogar unterordnen muss, damit der Besitzer der Schultern zufrieden ist und bleibt, ist eine weitere Geschichte, und auch davon handelt dieser Text. Viele Jahre also reagierte ich wie ein dressiertes Tier: Das System gab mir Anerkennung und Zuspruch, solange ich in der Rolle der Frau funktionierte, mit all ihren zugeschriebenen Qualitäten der Mutterschaft, der Liebenden, der Muse, der Aufmerksamen, der Fürsorgenden, derjenigen, die an die Geburtstage denkt und Feiern wie Weihnachten ausrichtet, denn dafür hat der Mann als Hauptverdiener meist ja keine Zeit.

Dann kam #MeToo und ich habe diese Bewegung bewundernd begleitet, obwohl ich erst dachte, dass ich keine von jenen Frauen, keine Betroffene bin. Ich glaubte, meine (Gewalt-)Erfahrungen wären zu gering, nicht dramatisch genug, zu wenig drastisch, um Teil dieser Bewegung zu sein. Ich wurde nicht vergewaltigt, nicht körperlich missbraucht. Ich war nicht zum Sex gezwungen worden. Ich war kein Opfer. Ich lebte nicht in patriarchalen Strukturen, oder doch?

Aber ich fühlte mich solidarisch mit denen, die den Mut hatten, laut zu sprechen. Häusliche Gewalt hat lange im Schatten von #MeToo gestanden, wie die ZEIT 2018 anmerkte.[6] In Deutschland wird die Thematik um Gewalt in intimen Beziehungen nur zögerlich und langsam zu einem Gegenstand öffentlicher Diskussionen. Olaf Scholz hat zwar bereits 2001 als Hamburger Innensenator eine Rede[7] gehalten, in der er strengere Maßnahmen gegen häusliche Gewalt forderte; heute als Bundeskanzler beschränkt er sich aber darauf, wie seine Vorgängerin übrigens auch,[8] lediglich einmal im Jahr zum Tag der Gewalt an Frauen am 25. November ein Statement abzugeben.[9] Statements helfen aber nicht, gesellschaftliche Strukturen zu verändern. In Frankreich findet das Thema durch den Aktivismus von feministischen Bewegungen wie dem MLF (Mouvement de libération des femmes, Bewegung zur Befreiung der Frauen) bisher mehr Aufmerksamkeit. Der französische Präsident Emmanuel Macron hatte die Thematik zum Teil seines Wahlprogramms gemacht.[10]

Dass #MeToo vor allem ein »Gesprächsangebot«[11] ist, wie Jagoda Marinić schreibt, und damit auch mich und meinen ganz persönlichen Alltag betrifft, habe ich erst mit der Zeit verstanden. Ich fing an, mein eigenes Leben abzutasten, als würde ich mich durch die nächtliche Dunkelheit tasten. Dabei wurde mir klar, dass vor allem männlich gelesene Körper Gewalt in eine soziale Gemeinschaft bringen. Dies soll nicht heißen, dass Männer nicht auch selbst unter der Gewalt leiden würden, ihnen diese sogar aufgezwungen wird, sie diese ausüben, um einem männlichen Habitus zu entsprechen, da sie Angst davor haben, sonst nicht als Mann gesehen zu werden. Auch ein Mann ist, schreibt Jack Urwin, »Opfer toxischer Männlichkeit. Doch er ist nur *ein* Opfer seiner toxischen Männlichkeit, nicht *das* Opfer.«[12]

Unter dem System der intimen Dominanz des Patriarchats leiden alle Menschen. Der Femizid, die Tötung von Frauen, *weil* sie Frauen sind, ist dabei nur die Spitze des Eisbergs der Gewalt im Haus. Der Begriff Femizid wurde von der Soziologin Diana E. Russel in den 1980er Jahren geprägt.[13] Die heteronormative Kultur unserer Gesellschaft ist nach Russel gewaltgenerierend, dabei schließt sie homosexuelle Partnerschaften nicht aus, denn diese sind dem binären System auch weiterhin untergeordnet.[14] Dieser Meinung schließe ich mich an. Die Vorherrschaft der heteronormativen Kleinfamilie ist eine mögliche Erklärung dafür, warum die Zahlen der häuslichen Gewalt stetig steigen.[15] Denn sie fördert durch Rollenzuschreibungen intime Formen der Dominanz, wie beispielsweise wirtschaftliche Ungleichheiten und Abhängigkeiten. Es sind die Strukturen, die die Gewalt etablieren, und sie zu verlassen, gelang mir erst durch das Schreiben dieses Essays.

Dämmerung

Häusliche Gewalt hat viele Gesichter, sie reicht von verbaler über wirtschaftliche bis hin zu körperlicher Gewalt. Jede Form der Gewalt ist für sich traumatisierend, und allen ist gemeinsam, dass sie zu einem gesellschaftlichen System gehören. Die Strukturen dieses Systems sind im kulturellen und sozialen Gedächtnis unserer Gesellschaft verankert. Über dieses Gedächtnis, so Aleida Assmann, werden in Kulturen Identitäten hergestellt und Legitimation gewonnen.[16] Dieses das System erhaltende Gedächtnis ist nicht unbedingt ein bewusster Prozess, sondern verankert in Narrativen, wie Mythen, sowie in unseren Körpern und auch in sozialen Räumen. Dieses Buch ist aus dem Wunsch entstanden, über die Form der Erzählung die verschlüsselte Sprache dieses Gedächtnisses zu lesen, verbunden mit der Hoffnung, die Strukturen der Gewalt ein wenig aufzubrechen und vielleicht sogar zu verändern. Durch die wachsende Aufmerksamkeit für häusliche Gewalt sind in den letzten Jahren einige wichtige Publikationen zu der Thematik im deutschsprachigen Raum entstanden. Dazu gehören *Alle drei Tage*[17] von Backes und Bettoni, *Femizide. Frauenmorde in Deutschland*[18] von Cruschwitz und Haentjes sowie *Heimat bist du toter Töchter*[19] von Widler. Zuletzt erschien *Die stille Gewalt*[20] von Asha Hedayati. Diese Bücher setzen sich vornehmlich journalistisch, über Interviews mit Expert*innen und Betroffenen, mit Femiziden auseinander, geben Erklärungsmuster von männlicher Gewalt und entwerfen Perspektiven, wie diese in Zukunft verhindert werden könnte. In *AktenEinsicht. Geschichten von Frauen und Gewalt*[21] setzt sich Christina Clemm, wie auch Hedayati, aus einer juristischen Perspektive mit dem Erfahrungshorizont von Betroffenen auseinander. Clemm weist darauf hin, dass es nicht ausreicht, selbst keine Gewalt auszuüben, sondern dass es wichtig ist zu verstehen, woher sie kommt.[22] Die Historikerin Franziska Benkel zeichnet in *Wir haben nichts mehr zu verlieren ... nur die Angst! Geschichte der Frauenhäuser in Deutschland*[23] die Entwicklung von Wahrnehmung und Umgang mit geschlechtsspezifischer Gewalt in Deutschland nach. Das Buch *Femi(ni)zide*[24] von dem Autor*innenkollektiv Biwi Kefempom nimmt das Fundament der patriarchalen bürgerlich-kapitalistischen Gesellschaft als Gewalt hervorbringendes System in den Blick. An dem gewählten Begriff Femi(ni)zid als Konzept patriarchaler Gewalt und ihrer Strukturen möchte ich im Folgenden festhalten. Während die allgemeinen gesellschaftlichen Verhältnisse oft in den Hintergrund geraten, rücken sie hier ins Zentrum. Die Autor*innen stehen mit diesem Begriff meinem Ansatz am nächsten.

Was mir in der deutschsprachigen Literatur zu häuslicher Gewalt gefehlt hat, ist die Entschlüsselung von Mechanismen, die dazu führen, dass in einer intimen Beziehung ein Partner mithilfe seiner Dominanz das Leben seiner Partnerin so sehr beeinflusst, dass diese sich wie in einer Art Spinnennetz befindet, aus dem sie sich kaum noch aus eigener Kraft befreien kann. Diese die Betroffenen nahezu paralysierende Einflussnahme wurde in Frankreich von Marie-France Hirigoyen beschrieben.[25] Auch fehlte mir oft die Auseinandersetzung mit dem Widerstand gegen häusliche Gewalt. Was, wenn das Opfer, wie Elsa Dorlin in *Selbstverteidigung*[26] schreibt, selbst zum Angreifer wird? Mein Buch greift diese Punkte verstärkt auf. Dabei nimmt es nicht nur die gesellschaftlichen Strukturen in den Blick, sondern ist auch die autobiografische Erzählung einer Betroffenen. Anhand meiner eigenen Geschichte möchte ich anderen Betroffenen eine Stimme geben. Es ist die Erzählung einer Frau, die als Kind häusliche Gewalt erlebte, die, lange unbewusst, diese Strukturen, die häusliche Gewalt ermöglichen, als Erwachsene duldete und sogar auch selbst ermöglichte, diese zu reproduzieren. Es ist der Erfahrungsbericht eines langen Weges der Bewusstwerdung und der Emanzipation vom Opferstatus. Die Opfer von häuslicher Gewalt werden noch heute oftmals in der Öffentlichkeit verurteilt, indem davon ausgegangen wird, die Gewalt sei nur in einem bestimmten Milieu oder einer Klasse zu finden. Aber die Gewalt ist überall. Es ist an der Zeit, den Opfern eine Stimme zu geben und ihnen zuzuhören. Es ist auch an der Zeit, den Tätern früher und aktiver präventiv zu helfen, um Gewalt zu verhindern. Denn dies ist auch die Geschichte eines Kindes, das ein Elternteil an häusliche Gewalt verlor. Auch wenn mein Vater die Gewalt ausübte, erlag er dieser, durch seinen Suizid, selbst. Dieses Essay nimmt Opfer wie Täter in den Blick.

Es ist entstanden aus einer Nacht, die für viele Nächte steht, aus der Nacht meiner Kindheit, als hinter der Glastür ein Löwe tobte. Ich dachte lange, er sei aus meiner Fantasie, aus meinen Träumen gekommen, bis ich verstand, dass der Löwe in meinem Kopf eigentlich das Bild meines Vaters war, in jenen Momenten, in denen er als Mann im Haus auftrat. Dieses Buch ist entstanden aus der Nacht, in der das Gewehr in unserem Haus gebraucht wurde. Ich schreibe hier als Frau, als Mensch, aufgewachsen in einem weiblich gelesenen Körper mit dem *Blick einer Frau auf Männer*. Nicht wie Siri Hustvedt, die auf Männer blickt, wie sie auf Frauen schauen[27], sondern im Haus als intimem Raum und in der dort ausgeübten Dominanz und Gewalt. Der Blick auf Männer betrachtet diese in ihren sozialen Rollen als die eigenen Väter, Partner, Väter der eigenen Kinder, Stiefväter, das andere Geschlecht. Dabei erlaube ich mir, den erzählerischen Aspekt des Essays zu erweitern, die Erlebnisse und Ereignisse nicht nur allein biografisch, sondern auch literarisch zu beschreiben.

Die Psychologin Lenore Walker hat mit ihrer Theorie des Kreislaufs der Gewalt einen entscheidenden Beitrag zum Verständnis und der Therapie von häuslicher Gewalt geleistet.[28] In diesem Kreislauf spielt die Phase des Honeymoons eine wichtige Rolle. Er beschreibt die Phase zwischen zwei Krisen, den Moment der Reue, des Innehaltens, Zusammenkommens auch, der Hoffnung vor allem, bevor sich wieder die Spannung aufbaut und die Arena des Kampfes, des Ringens um Dominanz neu eröffnet wird. Es ist auch der Augenblick, der die Chance zur Bewusstwerdung und Änderung bietet. Doch leider ist der Honeymoon im Zyklus der Gewalt eben doch oft nur ein Moment der Ruhe vor dem Sturm.

Es ist wichtig, Licht in die Dunkelheit zu bringen. Licht in all diese Nächte, meine, seine, unsere, die Zeugen der Gewalt sind, die nicht aufhören will und wird, solange nicht das Schweigen gebrochen und Widerstand geleistet wird. So beginnt die Dämmerung. »Als wäre es etwas Verbotenes«, beginnt Annie Ernaux in *Die Scham*[29] von dem Tag zu erzählen, als ihr Vater die Mutter fast erwürgte – und damit, die Scham zu überwinden und dieses Essay zu schreiben, ist vielleicht schon ein erster Schritt ins Licht getan, hoffentlich. Ich schreibe es für jeden Menschen, der sich von häuslicher Gewalt betroffen fühlt.

Nicht jede Nacht, aber jeden Tag

Ich schreibe an diesem Essay an einem dieser Tage, an denen mir nicht die Kraft fehlt, über das nachzudenken, was in all diesen Nächten geschah und was ich lieber als Irrtum, als Fehlleistung, als dummen Zufall, der nur einmal passiert, als Ausfall, aber nicht als System habe sehen wollen, als einen nicht enden wollenden Traum. Ich schreibe diesen Text aus den Tiefen dieser Tage, an denen die Angst mir nicht im Nacken sitzt und mich nicht gefügig macht wie eine unterwürfige Frau, wie eine von denen, die nur dafür geboren und erzogen worden sind, um einem Mann zu dienen, und ist sie nicht willig, so braucht er Gewalt. Ich schreibe diesen Text für alle Frauen, deren Angst größer ist als ihr nächster Atemzug, so dass sie nicht anders können, als dem System zu gehorchen, sich unterzuordnen, obwohl sie wissen oder ahnen, wenigstens hoffen, dass es falsch ist, dass sie mehr wert sind als die Funktion im Haus, die ihnen zugeordnet wird. Ich schreibe diesen Text für alle Frauen, die den Blick senken, die runterschlucken, die Schultern einziehen, die mit der Scham aus dem Haus gehen, weil es hinter den Wänden in ihrem Haus nicht aufhört zu donnern, obwohl der Donner doch nur draußen sein sollte, in der freien Natur, und nicht im sicheren Haus, im intimen Bereich. Ich schreibe diesen Text für die Frauen, die es geschafft haben, die Gewalt hinter sich zu lassen, und die sich fragen, wie es nur dazu kommen konnte und warum es sie traf. Ich schreibe dieses Buch für jede einzelne Frau, die ihr Leben lassen musste, die durch die Hand eines Mannes starb. Ich schreibe dieses Buch für die Kinder der Frauen, die einen Knoten im Bauch haben, jede Nacht und jeden Tag. Ich schreibe dieses Buch für die Kinder, die mit offenen Augen im Bett liegen und die lauten Stimmen hören. Ich schreibe dieses Buch für die Kinder, die noch nicht lesen und schreiben können, sich aber schon fragen müssen, wo sie leben wollen und mit wem, denn wenn es morgen endgültig kracht, wissen sie, dass einer ihrer beiden Eltern gehen wird und zwar für immer. Ich schreibe dieses Buch für das Kind, das ich war und das diese Frage niemals hat beantworten können. Ich schreibe dieses Buch für das Kind, das ich war und das gedacht hat, es würde, nein, es müsste mit seinem Vater gehen, denn sein Vater, das war damals schon klar, hätte sonst niemanden mehr. Ich schreibe dieses Buch für die Liebe der Kinder zu ihren Eltern und für das Recht ihrer Liebe für jedes ihrer Elternteile, denn die Liebe lässt sich nicht teilen oder subtrahieren wie eine Rechenaufgabe. Denn das Recht auf die Liebe zu den Eltern ist auch das Recht auf die eigene Identität. Ich schreibe dieses Essay für die Väter dieser Kinder. Ich schreibe dieses Essay für jeden Mann, der sich nicht kontrollieren kann. Ich schreibe dieses Essay für jeden Mann, der die Beherrschung verliert, immer und immer wieder, obwohl er versprochen hat, es das nächste Mal nicht zu tun, keine Schimpfworte, keine Schläge, keine Gewalt anzuwenden. Ich schreibe diese Erzählung für alle Männer, die genau wissen, dass sie sich beherrschen können, wenn sie wollen, und es trotzdem nicht tun. Ich schreibe dieses

Buch für jeden Mann, der einer Frau ins Wort fällt. Ich schreibe dieses Essay für jeden Mann, der Chef sein will, der Chef sein muss, der den *Big Man* spielt, egal ob er will oder nicht anders kann. Ich schreibe dieses Buch für jeden Mann, der sich vornimmt, anders zu sein, anders als sein Vater zu sein, als sein Bruder, sein Onkel, als der Nachbar, als einer dieser vielen Männer, die Frauen unterbrechen, weil sie es besser wissen, die Frauen spüren lassen, dass Männer es besser wissen, dass Frauen für sie *down*[30] sind, für Männer, die Bemerkungen über das Einparken fallen lassen, die Witze machen, mit denen sie männliche Überlegenheit ausdrücken, die Frauen anfassen, ohne dass diese angefasst werden wollen, wütend sind, weil diese nicht angefasst werden wollen, ihre Wut runterschlucken oder nicht. Ich schreibe diesen Text für die Männer, die schon einmal unter anderen Männern gelitten haben, weil sie nicht mithalten konnten, mit dem Trinken, beim Sport, bei diesem tagtäglichen Wettkampf der toxischen Virilität. Ich schreibe dieses Essay für alle, die dem Hashtag #NotAllMen folgen, denn ja, selbstverständlich sind es nicht alle Männer, die schlagen, töten, erniedrigen, die Gewalt anwenden. Nicht alle Hunde beißen, nicht alle Frauen haben Misogynie erlebt oder würden sagen, sie hätten sie erlebt, aber solange es Menschen gibt, die aufgrund des ihnen zugeschriebenen oder von ihnen gewählten Geschlechts von anderen Menschen unterdrückt werden, solange gesellschaftliche Strukturen existieren, die dazu führen, dass Menschen unterdrückt werden, geht dies uns alle an. Denn nicht zuletzt schreibe ich für meinen Vater, der Täter wurde, weil er Opfer war, und der am Ende schließlich doch wieder auch nur Opfer war. Ich schreibe, damit es keine Opfer mehr gibt, denn ohne Täter keine Opfer, oder umgekehrt. Ich schreibe.

Honeymoon

Das geht so lange, bis das Klima der Spannung wieder aufgebaut ist. Wann hatte die Therapeutin diesen Satz zu mir gesagt? Auf welche Erzählung von mir war dies ihre Antwort? Welche meiner Erinnerungen waren der Auslöser für diese Worte gewesen?

Honeymoon, hatte sie gesagt, ein Mond voller Honig, eine Lunation des Glücks, die sich immer wieder selbst erneuert, aber nicht von Dauer ist, flittert und flirrt, wie das Lied der Liebenden, gehört zum sogenannten Teufelskreis häuslicher Gewalt. Ihre Worte aber ignorierte ich, indem ich einfach weitererzählte. Ich musste etwas loswerden, mein Leid abladen, dort in dieser Sitzung all das lassen, was mir unüberwindbar vorkam. Ich wollte ihre Praxis nach der Sitzung mit der Melodie der Hoffnung in meinem Herzen wieder verlassen, wie ein Kind, das an einer Serinette dreht.

Später habe ich Briefe geschrieben. Alle Mitglieder meiner Herkunftsfamilie bekamen einen Brief, in dem ich von meinem Wunsch nach Trennung sprach. Ich habe geschrieben, dass es schwer ist und ich es nicht mehr aushalte. Dass es einfach nicht mehr *geht*. Ich habe nicht geschrieben, helft mir, holt mich hier raus. Nur, dass es nicht weiter*geht*.

Was hatte ich erwartet, damals? Sicher etwas anderes als die wohlwollenden Antworten, die ich erhielt. *Ihr werdet sicher wissen, was zu tun ist*, stand da, *die richtige Entscheidung mit gereifter Überlegung treffen*, war auch zu lesen. Vielleicht war es für meine Familie bereits anstrengend, mir überhaupt darauf zu antworten, immerhin ging es sie ja nichts an, sondern nur ihn und mich. So gingen sie wohl davon aus, ihr Bestes zu tun. Mehr *ging* nicht. Schweigen ist auch eine Haltung der Scham.

Was hätten sie getan, wenn ich geschrieben hätte: Ich bin kurz davor, mich umzubringen, bevor er mich umbringt, ich habe Angst, holt uns hier raus, bitte, helft mir, helft den Kindern, ich kann nicht mehr, wenn das so weiter*geht*, fahre ich mit den Kindern gegen den nächsten Baum.

Es fehlt an offiziellen Zahlen zu Selbstmorden von Frauen in Europa, die durch häusliche Gewalt provoziert wurden. Psychische Gewalt ist zwar strafbar, aber gerade in der Partnerschaft besonders schwer nachzuweisen. Würde man beispielsweise die Zahlen der Selbstmordopfer zu den bestehenden Opferzahlen hinzuaddieren, würde sich ein noch dramatischeres Lagebild häuslicher Gewalt ergeben, als dies bereits heute der Fall ist.

Vielleicht hätte man mich zu einer Behandlung bei einem Psychiater schicken sollen. Keine Gesprächstherapie, sondern Medikamente, die mich ruhigstellen, vor allem meinen Kopf. Niemand hat mich aus dem Haus geholt, niemand hat mich einliefern lassen, aber glaubt nicht, dass dies um meinetwillen nicht geschah. Wer hätte die Kinder versorgt, wenn nicht ich? Wer hätte die Care-Arbeit im Haus gemacht?

Die Worte der Therapeutin, *Honeymoon* oder *Klima der Spannung* oder *Krise*, sind mir im Ohr geblieben. Diese Hinweise auf zyklische Momente, auf einen wiederkehrenden Rhythmus, auf Phasen, wie bei einem Gewitter: Wachstum, Reife und Zerfall. Drei Phasen hat Lenore E. Walker auch für den Zyklus häuslicher Gewalt bestimmt: *Spannung – Krise – Honeymoon*. Ich fragte mich, ob dieses zyklische Geschehen vorhersehbar, vielleicht sogar kombinierbar und damit kontrollierbar wäre, wie die wiederkehrenden Töne einer Melodie.

Es gibt vieles, worüber ich bei der Therapeutin geschwiegen habe, viele Momente, die ich ihr nicht erzählen konnte, ohne mir der Scham und auch Schuld bewusst zu werden.

Die Kinder waren noch sehr klein und an diesem Abend besonders unruhig. Sie rannten immer wieder vom Restauranttisch in die Spielecke, und weil sie eben noch so klein waren, musste jemand mit ihnen in dieser Ecke sein, in der es nichts außer einem Fernseher gab, auf dem in einer Endlosschleife Disneyclips liefen. In dieser Ecke hockte ich, als die andere Mutter aus dem Kindergarten vorbeikam und mich ansprach. Gerade lief die Szene, in der Donald in einem Campingwagen durch eine Schlucht rast, dieses fahrende Haus, das sich nicht mehr bremsen lässt, und ich fragte mich, wie oft ich die Szene nun schon gesehen hatte. Wir tauschten nur wenige Worte aus, Smalltalk zwischen Müttern, über die Betreuerinnen, über die Verwaltung der Einrichtung, nichts von Bedeutung eigentlich, da stand er plötzlich neben uns und sagte etwas. Seine Stimme klang ziemlich genervt, es wäre ja mal wieder ein grausiger Abend hier, unmöglich, die Kinder unter Kontrolle zu bringen. Nicht nur ich, auch die andere Mutter zuckte zusammen, sein Tonfall war unmissverständlich, es war ihm deutlich anzuhören, dass er die Situation kaum mehr ertrug und dass er mich, seine Frau, für den misslungenen Abend, die lärmenden Kinder, die Unruhe, den fehlenden Spaß verantwortlich machte. Die andere Mutter entschuldigte sich lächelnd und ging. Mir wurde heiß vor Wut und vor Scham. Er ging zurück zum Tisch, ich folgte ihm und setzte mich. Er entschuldigte sich nicht, ich aber war bemüht, die Kinder doch noch ruhigzustellen, redete auf sie ein, aber selbstverständlich vergeblich, meine Stimme zitterte ja schon. Er sprach weiter mit diesem genervten Unterton, jetzt war das Stück Fleisch auf seinem Teller kalt geworden, weil er uns hatte suchen müssen. Später würde er sagen: Ich wollte doch nur einen Moment für uns beide, und wie enttäuscht er darüber war, dass das nicht ging, dass wir keine ruhige Minute zusammen hatten, dass er nicht einmal in Ruhe zwei Sätze mit mir wechseln konnte. Dies war später seine Entschuldigung, da war die Spannung vorbei, die Krise auch, er sagte es im *Honeymoon*. Und er sagte noch viel mehr, vor allem, dass *das* nie wieder vorkommen würde. Aber noch saßen wir zusammen am Tisch, an dem sich die Spannung aufbaute, es kriselte auf uns herab, wie ein leichter Regenschauer, er grummelte vor sich hin und auf mich herab, *in seinen Bart*, wie man das bei Männern so sagt, ob sie einen Bart tragen oder nicht. Heute kann ich nicht mehr sagen, ob er einen trug oder sich für den Abend frisch rasiert hatte, aber nur wenig später, als die Kinder wieder aufgeregt durchs Restaurant liefen, stieg die Spannung weiter, sagen wir, das Grollen wurde lauter, bis plötzlich der Blitz einschlug. Vorher war da dieses aufgedrehte Kind, unser Kind, das am Tisch vorbeilief und ein Weinglas umkippte. Die Hälfte ging ihm auf die Hose. Ich wusste nicht, was ihn mehr ärgerte, der verschüttete Wein oder die schmutzige Hose, aber Wolken türmten sich auf, er fasste nach dem Kind, griff es hart am Arm, so dass sich die Augen des Kindes ängstlich weiteten, drohte ihm mit Liebesentzug, es sei verbannt, denn er wolle nun nicht mehr sein Vater sein, nichts mehr mit ihm zu tun haben, wenn es sich nicht sofort anständig benähme. Das war eine irrationale Strafe, ich musste hart schlucken, die Spucke blieb mir weg. Die Wut kochte wieder auf und ich fauchte, er könne nicht mit solchen Dingen drohen, das sei nicht nur gemein, das würde er auch nie umsetzen können, sei inkonsequent, sei – er schnitt mir den Satz ab, wenn ich ihn mal machen, ihn den Kindern mal einen Klaps geben ließe, wäre das nicht so ein Krampf mit der Erziehung, und wenn der Wein nicht auf seiner Hose wäre, würde er ihn mir jetzt ins Gesicht schütten. Der Blitz schlug ein, ich wusste, wir würden jetzt weiter so streiten, es würde blitzen, donnern, vielleicht sogar hageln, so lange, bis ich mich wieder ducken würde vor seiner Dominanz, und weil ich das nicht wollte, bin ich aufgestanden, um nach den nicht mehr aufgedrehten, sondern nun erschreckten Kindern zu sehen, ich riss sie regelrecht mit, zog sie mit mir hinaus auf die Straße und bestellte noch im Gehen ein Taxi.

Ich drehte mich nicht um. Wenn nicht er den Autoschlüssel in der Tasche gehabt hätte, wäre ich einfach mit dem Wagen davongefahren. Ich weiß noch, wie ich mich mit zitternden Knien hinter einem Busch versteckte, vor ihm, vor den Blitzen und dem Donner; falls er hinauskäme, um uns zu suchen, würde ich nicht mit ihm sprechen wollen, er würde mir sowieso nicht mehr zuhören, das Gewitter war da, die Krise auch, den Kindern redete ich gut zu, sie sollten bei mir, sollten ruhig bleiben. Als ich im Taxi saß, stellte ich mein Handy aus. Danach brachte ich schnell die Kinder ins Bett, verschloss aber vorher alle Türen und auch Fensterläden, und als er dann draußen stand und nach mir rief, schwieg ich, bis seine Rufe so laut wurden, dass ich Angst bekam, die Nachbarn würden die Polizei verständigen. Als er das nächste Mal an die Tür schlug, stellte ich mein Handy wieder an: Er solle sich ein Hotel suchen, verschwinden, das Auto habe er ja. Das könne ich nicht machen, brüllte er, ich würde die Familie, ich würde ihn zerstören. Aber er ging.

In jener Nacht handelte ich instinktiv, aus einem Impuls heraus, ich war die Frau und die Mutter, die vor dem Gewitter davonlief, bemüht, einen Brand durch Blitzschlag zu verhindern. Damals hatte ich noch nicht begriffen, dass das Haus als Heimstätte der Kleinfamilie und der Rollenzuschreibungen die intimste Arena des Ringens um Dominanz ist und dass es das gesellschaftliche Konzept des Hauses war, vor dem ich flüchten musste.

Für diese Szene schäme ich mich, deswegen habe ich

sie der Therapeutin nie erzählt, auch jetzt, indem ich sie aufschreibe, ist die Scham da. Ich schäme mich, und zwar nicht, weil ich an diesem Abend von ihm so herablassend behandelt wurde, und auch nicht, weil ich mich gewehrt, weil ich nach Hause gegangen bin, die Türen abgeschlossen und ihn ausgesperrt habe – sondern weil ich diese einen Tag später doch wieder öffnete, dafür schäme ich mich. Ich schäme mich für meine Schwäche. Die Spannung war vorbei, die Krise auch. *Honeymoon* ist die erste und letzte Phase des Zyklus häuslicher Gewalt.

Ich habe mich niemals in einen Mann verliebt, der *gewalttätig* war, sondern immer nur in Männer, die gerne stereotyp *männlich* auftraten, dabei vielleicht nicht mal starke Schultern oder harte Bizepse hatten, sondern die es mochten, mit gespreizten Beinen zu sitzen, und denen es gefiel, mich als *Frau* zu sehen. Und mir hat es vor allem gefallen, dass sie sich für mich und meinen Körper begeistern konnten, für seine ausstrahlende *Weiblichkeit*, die ich mit der entsprechenden Kleidung, mit Make-up, mit regelmäßigen Diäten zu unterstützen suchte. Gingen wir zusammen essen, bestellte ich Salat und kein Steak, ich wählte ein weibliches Getränk, einen Kir oder ein Glas Chardonnay, keinen Whiskey oder härtere Sachen. Ich suchte meine Worte mit Bedacht, ich war aufmerksam, hatte immer die passenden Utensilien für Notlagen in der Tasche, Aspirin gegen Migräne oder Kater, Feuchttücher für spuckende Kinder. Ich nahm Rücksicht und war begeistert von der Ausstrahlung dieser meiner Männer, von ihrer Kraft, ihren Worten, ihren Entscheidungen und ihrem Schwanz, wenn sie mir nahekamen. Ich wollte ihre Härte spüren, das war wichtig, diese gegenseitige Anziehung, die körperliche vor allem, sie legitimierte das Gemeinsam*sein*. Ich mochte diese *maskuline* Art, mir unvermittelt zwischen die Beine zu greifen, entschlossen, aber nicht zu fest, mir zuzuhören, damals kam es mir noch so vor, als wäre es ein

Hören, aber eigentlich war es nur ein Aufschnappen meiner Satzanfänge, damals erschien es mir noch selbstverständlich, dass ein Mann mehr zu sagen hatte als ich, mich also mitten im Satz unterbrach, indem er mir zärtlich über den Kopf strich, den Hals küsste, mir das Wort abschnitt, meine Sätze für mich weitersprach, wie das ein Mann eben mit einer Frau macht. Mitten in der Begegnung, dieser Liebe auch, lag die Suche nach gesellschaftlicher Verankerung durch meinen Körper. Während ich bemüht war, mich durch meinen Körper als Frau zu definieren, rang mein Gegenüber damit, sich ebenso körperlich als Mann zu definieren, und die Arena dieses Ringens war das Haus und *Honeymoon* nur die Pause zwischen jeder neuen Runde.

Warum schreibe ich über dieses Ringen eigentlich in der Form eines Essays, in einer Textform, in der ich mich als Autorin praktisch selbst ausziehe und mich bloßstelle? Ich schrieb schon einmal auch fiktiv über eine entsprechende Beziehung, über eine Liebe. Mit einem Mann, einem von ihnen, angefangen mit dem Vater. Ein Auszug aus dieser alten fiktiven Erzählung wurde einmal bei einem Wettlesen nominiert. Ausgewählt damals von dem einzigen weiblichen Jurymitglied. Noch heute empfinde ich Scham bei der Erinnerung an die Diskussion um meinen Text, den die Jurorin gegen die Juroren erfolglos zu verteidigen suchte. Worte wie *Frauen*literatur fielen.

Nach dieser Besprechung kamen einige Kolleginnen zu mir, Autorinnen, hier betont weiblich, sie meinten, sie wären ja auch mal mit *so* einem Mann zusammen gewesen, früher, als sie jung waren. Sie hätten meine Erzählung gut nach*empfinden* können. In ihren Blicken lag Mitleid, und ich wusste nicht, ob dies der eigenen Erfahrung galt oder der schlecht gelaufenen Textbesprechung. Und hier ist also der *andere* Textkorpus, der ohne Tarnkappe, der sich nicht hinter dem Fiktiven versteckt, der die Körper entblößt, ihr ganzes Leid und ihr Ringen mit- und gegeneinander.

Während ich dies schreibe, sitze ich im Zug, neben mir in der Sitzreihe hat ein älteres Ehepaar Platz genommen. Die Frau blickt immer wieder zu mir rüber, lächelt, während der Mann die ganze Zugfahrt, die mehr als drei Stunden dauert, in seine Zeitung starrt. Er liest seine Zeitung, während sie das Desinfektionsgel auspackt und es ihm reicht, wenig später holt sie Brote aus der Tasche und gibt sie ihm, dann auch das Wasser, er trinkt es praktisch aus ihrer Hand, den Blick immer auf die Zeitung gerichtet. Sie ist die Geberin, er der Empfänger.

Mir fällt die Kurzgeschichte *Lies deine Zeitung!* von Jean Cocteau ein. *Ich schreie, ich frage, ich rege mich auf, ich verliere den Verstand. Und mein Gegenüber? Eine Zeitung.*

Cocteau gehörte zu den Wenigen, die Françoise Gilot unterstützten, die Malerin und Autorin, die sich mit dem Text *Leben mit Picasso* emanzipierte. In einem Interview erzählte sie später, dass Picasso ihr mal eine Zigarette im Gesicht ausgedrückt hatte.

Der Mann im Zug liest weiter seine Zeitung; als seine Frau mühsam aufsteht und mit zitternden Fingern ihren Stützgürtel um die Hüfte bindet, der ihre schmerzenden Glieder zusammenhalten soll, blickt er nicht einmal auf. Später, als er sich den Rucksack aufsetzt, ist sie sofort zur Stelle. Sie zerrt für ihn von hinten an der Schnalle, hält die Tasche, damit er sich den Gurt vorne leichter umschnallen kann.

Sie *sorgt* für ihn, während er sie *ignoriert.*

»Niemand ist Frauen gegenüber überheblicher und herablassender als ein Mann in Sorge um die eigene Virilität«[31], schreibt Simone de Beauvoir. Ich notiere mir *Sorgearbeit der Virilität,* in meinem Kopf tauchen Bilder auf, Erinnerungen, wie die an den Vater eines Klassenkameraden meines Kindes, der seine Harley direkt vor dem Eingang der Grundschule parkte, den siebenjährigen Sohn absteigen ließ, als wäre er Tom Cruise auf dem roten Teppich. Es war derselbe Junge, der meinen Sohn für seinen angeblich mädchenhaften Fahrradkorb gehänselt hatte. Auch der Vater meines Kindes hatte davon abgeraten, diesen Korb zu kaufen, sie werden ihn auslachen, hatte er gesagt, aber mein Kind fährt noch heute mit diesem Korb. Sorgearbeit der Virilität ist ein hartes Geschäft.

Vielleicht sollte ich allgemeiner und weniger persönlich schreiben, ebenso wie Simone in *Das andere Geschlecht.* Sie schreibt ja nichts über Jean-Paul, der vielleicht in Sorge um die eigene Männlichkeit war, sie schreibt einfach nur: Mann.

Geschlechterkrieg ist auch so ein allgemeines Wort, mit dem ich aufgewachsen bin. Dieser Krieg, der wie alle, oder fast alle, vor den Kindern ausgetragen wurde oder auch hinter ihrem Rücken, wenn sie schliefen, mit bemüht gedämpften Stimmen, wobei es uns kaum gelang, bei diesen Kämpfen ruhig zu bleiben, denn dabei ging es um alles, um die Betreuungszeiten, um das Haushaltsgeld, um den Feierabend, das Atmen, vielleicht sogar die Anwaltsklage. Diese Kriege in der Vorweihnachtszeit, die Kriege kurz nach den Feiertagen, die Kriege zu Ostern, zu den Geburtstagen, bei Schnupfen oder Pandemien und wenn die Kitas streikten. Diese Kriege, die nach Stolz, Reue und Hochmut rochen und auch ein wenig nach der wahnsinnigen Angst vor Verlust, sie kamen immer wieder, und gingen, und ich ignorierte völlig, dass ich mich nie an sie gewöhnen, sondern mich ihnen nur unterwerfen konnte. Einige Wochen nach der Krise im Restaurant lud er mich ins Theater ein. Ich überlegte, aber nur kurz, denn in der letzten Zeit hatte er sich doch unter Kontrolle gehabt, außerdem versprach er mir, er habe sich geändert, die Therapie tue ihm gut, er sei jetzt viel ruhiger. Ich nahm die Einladung an, weil ich ja auch diese Hoffnung in mir trug, sie klimperte mir unter dem Herzen wie eine kleine Spieluhr, sie gehörte schon so lange zu mir. Lange bevor ich Mutter wurde, lange bevor ich ihn liebte, bevor ich überhaupt wusste, was das war, zu lieben, da war schon diese Hoffnung da, dass mich einer lieben würde, ein Mann, für immer und ewig, in guten wie in schlechten Zeiten, und wenn sie nicht gestorben sind, dann lieben sie noch heute, und so nahm ich die Einladung an und wir gingen zusammen aus. Ein letztes Mal.

Und alles fing wieder von vorne an, das Gewitter war vorbei, Anfang bei null, beinahe *tabula rasa* wenigstens, unsere Geschichte sollte neu geschrieben werden. Ich habe Bilder abgespeichert, andere wieder gelöscht, ich hatte dieses dringende Bedürfnis, alles zu sortieren, mein Leben vor allem, das Gute von dem Schlechten, ich habe die schlimmen Nachrichten gelöscht, aber die guten, die schönen, die zärtlichen, die romantischen, die erotischen stehen gelassen. Bei dieser Gelegenheit löschte ich den Brief, den ich an meine Familie geschrieben hatte, von meinem Computer. Der Sturm war vorbei, die kleine Melodie spielte wieder, er und ich, wir hatten unsere Vernunft zurückgewonnen. Er zuerst, und dann ich und ich auch nur, weil er nochmal die Kurve gekriegt hatte. Wir haben das Kriegsbeil begraben und mit so viel Erde bedeckt, wie unser kleiner Vorgarten nur hergab. Ohne ihn wären wir nicht hier angekommen, das war ja die doppelte Wahrheit: Ich wollte gehen, er hatte mich nochmal zurückgehalten. Seinetwegen wollte ich mich trennen, aber seinetwegen bin ich auch geblieben. Wenn ich nicht die Kinder mit ihm hätte, diese Familie, diesen Kern des Intimen, das Konzept des Hauses, dann hätte ich nicht all diese Anstrengungen mit ihm und für ihn gemacht. Das sagte ich mir selbst, immer und immer wieder, als wäre es ein Mantra, oder die Melodie der Serinette meines Herzens. Und jetzt schreibe ich das alles auf, hier, in diesem Zug: Die Gewalt im Haus existiert, da das Häusliche in einer strikten Hierarchie der zugeschriebenen Rollen funktioniert. Ohne diese Rollen, ohne diese Hierarchie gäbe es keine Gewalt im Haus.

Denn mit jedem neuen Femi(ni)zid sehen wir als Gesellschaft nur die Spitze des Eisbergs, wir ignorieren dabei die »stille Gewalt«[32], wie Asha Hedayati schreibt, die Gewalt, die von den herkömmlichen Strukturen begünstigt wird. Ich hätte ihn fallenlassen können, so wie er mich hatte fallenlassen, immer und immer wieder. Aber jetzt war ich doch da, er hatte mich aufgefangen, also ging ich nicht, blieb. Ich hätte noch einmal allein neu anfangen können, stattdessen ließ ich ihn mit mir neu anfangen, gab ihm noch eine Chance, noch einmal, und unser *Honeymoon* begann.

Dominanz

Meinen ersten Therapeuten erbte ich von meinem Vater. Er war sein Therapeut bis zu dessen gewaltvollem Tod gewesen und hatte, nachdem er davon erfuhr, meiner Mutter geschrieben und angeboten, gleich bei ihr und dem Nachwuchs mit der Therapie weiterzumachen. Während ich dies aufschreibe, frage ich mich, ob die Therapie oder das Therapiertwerden nicht überhaupt das Wichtigste war, was mir mein Vater hinterlassen hat. Eine Therapie, die mein Leben durchzog wie ein roter Faden, das Bedürfnis danach, die Notwendigkeit, sich helfen zu lassen, um sein Leben auf die Reihe zu bekommen.

Mein Vater, so hieß es nach seinem Tod, habe nichts außer Schulden zurückgelassen. Er hatte sich wenige Tage nach seinem vierzigsten Geburtstag mit einem Jagdgewehr das Leben genommen. Dieser gewaltsame Tod kam nicht überraschend, obwohl es sich anfühlte, als wäre in meinem jungen Leben eine Bombe eingeschlagen, hätte das Dach über unserem Haus weggerissen und einen Krater hinterlassen. Es war eine Bombe, sicherlich, doch diese kam nicht von außen. Sie war in unserem Haus gewesen, lange schon, so wie das Gewehr, das mein Vater besaß. Meine Mutter wusste davon und sie kannte die Gefahr, denn die Drohung, er könnte auch sie und die Kinder umbringen, hatte sie durchaus ernst genommen und ihn bedrängt, er solle das Gewehr aus dem Haus schaffen. Dass er es nicht verkauft hatte, entgegen seiner Behauptung, wusste sie nicht. Das Gewehr war die Bombe seiner Gewalt, die irgendwo zwischen den Wänden in unserem Zuhause tickte, bis sie in der fatalen Nacht hochging.

Über die Schulden, die mein Vater hinterlassen hatte,

wurde in unserer Familie nie weiter gesprochen. Meine Eltern kamen aus dem bürgerlichen Milieu, es gab Mittel, um diesen Mangel auszugleichen. Wenn ich den Lebenslauf meines Vaters anschaue, so steht das Milieu meiner Herkunft im Gegensatz zu seinem Werdegang. Er fand niemals seinen Platz auf der Karriereleiter, hatte keinen beruflichen Erfolg, blieb Suchender, seine letzte Arbeitsstelle behielt er gerade mal ein Jahr. Danach folgten Krankenhausaufenthalte, die Diagnose: depressive Versagenszustände.

In dem Schreiben des behandelnden Psychiaters ist zu lesen, dass mein Vater aus einer erfolgreichen Arztfamilie kommt, die Familienpraxis aber bereits vom älteren Bruder okkupiert wäre, so dass eine Ausbildung zum Arzt niemals eine Option war. Tatsächlich wurde mein Vater bereits sehr jung, nach der Volksschule, von zu Hause fort auf den Hof eines kinderlosen Verwandten geschickt, um Landwirt zu lernen, in der Hoffnung, den Hof später übernehmen zu können. Doch dieses Ziel erreichte er nicht, eine Arbeitsbescheinigung, in der bestätigt wird, dass mein Vater dort als Fünfzehnjähriger und später für einige Jahre beschäftigt war, ist alles, was ihm von den Jahren harter Arbeit auf dem Hof blieb.

Natürlich reicht es nicht, Klasse und Herkunft zu betrachten, um das Werden eines Menschen zu bestimmen. Die Familienkonstellation spielt in der Entwicklung eine ebenso wichtige Rolle wie das Milieu, aus dem ein Mensch kommt. Wenn ich das Leben meines Vaters betrachte, so ist es von der Gewalt bestimmt, die ihm angetan wurde. Die Gewalt, aus der das Gefühl entstand, versagt zu haben, ohne zu wissen warum, von dem Scheitern der Suche nach einem Platz im Leben, weil ihm kein Platz vorbestimmt war und ihm die Kraft fehlte, sich selbst einen zu erobern.

Aus der Therapie meines Vaters ist mir ein Brief geblieben. Ein Brief seines Therapeuten an ihn, den ich mehr als dreißig Jahre nach seinem Tod gefunden habe. Mein

Vater hatte einen Therapietermin abgesagt und mitgeteilt, er würde sich wieder melden; unter diesen Umständen, schrieb der Therapeut, sei er nicht bereit weiterzuarbeiten. Dem Lebenslauf meines Vaters ist zu entnehmen, dass nur drei Tage vor dem abgesagten Termin der Vertrag seiner letzten Arbeitsstelle endete. Dies alles geschah nur Wochen nachdem er aus dem Krankenhaus entlassen worden war. Diese Zeichen der Vergangenheit sind Hieroglyphen für mich, die sich schwer entziffern lassen. Hatte mein Vater Angst? Fühlte er sich unter Druck, weil es ihm nicht gelang, als Familienoberhaupt für Stabilität und ein sicheres Einkommen zu sorgen? Der Therapeut warf ihm in seinem Schreiben vor, dass ihm die *Sache* nicht ernst genug sei, obwohl immerhin doch seine Ehe und seine Familie auf dem Spiel stehen würden.

Oft schon habe ich mich gefragt, woher er das wusste, der Therapeut. Und ob das richtig war, einem Menschen, der unter Depressionen litt, der selbstmordgefährdet war, diese Worte zu schreiben? Ich war mir unsicher und ich schrieb an die Praxis, um, drei Jahrzehnte später, dort das Gespräch zu suchen, immerhin war ich als Kind nach dem gewaltvollen Tod meines Vaters dort selbst Patientin gewesen. Der Therapeut schickte mir eine Erklärung zur Entbindung der gesetzlichen Schweigepflicht für meine Mutter, die diese auch unterschrieb. Die Erklärung habe ich seit zehn Jahren und bis heute nicht zurückgeschickt. Sie löste in mir die Sorge aus, der Therapeut würde mir nur die Version meiner Mutter erzählen, eine Geschichte also, die ich schon kannte, und nicht das Erleben meines Vaters.

An die Sitzungen dort als Kind erinnere ich mich wenig. Sie sind Erinnerungssplitter in meinem Gedächtnis, wie die vielen Momente, in denen ich lieber mit Freunden und Freundinnen unterwegs gewesen wäre. Einmal war ein Schulausflug in die Eishalle geplant und ich saß dort in der Praxis, bekam den Mund nicht auf, denn ich wusste, jetzt fuhr der Bus und er fuhr ohne mich. Da brach ich in Tränen aus. *Warum hast du nichts gesagt?*, wollte der Therapeut wissen.

Warum hatte ich nichts gesagt? Damals fiel mir darauf nichts ein. Mein Vater hatte damit gedroht, seine Familie auszulöschen, und sich schließlich selbst das Leben genommen, ich gehörte in die Therapie und nicht in diesen Bus mit lauter jungen Menschen, die einem unbeschwerten Nachmittag in der Eishalle entgegenfuhren. Das Gefühl, nicht dazuzugehören, ist bis heute geblieben. Es hat mich schwach, angreifbar, verwundbar gemacht.

Die Gewalt meines Vaters entmachtete mich als Kind, machte mich abhängig von anderen, vor allem von Spezialisten aus dem therapeutischen Bereich. Mir wurde die Botschaft vermittelt, dass ich mit einem Mangel aufwuchs, etwas stimmte nicht in dem Haus, in dem ich groß wurde. In meinem Leben fehlte etwas, ich war nicht wie die anderen. Ich saß nicht im Bus, ich saß in der Therapie.

Dem Therapeuten erzählte ich von den Nächten, in denen ich nicht schlafen konnte, weil mein Vater in meiner Vorstellung unter meinem Bett lag. Er war zurückgekommen, um mich zu holen. Der Therapeut forderte mich auf, meinem Vater zu sagen, er hätte in meinem Leben nichts mehr zu suchen, er sollte verschwinden. Aber das konnte ich nicht. Ob er meinem Vater das stattdessen sagen sollte, wollte der Therapeut wissen. Eigentlich wollte ich das nicht. Ich wollte nicht, dass mein Vater aus meinem Leben verschwand. Ich wollte meinen Vater bei mir haben, selbst als Schreckgespenst. Ich sehnte mich nach ihm. Mein Vater, oder überhaupt ein Vater, fehlte mir. Aber er war nur ein Schatten unter meinem Bett. Ich war so wütend auf ihn, dass ich mich abends oft über die Bettkannte beugte, um unter das Bett zu spucken. Mir wäre lieber gewesen, mein Vater hätte mich geschlagen, mich beschimpft, als dass er tot war. Was mir Angst machte, war nicht mehr seine

Gewalt, sondern seine Abwesenheit. Seine Gewalt hätte ich vielleicht ertragen können, glaubte ich, seine Abwesenheit war unerträglich. Die Mütter meiner Generation waren mehrheitlich Hausfrauen oder Zuverdienerinnen, die Männer meist Hauptverdiener. Die Väter meiner Freundinnen waren Juristen, Ingenieure oder Unternehmer, meiner war Selbstmörder.

Da ich mich nicht traute zu widersprechen, machte der Therapeut in einer Sitzung dem Schreckgespenst meines Vaters eine klare Ansage: Er solle abhauen. Danach kaufte meine Mutter mir ein Bett mit Bettkasten, darin war für meinen Vater kein Platz, er war verschwunden. Die Angst in mir, nicht zu genügen ohne einen Vater in dieser Gesellschaft, die blieb.

Der Therapeut trat als Beschützer auf. Auch früher schon hatte er versucht, meine Mutter vor der Gewalt meines Vaters zu schützen. In jedem mir vorliegenden Arztschreiben die Krankengeschichte meines Vaters betreffend wird erwähnt, dass der Patient mit Ehefrau, also meiner Mutter, vorstellig wurde. Sie war die Sorgende. Nach seinem Tod sorgte meine Mutter für mich, aber die Gewalt blieb. Sie tauchte immer wieder mit den Männern auf, die durch mein Leben gingen, als wären sie gespenstische Abbilder meines Vaters. Ich erinnere mich noch genau, wie ein Partner meiner Mutter mir den Arm auf den Rücken drehte, weil ich ihm widersprochen hatte, weil ich unverschämt gewesen war. Die männlichen Bezugspersonen in meiner Kindheit und Jugend wechselten zwar die Gesichter, ihre Gewalt aber blieb, und ich lernte nicht, mich dagegen zu wehren. Ich blieb wehrlos. Die Therapie meiner Kindheit nach dem Tod meines Vaters und die Jahre danach konditionierten mich auf das, was Elsa Dorlin als negative *care*[33] bezeichnet. Damit meint sie eine Art vorauseilenden Gehorsam einer Person, um sich selbst vor der Gewalt anderer zu schützen. Eine Frau vermeidet es beispielsweise, nachts allein hinauszugehen, um sich keiner Gefahr auszusetzen. Ich hatte schon sehr früh gelernt, dass ich nicht zu den Menschen gehörte, die selbstverständlich mit im Bus zur Eishalle saßen. Wenn ich dazugehörte oder dazugehören wollte, dann musste ich eine Leistung erbringen, eine Maske tragen, musste mich anpassen, musste mich selbst und die Gewalt in unserem Haus vor anderen verstecken. Ich war es nicht wert dabeizusein, der Mann im Haus war fort und auch alle, die ihm folgten, ließen nichts zurück als die Spuren ihrer Gewalt. Was blieb, war die Angst in meinem Herzen.

Pater familias

Familienkonstellationen sind eine eigene Ordnung der Wirklichkeit, in der die Verhältnisse unter den einzelnen Individuen über Begriffe definiert werden.[34] Auch hier spielt das kulturelle und soziale Gedächtnis eine wichtige Rolle, denn selbst positiven gesellschaftlichen Veränderungen zum Trotz hat es weiterhin Bestand. Historisch haben Frauen in der verwandtschaftlichen Betrachtung der Gesellschaft keine dominante Gruppe für sich dargestellt, wie dies bei Männern der Fall war.[35] Dass sich diese Tatsache bis heute fortsetzt, zeigt ein weiterer Blick in die Krankenakte meines Vaters, in der meine Mutter nicht die Rolle einer gleichgestellten Partnerin, sondern die ihn im Haus Umsorgende und Pflegende war. Diese Rolle drängte sie aus der öffentlichen Sphäre hinaus. Die Gesundheit meines Vaters war im sozialen Narrativ von der Sorgearbeit meiner Mutter abhängig. Doch das Haus ist nicht nur der Ort, in dem Sorge und Pflege stattfinden, sondern nach Pierre Bourdieu auch, so wie jedes andere soziale Feld, ein Ort symbolischer Gewalt, mit deren Ausübung Dominanz etabliert wird.[36] Als Kind wünschte ich mir nichts sehnlicher als meinen Vater. Nicht mein Vater hätte sterben sollen, sondern die Gewalt. Außer dem Gefühl, nicht dazuzugehören, da ich aus einer dysfunktionalen Familie kam, wuchs ich mit der Vorstellung auf, dass die Gewalt im Haus über die Sorgearbeit der Frau begrenzt und vielleicht sogar aufgehoben werden kann.

Meine Mutter hatte vor ihrer Ehe eine kaufmännische Ausbildung abgeschlossen. Sie sollte das Familienunternehmen übernehmen, da es an männlichen Nachkommen fehlte. Mein Vater, für den es als Zweitgeborenem, als sogenanntem Stellvertreter, an Platz im sozialen Feld mangelte, war eigentlich der perfekte Partner. Er übernahm die Unternehmerrolle für sie, erfüllte als männlicher Nachfolger die Erwartungen beider Familien, während sie sich auf die Rolle der Hausfrau reduzierte.

Frauen, so Pierre Bourdieu in *Die männliche Herrschaft*[37], sind symbolisch zur Resignation oder Diskretion verurteilt. Ihnen bleibt nur die Wahl, entweder bewusst gegen das herrschende System aufzubegehren oder aber die Unterwerfung zu akzeptieren. Doch das Aufbegehren bedeutet Kampf und damit ein Risiko. Macht erhalten Frauen nur als Stellvertreterinnen des Männlichen. Meine Mutter also hatte dieses System der Dominanz akzeptiert. Dass mein Vater seine dominante Position im Familienunternehmen später durch einen Erbstreit verlor, war nicht vorgesehen und die genauen Umstände spielen auch keine Rolle. Was eine Rolle spielt, ist, dass er seine Stellung im System wieder verlor, dass er, wie schon zuvor in seinem Leben, um seine Position fürchten, ja sogar kämpfen musste. Gewalt gehört nach Bourdieu zu der systemerhaltenden Macht, sie ist Ausdruck der Dominanz. Dass die Figur des Familienvaters oder Hausherren schon immer mit Gewalt und Dominanz verbunden war, zeigt auch Lukas Bärfuss in seinem Buch *Vaters Kiste. Eine Geschichte über das Erben*[38]. Er verweist auf den *pater familias*, der in der römischen Zeit

Herrscher einer sozialen und wirtschaftlichen Gemeinschaft war, die nicht nach Abstammung definiert war. Das Wort Familie stammt vom lateinischen *famulus*, Sklave, Diener, ab, *familia* bezeichnete die in einem Haushalt zusammenlebende Gemeinschaft, mit dem *pater familias* als Oberhaupt. Das Wort *dominieren* kommt vom lateinischen *domus*, Haus. Die *dominica potestas*, oder auch *patria potestas*, sprach im römischen Recht dem Hausherrn, also dem männlichen Familienoberhaupt, die absolute Macht im Haushalt zu. Er konnte über das Schicksal, über Leben und Tod der Mitglieder des Hauses entscheiden. Eine höhere Macht als den Familienvater gab es im Haus nicht, über ihm stand nur noch Gott oder der Staat. Seine Hauserben, die *sui heredes*, mussten auf seinen Tod warten, um selbstständig zu werden und sich von der väterlichen Dominanz emanzipieren zu können. Mit seiner *Rückkehr nach Reims*[39] blickt Didier Eribon nach dem Tod seines Vaters auf dessen Leben zurück, auf seine Klasse und proletarische Herkunft. Er kehrt zurück zu dem Ort seiner Kindheit und damit in das Milieu, das er schon lange verlassen hat. Das Bild des gewalttätigen Vaters, das von Eribon als Zeichen der Arbeiterklasse beschrieben wird, der Vater, der verschwindet, der Flaschen an die Wand wirft – das war mein Vater nicht und auch keiner meiner beiden Großväter. Und trotzdem herrschte in der Familie meines Vaters, wie in der meiner Mutter, eine paternalistische Gewalt. Die Autorität des Vaters wurde nicht in Frage gestellt. Mein Vater bekam beispielsweise als Kind am Tisch Frühstücksbrettchen unter die Achseln geklemmt, um die gerade Haltung mit gestrecktem Rücken zu üben. Fielen die Brettchen zu Boden, gab es Schläge. Keine unkontrollierten Schläge, wie bei dem verzweifelten Vater von Eribon[40], sondern gezielte, der Erziehung dienende Prügel, getaktet, wie der Zeiger einer Uhr. Meine Mutter erhielt ebensolche Schläge, als sie einmal unerlaubterweise das Haus verlassen und mit dem

Fahrrad einen Unfall erlitten hatte. Noch bevor das gebrochene Bein vom Arzt behandelt wurde, waltete die väterliche, die korrigierende Hand. Das Milieu, in dem meine Eltern aufwuchsen, gehörte zum aufstrebenden Mittelstand des Wirtschaftswunders der Nachkriegszeit. Es war zwar hart und kalt, aber gerecht. Jeder hatte im Prinzip seinen Platz, dieser war noch von der Erbfolge und nicht von persönlichen Ambitionen bestimmt. Die Herkunft aus dem bürgerlichen Milieu garantierte zwar auch damals für Männer nicht zwingend einen sicheren Platz in der Gesellschaft, aber ein Mann zu sein sicherte, gestern wie heute, einen Anspruch auf Dominanz. Denn es kann im Konzept des Hauses nur einen geben, der über das Schicksal der Familie herrscht, den *dominus*.

Marginalisierte Dominanz

Wir herrschen nicht, oder jedenfalls nicht mehr, werden an dieser Stelle sicher viele Männer laut widersprechen oder wenigstens leise denken. Wir bestimmen nicht, nicht über unsere Partnerin und nicht über diese Welt, schon gar nicht über das System. Wir leben nicht in einer traditionellen Rollenteilung, wir praktizieren Gleichberechtigung. Wir stehen nachts auf, wenn das Kind schreit. Wir tragen auch mal Röcke. Wir lackieren uns sogar die Fingernägel. Wir helfen im Haushalt und alten Frauen über die Straße. Aber das Verb *helfen* macht schon einen entscheidenden Unterschied. Wer hilft, ist nur eine Ergänzung und trägt keine Verantwortung, er *hilft* eben nur.

Die Privilegien bleiben. Das System bleibt. Es reicht nicht, selbst keine Gewalt auszuüben, wenn weiter ein gesellschaftlicher Kontext existiert, der die dominante Position von Männern und die untergeordnete von Frauen garantiert.

Auch Männer erfahren meist Gewalt, bevor sie diese physisch, psychisch, ökonomisch selbst ausüben. Oft machen Männer ihre ersten Gewalterfahrungen durch andere Männer, also durch das Patriarchat selbst, meist repräsentiert durch den eigenen Vater. Die toxische Männlichkeit geht durch sie hindurch und in sie hinein, setzt sich in den Zellen fest, zerstört dort die Abwehr, wird Teil der emotionalen DNA. Niemand wird als Mann geboren, sondern männlich gelesene Kinder werden zu Männern gemacht. Auch aus marginalisierten Männern werden dominierende Männer. Vielleicht erkennt sich der eine oder andere somit doch hier in diesem Text wieder.

Der Begriff der marginalisierten Männlichkeit stammt von Raewyn Connell.[41] Die Soziologin beschreibt Marginalisierung als eines der vier Grundmuster des Umgangs unter Männern (neben Hegemonie, Unterordnung und Komplizenschaft). Die Darstellung der marginalisierten Männlichkeit in unserer Gesellschaft ist durchtränkt von Kulturalismus. Repräsentanten dieser Gruppe sind der Fremde, der Andere, der nicht ist wie der *weiße* Mann. Es ist der gewalttätige Mann aus *Nicht ohne meine Tochter*[42], es ist der bemüht angepasste Vater aus Büchern wie *Selam Berlin*[43], der vielleicht mal »schlägt« oder »schreit«, aber eigentlich freundlich und unbeholfen ist, oder es ist doch der Vater aus *Der Araber von morgen*[44], der, frustriert über die Ablehnung, die er in der westlichen Gesellschaft erlebt, sich in ein konservatives-patriarchales Rollenmodell flüchtet. Es ist der Mann, der Gewalt anwendet, nicht unbedingt körperliche, vielleicht doch ökonomische oder verbale Gewalt. Nicht, weil er ein schlechter Mensch wäre, sondern weil er das so gelernt hat, weil ihm seine Gesellschaft dies als legitim vorgibt, weil dies eines von vielen Mitteln ist, um die Frau zu kontrollieren, ja unterzuordnen. In Deutschland wird Gewalt gegen Frauen mit unterschiedlichen Maßstäben gemessen. Die Tendenz, Gewalt von *weißen* Männern anders zu bemessen als die von *fremd* wahrgenommenen Männern, existiert auf den meisten gesellschaftlichen Ebenen. Männern, die *weiß* und gebildet sind, wird vor Gericht eher eine Verzweiflungstat zugestanden als Männern aus anderem sozialen oder kulturellen Milieu.[45] Der *fremde* Mann wird bis heute meist noch als der bedrohliche Mann gelesen. Die Autorin Bettina Wilpert schreibt zu der medialen Berichterstattung zu dem Femi(ni)zid an Myriam Z. in Leipzig: »Die Behauptung, dass jemand mit einem deutschen Pass noch kein ›richtiger‹ Deutscher sei, ist nicht nur rassistisch – sie suggeriert auch: Dieses Problem gibt es bei uns nicht, das gibt es nur bei den Anderen.«[46] Indem mehrheitlich das Problem der Gewalt gegen Frauen als ein Problem von Männern gewertet wird, die selbst keine Deutschen sind oder einem bestimmten Milieu entstammen, wird auch vermittelt, dass dies nicht ein Problem ist, dass in erster Linie deutsche Männer anginge. Die Gewalt wird »abgeschoben«. Die Vorstellung, dass vor allem marginalisierte Männlichkeit gewaltproduzierend ist, sorgt für einen toten Winkel, in dem wir als Gesellschaft die subtilen Verbindungen von Dominanz und Gewalt nur noch schwer erkennen und auch nicht lösen können. In ihrem Artikel »Violences conjugales entre femmes aussi«[47] (»Häusliche Gewalt auch zwischen Frauen«) weist die französische Journalistin Camille Regache darauf hin, dass auch in gleichgeschlechtlichen Beziehungen Gewaltformen existieren können. Sie betont, dass die Täter*innen aber statistisch häufiger selbst Hilfe suchen und zu einer Therapie im Schnitt bereitwilliger sind als Personen in heterosexuellen Beziehungen. Die Gewalt in LGBT-Beziehungen zu thematisieren, ist demnach auch ein feministisches Anliegen. Indem der Umgang mit Gewalt in heteronormativen Beziehungen stereotypisiert und tabuisiert wird, können Betroffene schwerer Unterstützung finden, um sich selbst aus dieser zu befreien oder die eigene Gewalt zu überwinden. Der

Anthropologe Jack Goody schildert in seinen Studien zur Geschichte der eurasiatischen Verwandtschaftssysteme, wie soziale Systeme wie Staat oder Religion immer neue Arrangements der Macht formen. Das Konzept des Hauses bildet dabei das zentrale Fundament eines gesellschaftlichen Systems, das auf Stratifizierung und Ungleichheit beruht – in unserer Gesellschaft wie auch in jeder anderen, die auf heterosexuellen Normen basiert.

Die Gewalt im Haus hat mich nie verlassen. Sie war ein treuer Begleiter an meiner Seite und hatte viele Formen. Sie war der Gewehrlauf meines Vaters, die schlagende Hand des Stiefvaters, der lüsterne Blick älterer Männer, sie war der Partner, der mich sitzenließ, als ich schwanger war, der Freund, der mich beschimpfte, weil ich mehr von unserer Beziehung wollte als nur Wochenendsex, sie war verbal, körperlich, psychisch, ökonomisch, sie war immer da und hatte nichts mit der Herkunft der Männer zu tun.

In den verschiedenen Regionen, Kulturen oder Breitengraden werden die Körper zwar unterschiedlichen Erwartungen, Doktrinen und auch Vorschriften unterworfen, das System bleibt sich aber treu: Männer dominieren über Frauen. Und nicht nur das, der als fremd gelesene männliche Körper darf zwar weiblich gelesene Körper, vor allem solche, die nicht *weiß* sind, dominieren, wird aber selbst weltweit dem *weiß* gelesenen männlichen Körper unterworfen. So ergibt sich eine Pyramide der Dominanz, an deren Spitze nur einer steht und bleibt. Der als *weiß* und männlich gelesene Körper befindet sich in einem ständigen Ringen um Dominanz, in der Arena der Öffentlichkeit kämpft er vor allem mit anderen männlichen Körpern, in der Arena des Intimen, des Hauses, konzentriert sich der Konflikt um die Dominanz auf den der Geschlechterrollen. Hier wie dort wird vor allem eines generiert: Gewalt.

Mythen

Jede kulturelle oder soziale Ordnung sei im Grunde ein Mythos, so der israelische Historiker Yuval Noah Harari. Der Codex des Hammurapi, heißt es, sei eines der ältesten Gesetze der Menschheit. Die Stele mit dem Gesetzestext wird im Louvre aufbewahrt. Sie entstand ungefähr 1776 vor unserer Zeitrechnung und ist aus schwarzem Tiefengestein.[48] Darin steht geschrieben, dass die Tochter eines Mannes sterben muss, der die Frau oder Tochter eines anderen Mannes getötet hat. Dabei gehörten die Gesetze des Codex zu den wenigen in der Antike, die Frauen bestimmte Rechte einräumten, wie zu erben oder eine Mitgift zu erhalten.[49] Die im Text von Hammurapi aufgestellten Regeln basierten für die babylonische Gesellschaft auf einer natürlichen Ordnung, genauso wie die Erklärung der Menschenrechte auf der Vorstellung basiert, dass alle Menschen gleich sind. Eine natürliche Ordnung aber gibt es nicht, jegliche Ordnung, egal ob auf Gleichheit oder Ungleichheit beruhend, ist nur eine menschliche Übereinkunft und damit kulturell. Harari warnt davor, dass der, der seinem Gefängnis von Glaubenssätzen und Wertvorstellungen entflieht, nur in das nächste kommt. Stattdessen sei es unsere menschliche Freiheit, sich unsere eigenen Mythen zu schaffen, nach denen wir leben und unser Zusammenleben strukturieren möchten. Eine Freiheit, die eine große Verantwortung bedeutet, in deren Mittelpunkt das Wohlergehen aller steht, unabhängig von Geschlecht, Herkunft, Identität und Zugehörigkeit.

Mythos Familie

Als meine Eltern 1969 den Bund der Ehe eingingen, war die Aufgabenverteilung in der Ehe noch gesetzlich vorgeschrieben. Die gesellschaftliche Ordnung sah vor, dass die Frau den Haushalt und die Kinder versorgte und sich dem Mann unterordnete, der nicht nur das Geld ins Haus brachte, sondern in diesem auch die Macht hatte. Der Ehemann entschied über die Karriere der Frau; um arbeiten zu gehen, brauchte sie seine Erlaubnis. Das Gesetz zur Reform des Ehe- und Familienrechts trat erst 1977 in Kraft. Die Hausfrauenehe wurde damit zwar abgeschafft, lebt aber in tief verankerten gesellschaftlichen Denkstrukturen fort, wie etwa in der Vorstellung, dass ein Kind mehr seine Mutter als seinen Vater braucht. Diese Strukturen führen dazu, dass Frauen indirekt in die Hausfrauenrolle gezwungen werden.

Mein Lieblingsbild von meinem Vater ist ein Foto, das nur wenige Monate vor seinem Tod entstanden ist. Ich hatte zu meinem sechsten Geburtstag eine Kamera geschenkt bekommen. Es war ein einfaches Modell, man konnte nichts einstellen, nur knipsen. Meine Mutter machte an einem Morgen dieses Foto von uns, bevor ich in die Schule musste. Ich blicke strahlend in die Kamera, während mein Vater damit beschäftigt ist, mir die Träger meiner Hose zu schließen. Seine Arme umfassen mich, er ist ganz und gar darauf konzentriert, mir beim Anziehen zu helfen, und schaut nicht in die Kamera. Ich habe ein blaues Auge, ein Schwimmbadunfall, an dem aber nicht mein Vater beteiligt war. Ich erinnere mich an meine nächtliche Angst vor dem Löwen, der hinter einer Glastür in dem Haus tobte, in dem das Foto geschossen wurde. Erst als meine Mutter mir viele Jahrzehnte später erzählte, dass sie sich oft in der oberen Etage einschloss, während mein Vater unten seiner Wut freien Lauf ließ, verstand ich, woher das Bild des Löwen in meinem Kopf kam.

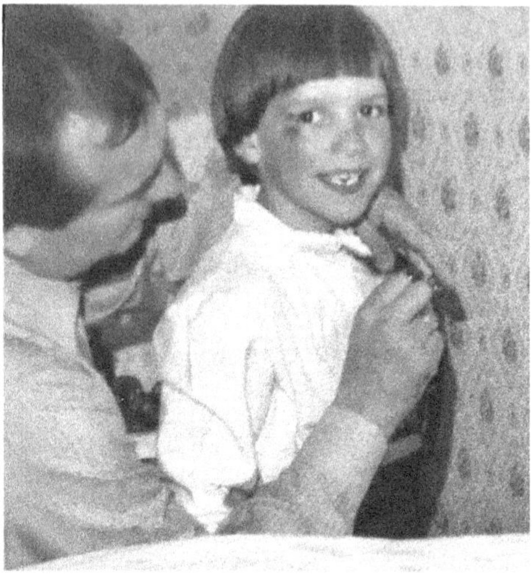

1981. Das Bild von meinem Vater als die Person, die er wirklich war, mit all seinen Sorgen, Wünschen, Hoffnungen und Sehnsüchten, war in meinem Kopf unscharf und ist es bis heute geblieben. Er war mein Beschützer, holte mich von der Schule ab, zeigte mir, wie man Kaulquappen fängt. Aber manchmal lag er nur auf dem Sofa, tagelang. Das war mir peinlich, vor allem, wenn Freundinnen zu Besuch kamen. Ich war nicht nur neu in der Schule, sondern auch neu im Dorf. Ich wollte so gerne so sein wie alle anderen. Mutter, Vater, Kind. Nach seinem stationären Aufenthalt nahm mein Vater Lithium.

sibirien

am boden vor dem radio
sitze ich, bin fünf oder sechs
& suche den empfang
nach sibirien.

kälter als hier,
ist es dort
bestimmt kälter als
unter der erde.

wenn mein vater kommt
schenkt er mir eine mütze
aus pelz, dass ich nichts
& niemanden mehr höre.

ein gewehr ist im haus
& dann irgendwann
wird es gebraucht.

es knackt in der leitung
papa bist das du?
ich kann nicht kommen.

ich muss doch ins bett –
du bist weiß im gesicht
& deine hände
umfassen mich nicht.

ein gewehr war im haus
& dann irgendwann
wurde es gebraucht.

Mein Vater starb zwei Tode. Der erste war physisch und psychisch, er hatte ihn selbst in unserem Haus in der Nacht inszeniert. Danach hatte ich immer Angst, Angst vor der Dunkelheit, Angst allein im Haus, Angst, in den Keller zu gehen. Zwar waren alle Spuren beseitigt worden, aber die Veränderungen waren stumme Zeugen geblieben. Der Teppichboden war vorher nicht in dem Kellerraum und auch nicht die Schrankwand aus Holz. Manchmal, wenn meine Mutter mich in den Keller schickte, um Wasserflaschen oder Milchtüten aus dem Vorrat zu holen, stellte ich mir vor, wie die Wände ausgesehen haben müssen, voller Blut.

Der zweite Tod meines Vaters war sozial. Er fand in der Therapie statt, als der Therapeut ihn für mich wegschickte. Dieser soziale Tod war das Schweigen, denn nach dem Therapeuten sprach niemand mehr öffentlich über meinen Vater oder das, was geschehen war. Und es war auch die Verzweiflung meiner Mutter, denn sie wusste nicht wohin mit ihrer Wut. Wer ist schon wütend auf einen Toten? Er hat uns alleingelassen, sagte sie. Er hat mich geschlagen, als ich mit dir schwanger war, wie kannst du ihn lieben?, sagte sie.

Als Kind dachte ich, ich hätte das Recht auf eine heile Familie und damit auf einen Vater, einen guten Vater, auch wenn er tot war.

In dem autobiografischen Song »Family Portrait« hat die US-amerikanische Sängerin P!nk die Trennung ihrer Eltern verarbeitet. Das Lied beschreibt die Verzweiflung des Kindes gegenüber der Zerrissenheit der Eltern: »Momma please stop crying, I can't stand the sound (…) Daddy, please, stop yelling, I can't stand the sound.« Die Situation im Haus wird von dem Kind im Lied mit einem Dritten Weltkrieg verglichen. Es fleht die Eltern an: »In our family portrait we look pretty happy, let's play pretend, let's act like it comes naturally …«

In dem Jugendroman *Autobiografie einer Pflaume*[50] von Gilles Paris kommt der neunjährige Icare, der Pflaume genannt wird, in ein Heim, nachdem er seine Mutter aus Versehen erschossen hat. Dort befreundet er sich mit Kindern, die, wie auch er, zu Hause Gewalt erlebt haben. In einer Szene erklärt seine Freundin Camille, deren Vater ihre Mutter und dann sich selbst umbrachte, dass sie, der Gewalt zum Trotz, lieber zu Hause geblieben wäre, als ins Heim zu kommen. Dort hätte sie wenigstens ein eigenes Zimmer gehabt, einen Ort für sich, ihre eigenen Sachen, ihren Stuhl, ihre Tasse, ihren Schrank, während im Heim alles nur auf Zeit geborgt sei. Die Eltern, wenn sie auch stritten und der

Vater die Mutter dann schlug, stellten eine Beständigkeit für das Kind dar, während das Heim und die Gemeinschaft dort als unbeständig erlebt werden. Genau wie ich als Kind würde sie lieber die Gewalt weiter aushalten, als ohne ihre Eltern zu leben. In dem Roman werden Pflaume und Camille von einem verwitweten Polizisten adoptiert. So bilden sie eine zwar untypische Familie, sind aber glücklich. Kindern wird in unserer Gesellschaft der Mythos vermittelt, dass nur eine richtige Familie eine glückliche ist. Vater, Mutter, Kind und basta. Und das, obwohl alternative Formen der Familie längst gesetzlich verankert sind.

Die Ehe für alle wurde in Frankreich 2013, in Deutschland 2017 eingeführt. In Frankreich entschied die höchste richterliche Instanz (*Cour de cassation*) 2006, dass in gleichgeschlechtlichen Partnerschaften das Sorgerecht gemeinsam ausgeübt werden kann, wenn das biologische Elternteil es mit seinem Partner oder seiner Partnerin teilen möchte.[51] In Deutschland ist seit 2005 die Stiefkindadoption erlaubt. Bis heute müssen Paare den aufwändigen Weg der Adoption gehen, und dafür auch verheiratet sein. Das sogenannte »kleine Sorgerecht«, bei dem eine alleinerziehende Mutter ihrem neuen Partner eine eingeschränkte Sorgeberechtigung für ihr Kind erteilen kann, schließt nichtverheiratete und gleichgeschlechtliche Partner*innen aus. Eine Reform des Familienrechts ist von der deutschen Regierung geplant.[52] Umso wichtiger ist es, dass Stimmen, die sich mit häuslicher Gewalt befassen, gehört werden, damit beispielsweise das Wechselmodell der Betreuung nicht gesetzlich zu einer Schwachstelle wird. Das Umgangsverfahren wird beispielsweise oft von Männern ausgenutzt, um weiter Kontrolle über die ehemalige Partnerin auszuüben.[53]

Der Weg zur Adoption ist steinig und beschämend für gleichgeschlechtliche Paare. Die deutsche Fußballnationalspielerin Svenja Huth hat diesen Weg öffentlich gemacht. Sie musste für die Adoption ein Führungszeugnis und Arztatteste vorlegen, obwohl sie die Eizellenspenderin für ihre Partnerin war und das Kind somit auch ihr biologisches Kind ist.[54] Diese Hürden auf dem Adoptionsweg gleichgeschlechtlicher Paare zeigen, dass das alte Modell der Familie hartnäckig die gesellschaftlichen und hier auch rechtlichen Strukturen dominiert. Der Backlash existiert nicht nur in den Köpfen, sondern er wird in den letzten Jahren zunehmend Realität. In Italien wird unter der rechten Regierung von Giorgia Meloni bereits das Recht von gleichgeschlechtlichen Paaren in Frage gestellt, indem Geburtsurkunden angefochten werden.[55] Eltern sollen plötzlich nicht mehr Eltern sein, können nicht mehr mit ihren Kindern reisen, sie in einer Schule anmelden oder auch einfach nur aus dem Kindergarten abholen. Kinder haben das Recht auf Sicherheit und Stabilität, diese werden aber nicht durch veraltete Rollenmodelle garantiert.

Als ich einmal meiner Therapeutin von einem schlimmen Streit erzählte, in dem ich wieder mal als *verrückt* bezeichnet wurde, meinte sie, ich solle aufpassen, dass nicht meine Kinder irgendwann den Blick des Partners auf mich übernehmen würden. Ich habe lange versucht, die Gewalt vor meinen Kindern zu verstecken, sie zu vertuschen, sie herunterzuschlucken, sie auf mich zu nehmen, sie allein zu tragen. Damit meine Kinder nichts davon mitbekommen, habe ich gelogen und so getan, als wäre alles gut. Denn ich wusste ja genau, dass es für Kinder im öffentlichen Raum schlimmer ist, aus einer dysfunktionalen Familie zu kommen, als die Gewalt hinter geschlossenen Türen. Oder ich glaubte jedenfalls, es zu wissen, weil es als Kind für mich so war. Der Tod meines Vaters war ein Stigma, das ich nicht mehr ablegen konnte. Jedes Mal, wenn ich in der Schule oder für eine Anmeldung ein Formular ausfüllen musste, erinnerte das Feld für die Adresse und den Beruf des Vaters an die Tatsache, dass ich das Kind war, dessen Vater sich die Kugel gegeben hatte. Lieber wäre ich die gewesen, deren Vater weiter hinter geschlossenen Türen tobte. Über meine eigene Erfahrung, und auch über die Beobachtung meiner Kinder, bin ich persönlich zu dem Schluss gekommen, dass der gesellschaftliche Blick von außen auf die Familie für Kinder auch eine traumatisierende Erfahrung sein kann, die so belastend wirken kann, dass diese lieber die Gewalt im Haus ertragen.

Wie wäre es, wenn sich der gesellschaftliche Blick statt auf die Erfüllung der familiären Rollen auf den liebevollen und respektvollen Umgang miteinander richten würde und es praktisch egal wäre, ob ein Kind in einem Haushalt mit Mutter und Vater oder aber mit anderen erwachsenen Bezugspersonen aufwächst? Wie wäre es, wenn die Dominanz der heteronormativen Kleinfamilie einfach abgeschafft wäre?

Doch der Pretty-Woman-Mythos, das Narrativ einer harmonischen Begegnung der *Geschlechter*, die in einem Mutter-Vater-Kind-Glück endet, hat Menschen auch heute noch bei der Lebens- und Familienplanung fest im Griff.

Der Mann nimmt, wie der Gender-Pay-Gap deutlich zeigt, auch heute noch die Rolle des Versorgers ein, während Frauen für Kinder und Haushalt verantwortlich sind. Es gibt in Deutschland ein Bundesministerium für Familie, Senioren, Frauen und Jugend. Männer gehören nicht dazu, denn diese werden immer noch mehrheitlich der Arena der Arbeitswelt zugeordnet.

Der Traum von der eigenen Familie, der Hochzeit in Weiß, dem Prinzen auf dem weißen Pferd, dominiert auch heute noch das Narrativ, mit dem kleine Mädchen erzogen werden. Doch die Familie ist kein Traum in Weiß auf Wolke sieben, sondern eine wirtschaftliche Einheit, in der die Frau eine der wichtigsten Arbeitskräfte und der Mann der Vorgesetzte ist. Der Begriff Ökonomie ist aus dem Altgriechischen oikos (Haus, Hausgemeinschaft) abgeleitet.

Die sozialen Rollen, aus denen sich später das Familienleben zusammensetzt, werden Kindern von klein auf anerzogen. Mädchen werden zu Müttern sozialisiert und Jungs als Väter dressiert. Wenn Kinder »Mutter, Vater, Kind« spielen, reproduzieren sie eine heterosexuelle Ordnung. Dabei sind Kinder nicht von Natur aus konservativ, jedoch sehr bemüht, sich an die sie umgebende Ordnung anzupassen, die ihnen durch Vorbilder vermittelt wird. Durch die Rollenverteilung im Haus, die angebotenen Spielsachen, das Freizeitangebot im Kindergarten, in der Schule oder beim Sport erleben und lernen Kinder gesellschaftliches Rollenverhalten. Wenn ein Kind in der Gruppe sich von den herrschenden sozialen Regeln abhebt, droht als Sanktion die soziale Ausgrenzung.

Diese Form der sozialen Gewalt, so Pierre Bourdieu, schreibt sich ein in den Körper, ja, wird zu einem Teil des Selbst.[56] Das soziale Stigma führt dazu, dass Menschen, die als anders oder abweichend von der herrschenden Norm wahrgenommen werden, ständig dazu gezwungen sind, in ihrem Alltagsleben einen Ausgleich zu schaffen. Will heißen, sie sind es, die ihr Verhalten den normativen Erwartungen anpassen, um die dominanten Strukturen nicht in Frage zu stellen, um nicht die Mehrheit zu beunruhigen, um die Ordnung aufrechtzuerhalten. In seinem Buch *Stigma: Über Techniken der Bewältigung beschädigter Identität*[57] beschreibt Erving Goffman das Erleben stigmatisierter Lebensläufe und die dauerhafte Energie, die die Betroffenen aufbringen müssen, um ihr Leben den Normerwartungen der Gesellschaft anzupassen, um von dieser nicht mit Ausgrenzung sanktioniert zu werden. Peter Wildeblood war 1954 einer der ersten Männer, die sich in Großbritannien öffentlich zu ihrer Homosexualität bekannten. Dafür wurde er für achtzehn Monate ins Gefängnis geschickt.[58] Sicher besitzen Männer viele Privilegien, doch diese können sie nur für sich nutzbar machen, wenn sie das soziale Rollenspiel richtig spielen. Jeder Fehltritt, jedes Missgeschick kostet, an Ansehen, an Prestige, an Privilegien und Kapital. Männer, die keine Männer sind, die den gesellschaftlichen Erwartungen an Männlichkeit nicht entsprechen, werden dafür sanktioniert, auch heute noch. Kurz vor der Pandemie brachte Edeka einen Werbespot heraus, der sich über Väter lustig machte: »Danke Mama, dass du nicht Papa bist.«[59] Väter, so wurde vermittelt, können nur tollpatschig sein, sie sind einfach nicht so wie *Mama.* Oft berichten Männer selbst von den entmutigenden Erfahrungen ihres Vaterseins: »Ein junger Vater ist heute ständig sexistischen Bemerkungen ausgesetzt. Vor allem Frauen gesetzteren Jahrgangs sind sich sicher, von Kita bis Schule, von Spielplatz bis Geburtstag, Hauptbezugsperson für das Kind sei die Mutter, der Vater überflüssig oder unfähig«[60]. Und alle diese kleinen alltäglichen Ereignisse sind Schrauben im sozialen Räderwerk, die dazu beitragen, dass das Rollenspiel aus intimer Dominanz in unserer Gesellschaft nur ja nicht zum Stehen kommt.

Manchmal sagte meine Mutter, es wäre besser so, dass mein Vater tot war, immerhin hätte es schlimmer enden können. Der Aggressor war fort, er hatte sich selbst gerichtet, das war zwar tragisch, aber damit war doch das Problem gelöst, oder nicht? Gleichzeitig wurden wir ohne Mann im Haus nicht als vollwertige Familie wahrgenommen. Seine Abwesenheit machte uns zu einer Einelternfamilie, meine Mutter alleinerziehend. Wir mussten mit dem Stigma leben, eine *dysfunktionale* Familie zu sein. Auch wenn *so* eine Familie nur eine andere Form der Familie ist. Jenseits der stereotypen Vorstellung des Familie*seins,* gibt es unendlich viele Möglichkeiten, eine Familie zu *machen.* Wir waren eine davon.

Ich war als junge Frau keine von denen, bei denen die Jungs Schlange standen, hinter denen sie herrannten und die so beliebt waren, dass ein Wimpernschlag genügte, um die Puppen tanzen zu lassen. Meine Rolle war eher die der grauen Maus, oder des Aschenputtels, nur dass ich mich nicht verwandelte, sondern einfach grau und stumm blieb. Obwohl es nicht stimmt, dass sich kein Junge für mich interessierte. Im Gegenteil. Ich hatte einen ziemlich schlanken Körperbau, war groß und meine Brüste waren fest und nicht zu klein. Nur war ich mir der Vorteile eines gut gebauten Körpers nicht bewusst. Ich hatte nicht gelernt, diese einzusetzen, und traute mich auch nicht, und so bewegte ich mich in einem aufreizenden Körper ziemlich ungelenk, stieß überall an, vor allem an die sozialen Erwartungen um mich herum. Ich wusste nicht mit den Annäherungsversuchen der Jungs umzugehen, wollte gerne positiv antworten, aber traute mich nicht. Als sich zum Beispiel der einzige Junge der Stufe, der schon ein Motorrad fuhr, für mich interessierte, ließ ich ihn nicht »ran«. Ich erinnere mich noch genau an diese Nacht, die ich mit ihm verbrachte, als er mir in den Slip fassen wollte und ich nach seiner Hand griff. Das Spielchen wiederholten wir keine weitere Nacht, denn er suchte sich eine andere und machte Schluss mit mir.

Nach den Sommerferien standen wir auf dem Schulhof, und einer der Jungs wollte wissen, wer von uns Mädels sich in den Ferien oben ohne gesonnt hatte. Ohne Vorwarnung riss er mein T-Shirt und den Träger meines BHs bis zum Warzenansatz herunter, um die Sachlage zu überprüfen. In diesem Moment war ich nur froh, dass ich mich tatsächlich oben ohne gesonnt hatte. Ich war nicht einmal wütend und ich wehrte mich nicht. Heute, mehr als dreißig Jahre später, wäre diese sexuelle Übergriffigkeit eine Straftat nach §184i StGB[61]. Damals war ich nur froh, dass ich nicht weiter zur Zielscheibe wurde. Ich war von der Angst beherrscht, nicht den gesellschaftlichen Erwartungen an Weiblichkeit zu entsprechen und aus diesem Grund beschämt zu werden. Ich kann mich an unzählige ähnliche Momente erinnern, in denen Männer meinen Körper ohne meine Zustimmung verurteilt oder sogar berührt haben. Einfach so, aus einem Moment heraus, weil ich mit ihnen einen Abend verbracht habe, ich bei ihnen übernachtete, ich für sie als Modell jobbte, ich also etwas tat, was die Männer *provozierte,* sie vielleicht einlud, mich zu bewerten und zu berühren.

Zu der Erinnerung gehört auch die Scham. Denn in diesen Momenten war es für mich nicht selbstverständlich, *nein* zu sagen. Wie das Kaninchen vor der Schlange war ich erstarrt vor dem sozialen Blick. Verzweifelt versuchte ich, den sozialen Narrativen des Mythos Frau zu entsprechen. Zu diesem gehört, einen begehrenswerten Körper zu haben. Nicht zu dick zu sein und sich entsprechend zu kleiden. Mit dem Ende der Schulzeit wurde ich magersüchtig. Jeden Tag wurde ich von der Panik beherrscht, ein Gramm zu viel zu essen und an Gewicht zuzunehmen. Mit dieser Angst war ich nicht allein. In ihrem Buch *Für Sorge – Wie Equal Care euer Familienleben rettet*[62] denunziert Jo Lücke ein *psychologisches Patriarchat* und verweist auf die *Macht der Stereotype.* Sie beschreibt anschaulich, wie sie selbst in ihrem Leben als Frau feststellt, dass sich, der vielen feministischen Kämpfe zum Trotz, bis heute in unserer Gesellschaft wenig geändert hat. Die sozialen Praktiken des Patriarchats sind erlernt und anerzogen, sie müssen – und können – praktisch verlernt werden. Denn das Patriarchat beherrscht zwar unsere sozialen Praktiken, ist aber keine genetische Veranlagung. Die Fallzahlen der von Magersucht betroffenen Mädchen, lese ich, steigen stetig an, und die Mädchen werden immer jünger.[63] Dreißig Jahre nachdem meine Freundinnen und ich uns fast zu Tode gehungert hatten, um dem dominanten Schönheitsideal zu entsprechen, ist dieses Narrativ weiterhin verantwortlich für die Gewalt, die sich junge Frauen selbst antun.

Ein anderes dieser gesellschaftlichen Narrative des weiblichen Mythos ist die Figur der liebenden, aufopferungsvollen Frau, deren wichtigste soziale Aufgabe die der Mutter ist, die in der Rolle der Sorgenden aufgeht, die ihr Leben für das Wohl der Familie opfert, sich engagiert, das Haus reinlich und sauber zu halten, und dafür alles andere, vor allem die eigenen Bedürfnisse, hintanstellt.

Hiermit meine ich nicht ausschließlich, dass die Frau allein diese Arbeit *macht*, sondern vor allem, dass sie allein dafür *verantwortlich ist*. Selbst wenn sie Arbeiten im Haushalt, wie das Putzen, an andere, meist ebenfalls weibliche Personen abgibt, trägt die Frau die *mental load*, die Verantwortung also, an all das zu denken und all das zu organisieren, was aus männlicher Perspektive oft als selbstverständlich, als *nicht der Rede wert* betrachtet wird.

In ihrem Buch *Das Unwohlsein der modernen Mutter* zeigt Mareice Kaiser, dass Mütter auch heute noch öfter hinter dem Herd stehen als in der Chefetage, und wie hoch der soziale Druck auf Frauen ist, dem Mythos der perfekten Mutter, die spielend Haushalt und Vollzeitbeschäftigung miteinander in Einklang bringt, zu entsprechen.[64] Ein Schauplatz dieser perfekten Mutterschaft sind zum Beispiel Kindergeburtstage. Es fängt an mit der WhatsApp-Gruppe, die von Müttern gegründet wird. Es sind auch meistens lauter Mütter darin, Väter bilden die Ausnahme, und alle finden das völlig normal. Manchmal frage ich mich warum, aber eigentlich weiß ich es ja, denn in der Mamaclique sind wir Frauen an unserem Platz. Die perfekte Mutter organisiert die perfekte Party, das Haus ist die soziale Bühne der Inszenierung des weiblichen Geschlechts: Besuch im Kletterpark, hausgemachte Hamburger, Pyjamaparty, alles muss perfekt sein. Ich habe viele solcher Partys organisiert. Meist konnte ich danach kaum noch geradeaus schauen, geschweige denn aufrecht stehen. Aber meine Partys waren immer gelungen, die Kinder im siebten Himmel und ich nicht mal stolz auf mich. Meine Rolle als Mutter habe ich immer als eine Selbstverständlichkeit empfunden, nicht als ein Talent. Deswegen entsteht auch so ein ungeheurer Druck unter Müttern, weil wir alle glauben, dass es eine natürliche Gabe ist, Kinder zu bekommen und großzuziehen, keine Fähigkeit, sondern praktisch ein Automatismus, den wir als Frauen wie selbstverständlich beherrschen. Das Stillen, das Windelwechseln, das Wiegenliedsingen, das Trösten, das Füttern, das Liebegeben, das Aufopfern, all das hat nichts mit Leistung zu tun. Die Sorgearbeit in der Familie zu übernehmen ist eine Selbstverständlichkeit für Frauen. Schließlich wurden sie schon in der Puppenecke im Kindergarten darauf konditioniert.

Es kann schon sein, dass ich eine gute Mutter bin, es ist möglich, dass ich meine Kinder über alles liebe, dass ich alles für sie tun würde, dass ich bereit bin, für das Wohl meiner Kinder viele Opfer zu bringen und dies sogar gerne mache, aber es ist nicht normal, dass mich die Gesellschaft damit alleinlässt.

Netflix-Serien wie *Ginny & Georgia* oder *Maid* sind Erzählungen von der wahren, der echten Mutterschaft. Angesichts der die Frau umgebenden allumfassenden gesellschaftlichen Gewalt gelingt es den Heldinnen der Serien, eine liebende und fürsorgliche Mutter zu sein, die ihren Kindern eine Alternative zu der sozialen Verdammnis bietet: Liebe. Verdammt, der Kerl schlägt ihr die Zähne aus, der beste Job, den sie bekommen kann, ist der einer Putzfrau, ihr aber gelingt es immer noch, ihrem Kind dieses einzigartige Gefühl zu geben, geliebt zu sein! Verdammt, frage ich mich, warum habe ich in meiner Kindheit nicht gelernt, mich zu wehren?

Ich erinnere mich noch gut an einen Weihnachtsabend als Kind, als ich zurück ins Wohnzimmer geschlichen bin. Warum, erinnere ich nicht, ich konnte nicht schlafen, wollte noch etwas trinken oder hatte eines meiner Geschenke vergessen und wollte, dass es bei mir im Zimmer war, während ich schlief. Im Wohnzimmer traf ich auf meine Mutter, heulend und zitternd. Ich verstand die Welt nicht mehr. Es war Weihnachten, das Fest der Liebe, wir hatten unter dem Baum gesungen, Geschenke getauscht, alles war gut gewesen, nun saß sie da und jammerte. Als ich sie ansprach, schrie sie mich an, ich solle verschwinden, sie wolle allein sein.

Zwar wird die französische Gesellschaft oft als Leitbild für Feminismus, für Mutterschaft und Berufstätigkeit bezeichnet, doch auch hier halten sich alte Stereotypen hartnäckig. Der Film *10 Tage ohne Mama* mit Frank Dubosc aus dem Jahr 2020 war ein Kassenschlager. Er zeigt einen von der Abwesenheit der Mutter seiner Kinder überforderten Vater, der nicht mal die Adresse der Schule kennt, geschweige denn den Weg dorthin.[65] Kein Wunder also, dass ebenfalls aus Frankreich ein international erfolgreicher feministischer Comic zur Verteilung von *mental load* kommt, der genau dieses Ungleichgewicht in der Care-Arbeit und die Konsequenzen für die Lohnarbeit anprangert.[66]

»Als Frau bin ich eher King Kong als Kate Moss«, schreibt Virginie Despentes in ihrem Buch *King Kong Theorie*.[67] Sie schreibt für die, die nicht in die Schublade passen, weil sie zu laut sind, zu wenig weiblich, zu brutal, zu schamhaft, zu viel oder zu wenig geschminkt, die zu wenig Frau sind. Dieser weißen Frau, die schlank ist, ohne magersüchtig zu sein, die jung bleibt, ohne zum Schönheitschirurgen zu gehen, die nicht überfordert ist von Windeln, von Schulaufgaben, die glückliche Mutter und gute Hausfrau ist verführerisch, ohne nuttig zu sein, dieser Frau, so Virginie Despentes, sei sie noch nie begegnet. Ich würde, ich möchte sagen: Diese Frau war ich. Oder wenigstens wollte ich sie sein. Als ich mit Anfang dreißig heiratete, war ich schlank, hatte ein Kind, das ich allein erzog, mein zukünftiger Mann hatte bereits drei, gemeinsam bekamen wir auch noch zwei, aber das machte nichts, ich war nie überfordert, oder gestand es mir jedenfalls nicht ein, ich schloss meine Dissertation, mein Staatsexamen so nebenher ab, mit links, ich war die perfekte weiße Frau, ich schaffte das. Doch in Wahrheit trat ich auf der Stelle. Auch ich war nicht diese Frau. Obwohl ich der Illusion nachlief, dass Vereinbarkeit möglich wäre. Als meine Kinder aus dem Gröbsten raus waren, ich meine Abschlüsse endlich in der Tasche und eine Festanstellung hatte, wurde bei einem Kind eine Behinderung diagnostiziert und ein Elternteil musste die Pflege- und Sorgearbeit übernehmen. Das Kind musste Therapien machen, Ärzte aufsuchen, brauchte eine spezielle Betreuung. Außerdem mussten Anträge bei der Krankenkasse und dem Versorgungsamt gestellt, eine inklusive Schule gesucht werden. Das die Sorge- und Pflegearbeit übernehmende Elternteil war auch in diesem Falle selbstverständlich ich, die Mutter, denn mein Gehalt war ja sowieso geringer, überhaupt, der Arbeitgeber meines Partners hatte kein Verständnis für Menschen, die weniger arbeiten wollten. Und auch mein Partner fürchtete, andere Männer würden ihm dann seine Stelle streitig machen.

Der Drang, nicht nur eine attraktive und begehrenswerte Frau, sondern auch die gute Mutter, die Liebende, die Schützende, die Sorgende zu sein, war so viel stärker als ich selbst und alle meine Sehnsüchte. Es ist genau dieser Mythos, mit dem ganze Generationen von Frauen aus dem öffentlichen Raum und dafür ins Haus gedrängt wurden: Wenn du die perfekte Frau und Mutter bist, wenn es dir gelingt, dich selbst für die Bedürfnisse anderer aufzugeben, dann verdienst du wenigstens das: die Liebe deiner

Familie und gesellschaftliche Anerkennung! Gibt es etwas Besseres auf Erden? Du kannst zwar kein Gott der Gesellschaft sein, dafür aber die Gottesmutter spielen. Dieser Mythos hält sich hartnäckig – auch im Jahr 2022 lag der Gender-Care-Gap in Deutschland noch bei 44,3 %, was bedeutet, dass Frauen pro Tag im Durchschnitt eine Stunde und neunzehn Minuten mehr für unbezahlte Sorgearbeit aufwenden als Männer.[68]

In ihren *Memoiren einer Tochter aus gutem Hause* schildert Simone de Beauvoir, wie aus einem kleinen Mädchen eine Frau wird. Sie beschreibt die Rolle der Mutter, ihrer Mutter, die rosige Wangen hatte, als sie ihre Tochter versorgte, sie fütterte, wusch und ihr ein Vorbild gab, eine Rolle, auf die sie sich vorbereiten konnte, das Frau- und Muttersein. Diese Mutter, Françoise, wurde in ihrer Tugendhaftigkeit und in ihrem Bemühen darum, dem gesellschaftlichen Rollenbild zu entsprechen, zu einem prägenden Vorbild für die junge Simone. De Beauvoirs Mutter war eine angepasste Frau, die es ihrem Mann recht machen wollte, der ihr diese Bemühungen zurückzahlte, indem er sie ignorierte, belächelte und betrog. Auch eine Form der Gewalt. Jedenfalls brachte diese genaue Beobachtung der von der Mutter mit dem Vater vorgelebten Beziehung die junge Simone de Beauvoir dazu, in ihrem Leben andere Wege als die konventionellen und vorgegebenen zu wählen. Und noch etwas war für den Werdegang der Tochter aus gutem Hause wichtig, nämlich die Tatsache, dass sich die Familie nach dem Ersten Weltkrieg in Schwierigkeiten befand und der Vater seinen Töchtern keine Mitgift mehr zahlen konnte. Er verkündete ihnen sogar, nun müssten sie arbeiten gehen.[69] Statt auf den Heiratsmarkt, schickte der Vater seine Töchter also auf den Arbeitsmarkt. Diese Tatsache und Simone de Beauvoirs kritische Haltung gegenüber der Rolle ihrer Mutter im Haus haben dazu geführt, dass sie das Räderwerk gesellschaftlicher ökonomischer und biologischer Reproduktion sowie den Mythos Frau mit ihrem Schreiben hinterfragen konnte.

Mythos Opfer

Eines Abends saßen wir zu dritt in diesem asiatischen Restaurant. Wir, das waren zwei Freunde, die ich seit Jahren nicht mehr gesehen hatte, und ich. Die beiden Männer kannten sich nicht, aber im Verlauf des Abends stellten wir fest, dass wir einen gemeinsamen Bekannten aus früheren Zeiten hatten. Jeder von uns war diesem Menschen in der Vergangenheit begegnet, und wir teilten Erinnerungen. Es handelte sich um einen meiner ehemaligen Partner, und so nahm ich eher zurückhaltend am Gespräch teil, da das Ende der Beziehung nicht einfach für mich gewesen war. Ich hatte mir damals eine gemeinsame Zukunft erträumt, das Zusammenziehen in den eigenen vier Wänden, das Niederlassen in einem Haus. In seiner Vergangenheit hatte es eine komplizierte Beziehung mit psychischer Erkrankung gegeben, deswegen war generell alles kompliziert. Der Mann konnte sich nicht entscheiden, nicht für mich, nicht für eine gemeinsame Zukunft, und die Beziehung zerbrach. An jenem Abend beim asiatischen Dinner war er der Link in unserer kollektiven Erinnerung, der uns alle verband. Zwischen Reminiszenzen an Halloweenpartys und Demos gegen den Kosovokrieg fiel plötzlich folgender Satz aus dem Mund eines Freundes: »Es hat mich aber echt fertiggemacht, dass er seine Freundin damals geschlagen hat.«

Er nannte sogar den Namen der Frau. Es gab keinen Zweifel. Wir sprachen von derselben Person. Plötzlich wurde mir kalt und heiß. Wenn er damals nicht mit mir hatte zusammenziehen wollen, dann aus Angst vor der Gewalt im Haus, vor seiner Gewalt?

Ich hatte gerade angefangen, mich mit dem Thema der häuslichen Gewalt in Verbindung mit meiner eigenen Geschichte auseinanderzusetzen. Ich saß vor meinem Reisgemüse in Kokosmilch und konnte es nicht fassen. Wir hatten uns viel gestritten, mein Exfreund und ich, am Ende fast ausschließlich um die Frage der gemeinsamen Zukunft, die sich in Form einer gemeinsamen Wohnung materialisierte – ich wollte unbedingt, er konnte sein Zögern nicht erklären. Für mich fühlte sich diese Unentschlossenheit wie ein Scheitern seiner Liebe an, denn am Ende des Märchens lebten Mann und Frau doch glücklich zusammen und hatten viele Kinder, und wenn sie nicht gestorben sind, so leben sie noch heute.

Der romantische Mythos beherrschte mich damals noch. Vorbilder von Frauen, die allein und glücklich lebten, gab es herzlich wenig, denn die Frau, die allein lebte, war eine alte Jungfer, die Außenseiterin der Gesellschaft. Diese Frauen waren das Beispiel, dem ein Mädchen aus gutem Hause nicht folgen sollte, denn sie nahmen meist ein trauriges Ende, wenn sie nicht sogar auf dem Scheiterhaufen verbrannt wurden. Nur war ich nicht aus gutem Hause, das Haus, aus dem ich kam, hatte Wände voller Risse und Einschusslöcher der Gewalt. Das Eine passte mit dem Anderen nicht zusammen, der romantische Mythos nicht mit der harten Realität. War ich Opfer der Gewalt oder hatte ich diese vielleicht doch selbst gesucht und mir angezogen wie einen Schuh, nur weil ich gelernt hatte, dass dieser mir zu passen hatte?

Das Wort »Opfer« bezeichnet ein Subjekt, das körperlichen, psychischen oder emotionalen Schaden durch eine andere Person erfahren hat. Es ist ein moralisch aufgeladener Begriff, verknüpft mit der Vorstellung von Unschuld, denn Opfer werden nicht für ihre Gewalterfahrungen verantwortlich gemacht. Sie sind die Empfänger*innen von Gewalt. Dies wird in der Gesellschaft moralisch anerkannt.[70] War ich wirklich ein Opfer häuslicher Gewalt? Und zwar nicht erst seit meiner letzten Beziehung, sondern schon lange, vielleicht sogar mein ganzes Leben? Immerhin hatte ich mich doch wehren können, war auf Distanz gegangen, oder hatte selbst Vorwürfe gemacht, sogar auch Druck ausgeübt, mit Trennung gedroht, um eine Änderung zu erzwingen. Wenn das Opfer Widerstand leistet, so Elsa Dorlin, kann dies nicht nur dazu führen, dass es selbst zum Angreifer wird, sondern auch zu seinem Tod. Sie veranschaulicht dies durch das Beispiel der Verurteilung von Millet de la Girardière in Guadeloupe, der in einen Eisenkäfig gesperrt wurde, der so konzipiert war, dass jeder Befreiungsversuch dem Opfer neue, schmerzhafte Verletzungen zuführte. Als *Phänomenologie der Beute* kennzeichnet sie die Anpassung des Opfers an die Umstände, mit dem Ziel, so der Gewalt des Angreifers zu entgehen.[71] Damit gelingt es dem Opfer allerdings nicht, der Gewalt im Allgemeinen zu entkommen. Denn selbst wenn es seinen Angreifer durch die Anpassung an die äußeren Umstände erfolgreich auf Distanz hält, ihn nicht provoziert, so dass sich die direkte Gewalt verringert, so ist das Opfer damit doch gezwungen, sich selbst Gewalt anzutun, indem es seine eigenen Bedürfnisse nicht nur zurückstellt, sondern vielleicht ganz auf sie verzichtet. Auch ich habe mich immer wieder an die Bedingungen angepasst, die mein männlicher Partner schuf, indem er die patriarchalen Strukturen der Gesellschaft für sich nutzte. Ich stellte beispielsweise meine Karriere zurück, um Haus- und Sorgearbeit zu übernehmen.

Während meine Freunde sich an jenem Abend weiter über die Vergangenheit austauschten, wurde mir klar, dass die häusliche Gewalt sich wie ein roter Faden durch mein Leben zieht. Sie war da, als ich Kind war, und hat mich seither niemals verlassen.

Dies ist ein in der Psychologie gut erforschtes Muster:

Jungen, die als Kinder häuslicher Gewalt ausgesetzt waren, werden zu Tätern, Mädchen zu Opfern. Lenore Walker, die den Zyklus häuslicher Gewalt beschrieben hat, benutzt zur Erklärung die Theorie *erlernter Hilflosigkeit* des Psychologen Martin E. P. Seligman. In Versuchen wurde Tieren beigebracht, dass sie keine Kontrolle über ihre Umwelt haben. Sie wurden mit unregelmäßigen, aber häufigen Elektroschocks drangsaliert, ohne dass ihr Verhalten irgendeinen Einfluss auf Häufigkeit oder Stärke der Schocks hatte. Sie konnten sich nicht wehren und wurden lethargisch. Ratten beispielsweise, die in dieser Art malträtiert wurden, ertranken bereits nach einer halben Stunde, ließen sich einfach untergehen, wenn man sie in ein Wasserbecken setzte, während gesunde Ratten sechs Stunden lang schwimmend um ihr Leben kämpfen konnten. Eine Frau, so Lenore Walker, die sich nicht gegen häusliche Gewalt wehrt, die Opfer bleibt, die den gewalttätigen Mann nicht verlässt, ist irgendwann wie eine dieser Ratten. Wenn sie, wie ich, das Muster häuslicher Gewalt schon als Kind erlebte, besteht die Gefahr, dass sie bereits als junge Frau in dieses Muster einer Beziehung gerät.

Die geschlagene Frau, so Lenore Walker, ist ein eigener Mythos.[72] Sie wird als unterwürfig dargestellt, als schwach, sie ist vielleicht sogar selbst schuld, dass sie geschlagen wird, immer ist sie so hysterisch, anspruchsvoll, sie hat es nicht anders gewollt, sie gehört einer Randgruppe an, ist eine Minderheit, entstammt einem schwachen sozialen Milieu. Frauen, die von häuslicher Gewalt betroffen sind, gehören, genau wie die Täter, im dominanten gesellschaftlichen Diskurs zu einer marginalisierten Gruppe. Der Mythos des Opfers beschreibt einen bestimmten Klassenaspekt. Das Opfer ist laut diesem Mythos meist von Armut betroffen, von Migration, Flucht, kurzum es ist prekär. Wer will schon dazugehören? Ich nicht! Doch aufgrund meiner Geschichte gehöre ich dazu, obwohl ich gleichzeitig auch

Teil eines privilegierten Milieus bin. Ich gehörte zu den Frauen, die sich mit dem Gehalt des Mannes eine Putzhilfe leisten können, und blickte neidisch auf die, die sogar eine Kinderfrau hatten, eine, die für sie die Musikhefte einkauft, die an alles denkt, woran die noch in Teilzeit Erwerbsarbeit leistende Hausfrau aufgrund ihrer Überlastung nicht denken kann. Ich verfügte über Ressourcen, die mir erlaubten, die Fassade einer glücklichen Familie und zufriedenen Mutter aufrechtzuhalten, um die Gewalt zu verstecken, um Konflikten aus dem Weg zu gehen.

In ihrem Buch *Notre silence nous a laissées seules*[73] (Unser Schweigen hat uns alleingelassen) dechiffriert die französische Schauspielerin Judith Chemla die Mechanismen, die dazu führten, dass sie selbst immer wieder zum Opfer häuslicher Gewalt wurde. Und sie betont, dass sie ihre Geschichte veröffentlicht, um anderen Frauen deutlich zu machen, dass sie sich nicht von der Scham und dem Mythos des Opferseins beherrschen lassen sollen, sondern sich wehren dürfen und müssen. Auch ich habe immer wieder vorgeworfen bekommen, dass ich es verdient hätte, nicht die Schläge, sondern die verbale Gewalt. Dass ich überreagiere, habe ich immer wieder auch von Freunden gehört, dass es *so* ja nicht besser werden könne bei der nächsten Beziehung. Ein Mann müsste immerhin doch als Mann akzeptiert werden, oder nicht?

Indem Frauen für die erfahrene Gewalt verantwortlich gemacht werden, findet eine Täter-Opfer-Umkehr statt. Sie werden für die erlebte Gewalt schuldig erklärt und vielleicht sogar selbst als Täterin stigmatisiert. Der von Frauen erwartete Perfektionismus wird ihnen sogar in der Opferrolle abverlangt, wie Jacinta Nandi feststellt: »Die Wahrheit ist, das perfekte Opfer ist tot. Nur wenn eine Frau tot ist, glaubt man ihr, dass sie ein Opfer war. Und selbst dann manchmal nicht.«[74]

Türen schlagen, laut sprechen, die Gläser mit Nachdruck ins Regal stapeln, so dass sie klirren, die Teller beim Einräumen in den Schrank aufeinanderknallen lassen, so dass sie Sprünge bekommen, wenn auch nur kleine, aber immerhin, sich mit gespreizten Beinen hinsetzen, überhaupt breitbeinig gehen, mit festem Schritt auftreten, so dass die Schritte nachhallen in den Gängen, auf dem Flur, die Klobrille knallen lassen, viel Fleisch essen und am liebsten blutig, Spezialist für den Grillabend sein, niemanden ausreden lassen – schon am Auftreten eines Mannes ist seine Virilität ablesbar, wie der Luftdruck an einem Barometer.

Männer werden von Männern erzogen. Auch wenn Väter im Haus heute immer noch weniger präsent sind als Mütter, so haben sie für männliche Kinder doch eine zentrale Vorbildfunktion. Denn unsere Welt sendet den Jungs von klein auf Signale, über die Kleidung, die ihnen angezogen wird, über die Spielsachen, die ihnen angeboten werden: Du bist ein Junge, sagt die Welt, und du sollst dich auch so verhalten wie ein Junge! Schau deinen Vater an, mein Junge, der spielt mit dem Schraubenschlüssel, nicht mit der Waschmaschine! Hör gut zu, wie er mit Mama spricht, wenn sie ihn um etwas bittet, wenn sie etwas braucht, obwohl es meistens oder eigentlich nie für Mama selbst ist (die Medizin für dich aus der Apotheke, das Wechseln des abgenutzten Dichtungsrings). Sie ist die Bittstellerin für schwierige Aufgaben, und du musst verstehen, dass ihr Bitten und Betteln lästig ist, weil Papa dir zeigt, dass das einfach nervt. Papa aber, der fragt nicht, der bittet Mama nicht, doch nur ja nicht den nächsten Untersuchungstermin für dich zu verpassen. Bei Mama geht das von selbst. Und so brauchen Kinder nur die Augen zu öffnen und hinzuschauen, um die Rollen im Haus zu erlernen. Die Abwesenheit prägt, die wenigen, aber harten Worte prägen, der abschätzige und prüfende Blick prägt.

Und das patriarchale Gesellschaftsmodell hält sich beharrlich am Leben, allem Widerstand zum Trotz. Historisch ist es nicht an den Westen gebunden. Auch in den segmentären Gesellschaften der Nuer und Dinka in Ostafrika, oder bei den machtvollen Männern in Papua-Neuguinea dominieren Männer über Frauen. Der Ethnologe Maurice Godelier hat das Auftreten dieser Autoritätsträger in den Ergebnissen seiner Feldforschung beschrieben. Während *Great Men* ihr Prestige durch Rituale und rituelle Handlungen legitimieren, treten *Big Men* als Unternehmer auf. Die *Great Men* gibt es vor allem in Gesellschaften, in denen männliche Dominanz durch Initiationsriten etabliert wird, wohingegen *Big Men* in Gesellschaften zu finden sind, die über Warentausch organisiert sind. Hier verfügen die Männer nicht direkt über eine offiziell legitimierte Macht. Sie müssen sich ihren dominanten Status »erarbeiten«. Er beruht auf ihrem Prestige und ist abhängig von günstigen Umständen, wie etwa einer guten Ernte oder der richtigen Entscheidung. Die wichtigste Fähigkeit eines *Big Man* ist es, sein Risiko genau kalkulieren zu können. Maurice Godelier beschrieb diese »großen Männer« auch als »Alphamänner«. Dominante Männlichkeit war bei den Baruya in Papua-Neuguinea Dreh- und Angelpunkt der Gesellschaft. Frauen unterlagen männlicher Dominanz. Deren Ausbeutung, so Godelier, entstand in den beschriebenen Gesellschaften nicht erst durch die Bildung einer Klassengesellschaft, sondern existierte als ein universelles Phänomen.[75] Der Transfer von Formen traditioneller Organisation auf unsere modernen Gesellschaften zeigt, dass die Vorstellung einer ökonomischen Rationalität, einer wissenschaftlichen Dominanz und Technik als Garanten eines sinnvollen Fortschrittes eine Illusion ist. Nicht den anderen, den Baruya, Nuer oder Dinka fehlt es an Modernität, sondern das Konzept des Fortschritts selbst ist zweifelhaft. Es suggeriert Linearität und stete Verbesserung, schließt aber Umwege und Dysfunktionalitäten, die ja auch positiv sein können, aus. Während wir die Planeten unseres Sonnensystems genau zuordnen können und wissen, dass die Erde keine Scheibe ist, weigern wir uns, das Konzept der Binarität zu verabschieden. In Wahrheit sind wir Menschen nie modern gewesen, sondern haben uns in jeder Epoche Systeme erschaffen, um darauf eine gesellschaftliche Ordnung aufzubauen.[76]

David Gilmore vergleicht den *Big Man* mit einem Investmentbroker, der auf der Suche nach Gewinn ist. Das männliche Charisma dieser Figur, ihre öffentliche Präsentation philanthropischer Handlungen, verbunden mit politischer Führerschaft, charakterisiert laut Gilmore aber auch italoamerikanische Mafiabosse.[77] Die *Big Men* ziehen ihre Macht vor allem aus Beziehungen, aus der Produktion sozialer Netzwerke. Produktive Männer, die überzeugend auftreten und damit nicht nur soziales Prestige, sondern auch Macht gewinnen, gibt es nicht nur in Papua-Neuguinea, denn soziale Systeme sind ständig in Bewegung. Das Individuum muss sich seine Freiheit und damit seine Zukunft selbst gestalten. Das dazugehörige soziale und kulturelle Kapital, mit dem jeder und jede Einzelne unterschiedlich ausgestattet ist, kann hier Vorteile und Vorsprünge bringen. Wie eben gezeigt, gibt es für männlich definierte Körper mehr Vorlagen, um Machtstrukturen zu nutzen. Aber die sogenannte *peer group*, die Gemeinschaft aus Gleichen, die demselben Geschlecht, demselben Alter und derselben Herkunft zugeordnet werden, spielt dabei eine wichtige Rolle. Auch der *Big Man* in Neuguinea muss sich vor allem in dieser Gruppe aus Gleichgesinnten und damit Konkurrenten durchsetzen, um einen prominenten Status zu erlangen. Er muss innovativ sein, um den Wohlstand des Dorfes zu bereichern, neue technische Fortschritte einbringen, um die gesamte Gemeinschaft voranzubringen. Nahrung, Magie, Medikamente und so weiter werden gesammelt und verteilt, der *Big Man* gewinnt seinen Status durch die intelligente und erfolgreiche Umverteilung dieser Güter, und dazu ist er abhängig von seinen Mitstreitern. In einer unsicheren Gegenwart schaffen sich die modernen *Big Men* ihr eigenes Machtsystem und sind dabei vor allem auf die Beziehungen unter ihresgleichen angewiesen – diesen aber ebenso ausgeliefert. Da das Haus die feminine Sphäre ist, schaffen sich Männer ihre *Boys Clubs,* in denen sie walten und werken können, und die dabei, so Martine Delvaux, eigentlich schon fast ein zweites Zuhause für Männer geworden sind.[78] Initiation bezeichnet in der Ethnologie die Einführung in eine neue Alters- oder Standesgruppe. Die Jungen werden in die Welt der Männer eingeführt, die Mädchen in die der Frauen.

Dabei sind diese Welten und ihre Übergänge gekennzeichnet von dem, was die Noviz*innen in der Zukunft erwartet. Jungen wird dabei traditionell Härte an- und Weichheit abtrainiert. Jungs weinen nicht, sie kennen keinen Schmerz. Bei Mädchen ist es genau umgekehrt, hier wird die Weichheit an- und die Härte aberzogen. Obwohl wir uns als Gesellschaft längst von den die Geschlechter differenzierenden Idealen verabschiedet haben. Während wir beispielsweise die Gleichberechtigung der Geschlechter in das Grundgesetz geschrieben haben, existieren sie jedoch hartnäckig weiter. Ich kann mich gut an all die Momente erinnern, in denen sich in meiner Kindheit und Jugend eine Distanz zwischen mir und dem anderen Geschlecht aufbaute. Auch diese Momente zeichnen Prozesse der jeweiligen Initiationen in herrschende gesellschaftliche Strukturen. Dabei wurde die öffentliche Sphäre von der privaten fein säuberlich getrennt. Jungs wurden beispielsweise nur dann zum Geburtstag eingeladen, wenn sich auch unsere Eltern schon kannten, miteinander befreundet waren, Mädchen hingegen konnten auch eingeladen werden, wenn keine private Beziehung zwischen den Familien bestand. Schon in der Grundschule wurde es kritisch, sich mit Jungs privat anzufreunden. Ziemlich schnell war da der Blick der anderen, das Hänseln und Lachen, der und die seien ein Liebespaar, nur weil sich zwei Kinder unterschiedlichen Geschlechts mal sympathisch waren. Dazu kam die Selbstdarstellung vor den anderen, auch in der Klasse – während Jungs auch mal Widerworte gaben, die Lehrperson herausforderten, um dann dafür die Anerkennung der gesamten Klasse zu ernten, war das für Mädchen schwieriger. Während für Jungs die Grenzüberschreitung eine Option der Selbstbehauptung ist, gehen Mädchen, aus Angst, ausgegrenzt zu werden, lieber den sicheren Weg durch Anpassung. In ihrem Buch *Schoolgirls*[79] hat die Journalistin Peggy Orenstein über zwei Jahre das Verhalten von Jugendlichen an kalifornischen Schulen untersucht. Während Mädchen sich an die Regeln halten, überschreiten Jungen diese ständig, indem sie beispielsweise nicht abwarten, drangenommen zu werden, sondern einfach in die Klasse rufen. Mädchen schämen sich für Fehler generell mehr als Jungs, die sich über ein lautes und auffälliges Verhalten leichter Bestätigung holen können. Da es den Lehrkräften oft nicht gelingt, die richtigen Grenzen zu setzen, lernen Mädchen, dass ihre Stimme grundsätzlich weniger wert ist als die der anderen. Dabei sind »die anderen« nicht alle Jungs, sondern genau diejenigen, die sich später im Sinne des Mythos Mann als sogenannte Alphamänner hervortun. Es sind die, unter denen die Jungen, die sich weniger gut durchsetzen können, später leiden, wie beispielsweise Jack Urwin in *Boys don't cry*[80] betont. Obwohl es viel Literatur zu der Bedeutung von Geschlechterrollen im Jugendalter gibt, hat sich bis heute wenig geändert. Während ich dieses Buch schreibe, kommt eines meiner Kinder mit einem Spruch aus der Schule nach Hause, den es aus dem Referat eines Klassenkameraden über technische Geräte aufgeschnappt hat: *Die Erfindung des Staubsaugers war ein kleiner Schritt für den Mann, aber ein großer Schritt für die Frau.* Der Satz hatte die ganze Klasse zum Lachen gebracht und auch das Wort *sexistisch* war in der Diskussion gefallen. Der Autor des Referats und damit des Satzes ist beliebt, hat gute Noten, kommt aus einer guten Familie und macht gerne durch dumme Sprüche auf sich aufmerksam. Der Lehrer hat die Situation heruntergespielt, schließlich muss das Programm durchgezogen werden.

Die Szene hat sich in einer Schule in einer Pariser Banlieue abgespielt. Als ich meiner Schwester davon erzähle, stellt sie fest, dass ihr Kind, im selben Alter wie meines, dafür aber in einer Kölner Vorstadt an der Schule, ein ganz anderes Erleben in seinem Alltag hat. *Aber*, so ergänzt sie, *wir leben hier sicherlich in einer Bubble.* Als homosexuelles Paar haben meine Schwester und ihre Partnerin ihren Wohnort und ihr Umfeld sehr bewusst gewählt. Sie haben sich eine Gemeinschaft geschaffen, in der sie mit ihren Kindern ohne Hass und Hetze leben können, und vor allem, in der die Kinder keine Geschlechterrollen aufgezwungen bekommen, sondern sich frei entfalten können. Dass die Wahl des Wohnortes praktisch Überlebensstrategie ist, zeigt einmal mehr, wie gefährdet auch Regenbogenfamilien im Patriarchat sind, gleichzeitig aber, wie wichtig sie als feministische Verbündete für dessen Abschaffung sind.

Es gibt wenig Narrative in Filmen und Literatur, die diese soziale Hetero-Konditionierung brechen. Immer noch verwandelt sich Aschenputtel in eine Prinzessin, wird das hässliche Entlein im College zur zauberhaften Schwänin, so dass sich der Alphatyp der Schule am Ende für sie entscheidet. Während für Mädchen die Bestätigung durch das andere Geschlecht Priorität hat und sie dafür auch bereit sind, ihre Freundinnen stehen zu lassen, ist für Jungs immer noch der Blick der anderen Jungs ausschlaggebend für die Selbstwahrnehmung.

In der Schweizer Kindergeschichte *Schellen-Ursli*[81] von Selina Chönz und Alois Carigiet bekommt der Junge Ursli für den bevorstehenden Umzug im Dorf nur ein kleines Glöckchen ab und wird deswegen von den anderen Jungen, vor allem denen mit den großen Glocken, gehänselt. Zum Glück erinnert sich Ursli an die große Kuhglocke, die in der Sommerhütte seiner Eltern hängt, und macht sich auf den Weg durch den tiefen Schnee zum hohen Gipfel. Nach einer Nacht allein in der Hütte gelingt es ihm am nächsten Tag noch rechtzeitig, mit der Glocke ins Dorf zu kommen. Beim Umzug geht er voran, denn seine Glocke ist die größte. *Schellen-Ursli* erzählt von einem männlichen Initiationsritus. Die körperliche Anstrengung bei dem gefährlichen Weg durch Eis und Schnee, die Isolation in der Nacht allein auf der Hütte, die erfolgreiche Rückführung in die Gesellschaft und der darauffolgende Statuswechsel, dies sind alles klassische Elemente eines Initiationsritus. Eines männlichen, denn nur Jungs durften mit den Glocken an dem Umzug teilnehmen. Heute sind auch Mädchen dabei, doch die Modernisierung von Traditionen schreitet trotzdem noch zu langsam voran. Im Kölner Karneval haben beispielsweise immer noch Männer die Deutungshoheit im Dreigestirn – wenngleich der Vorort, in dem meine Schwester mit ihrer Regenbogenfamilie lebt, Frauen bereits diese Rolle hat spielen lassen. Wie die Traumpfade der Aborigines, die den Narrativen ihrer Ahnen folgen, reproduziert eine Gesellschaft über Tradition und Rituale dieselben alten Muster der Etablierung sozialer Kategorien nach Geschlecht. Durch diese traditionellen Rituale entstehen die *Boys Clubs*, in denen sich *Big Men* reproduzieren. Einmal unter sich, geht es auch bei Männern ums Ganze. Wer in der Arena der Männlichkeit zum Weichei erklärt wird, hat nichts zu lachen. Ein *Big Man* zu werden bedeutet, beim

Wettkampf um Differenzierung hervorzustechen, und das gelingt nur den Starken, den Mutigen, den Helden. Und wenn es ihnen gelingt, können diese zu *Gatekeepern* werden, zu Männern, die Macht in einem gesellschaftlichen Feld haben und kontrollieren, wer darin zugelassen oder ausgeschlossen wird.

Jack Urwin stellt die Frage nach den Konsequenzen der emotionalen Verdrängung im Kontext von Männlichkeit. Er erzählt, wie sein Vater deswegen früh starb, weil er seine Emotionen, seinen Schmerz nicht zeigen und sich seine Schwächen, seine Krankheit nicht eingestehen konnte. Allein der Versuch, den sozialen Ansprüchen an eine männliche Identität gerecht zu werden, erschwert den Zugang zu Emotionen.[82] Was also, wenn der Mythos auf der anderen Seite der sozialen Geschlechterwaage genauso stark und genauso bindend und vor allem genauso schmerzhaft ist? Wenn das andere Geschlecht sich genauso unter Druck gesetzt fühlt, um den sozialen Erwartungen zu entsprechen, die ihm in die Wiege gelegt wurden? Wenn ein Vater, mein Vater, der seiner Tochter beim Anziehen hilft, sich liebevoll um sie kümmert, dabei innerlich zerfressen wird von dem Gefühl, als Mann zu versagen, weil er sich weiblich verhält?

»Ich kämpfte mit Männern und ich schlug Frauen«, hat John Lennon im Interview gesagt und »All You Need Is Love« hat er gesungen.[83] Ich erinnere mich an einen Nachmittag im Winter, als ich mit meinen Kindern Schlitten fahren war. Eine andere Gruppe Kinder belegte bereits die Bahn und war dabei, Sprungschanzen zu bauen. Die Gruppe wurde von einem Jungen dominiert, der vielleicht zwölf Jahre alt war. Er zögerte nicht, Gewalt anzuwenden, schubste auch eines meiner Kinder, das daraufhin Nasenbluten bekam. Als ich die Eltern ansprach, die in der Nähe standen und sich mit Freunden eine Flasche Wein teilten, meinte die Mutter, wir sollten doch an einem anderen

Hang Schlitten fahren. Ich widersprach, denn ich war der Meinung, wir könnten uns den öffentlichen Raum auch gut teilen und Gewalt sei doch keine Option. Daraufhin wurde ich von dem Vater des Jungen, dem *Big Man* der Gruppe, zur Ordnung gerufen. Ich solle mich nicht so hysterisch verhalten, sofort damit aufhören, seinen Sohn als gewalttätig zu bezeichnen, er würde nur spielen. Meine Kinder standen neben mir mit eingezogenen Schultern und ich erklärte, das Problem seien hier wohl die Erwachsenen, und ging.

Diese Szene hat mich noch lange beschäftigt. Mein Kind lief mit blutender Nase davon und ich kann nur erahnen, welche Wut sich in einem Menschen aufstauen muss, wenn er solchen Szenen immer wieder und wieder ausgeliefert ist und sich gegenüber den anderen, den Alphamännern, nicht durchsetzen kann. Was hatte mein Kind gelernt? Dass seine Mutter als hysterisch abgestempelt wurde, weil sie versucht hatte, ihn zu beschützen. Vielleicht wäre es ihm lieber gewesen, sein Vater wäre da gewesen, um den Vater des anderen Jungen zu verprügeln? Oder aber ich hätte den Mund gehalten und er selbst sich der Dominanz des anderen Jungen untergeordnet? Diese aufgestaute Wut und dieser Hass müssen irgendwo ihre Entladung finden und dies geschieht gewöhnlich im intimen Bereich des Hauses, gegen andere oder gegen sich selbst.

»Selbstmord ist das zerstörerischste Symptom toxischer Männlichkeit und dasjenige, dem wir die größte Aufmerksamkeit schenken müssen«,[84] fordert Jack Urwin.

Mythos Täter

Vielleicht hatte mich der Therapeut meines Vaters vor der väterlichen Gewalt im Haus geschützt. Es kann sein, dass sein Einsatz meinen Vater davon abgehalten hat, in jener fatalen Nacht auch meine Mutter und ihre Kinder zu töten, wie er in seiner Wut gedroht hatte. Der Therapeut konnte mich aber nicht vor dem bewahren, was danach kam. Nicht vor dem neuen Mann meiner Mutter, der mir den Arm auf den Rücken drehte, so dass er dabei fast auskugelte. Obwohl sich meine Mutter wieder scheiden ließ, war mir lange nicht klar, dass die Gewalt im Haus der Grund war für die Trennung. Niemand sprach mit mir, weder über den Grund der Trennung noch über die Gewalt, und so wertete ich das Schweigen als Bestätigung. Das Schweigen der Erwachsenen um mich herum legitimierte die Gewalt. Mir war von diesem Mann Gewalt angetan worden, weil ich ungezogen gewesen war, es war meine Schuld gewesen und mir gehörte die Scham, mehr nicht. Aber vergessen habe ich diesen Moment nie, genau wie Didier Eribon nie den Moment vergessen hat, als sein Vater Flaschen an die Wand warf und seine Mutter und ihn nur knapp verfehlte.[85] Keinen Mann im Haus zu haben, wie Alice Coffin in ihrem Essay »Das lesbische Genie«[86] schreibt, schützt eine Frau und ihre Nachkommen vor Gewalt.

Mein Vater war tot. Er hatte sich die Kugel, mit der er uns gedroht hatte, am Ende selbst in den Kopf gejagt. Am Morgen danach fanden wir die Kellertür offenstehend vor. Die Tür zum Haus war auch offen und die Gewalt konnte eintreten, in neuen und immer unterschiedlichen Formen. Mein Therapeut war der Therapeut meines Vaters gewesen. Ich hatte ihn nur geerbt. Es gibt immer eine Erbschaftssteuer, die man zahlen muss, auch bei Therapeuten.

Laut dem Bundeskriminalamt wurden im Jahr 2023 167.865 Fälle von Partnerschaftsgewalt angezeigt. Davon sind 132.966 Opfer weiblich, also über 79,2%. Jedes Jahr sind es mehr, von 2022 auf 2023 sind die Zahlen nochmals um 6,4% gestiegen, und dies ist nur die Spitze des Eisbergs.[87] Die Statistik kann nur die Fälle erfassen, bei denen das Leid der Opfer stark genug war, um die Scham zu überwinden und Anzeige zu erstatten. Es sind nur die Menschen, die den Mut hatten, sich zu wehren; die anderen, und das sind wahrscheinlich noch viel mehr, schweigen aus Scham oder aus Angst. Das Bundeskriminalamt unterscheidet bei häuslicher Gewalt zwischen Partnerschaftsgewalt und interfamiliärer Gewalt, also der gegen Kinder, Geschwister und andere Familienmitglieder. Bei der interfamiliären Gewalt sind die Opfer zu 35 % Kinder, darauf folgen Eltern (23,6 %) und Geschwister (17,6 %). Insgesamt waren 70,5 % der Opfer häuslicher Gewalt (also Partnerschaftsgewalt und interfamiliäre Gewalt zusammengefasst) weiblich und 29,5 % männlich. Dagegen waren die Tatverdächtigen zu 75,6 % männlich und zu 24,4 % weiblich. Entgegen bekannter rassistischer Narrative sind diese männlichen Täter mehrheitlich deutsche Staatsbürger. Insgesamt handelt es sich um 157.932 Fälle männlicher Gewalt in verbaler, psychischer oder physischer Form gegen Partnerinnen oder Familienmitglieder in Deutschland. Das ist unglaublich viel. Die Zahl entspricht ungefähr der Einwohnerzahl von einer mittelgroßen deutschen Stadt wie Ingolstadt oder Neuss. Eine ganze Stadtbevölkerung also, die Gewalt gegenüber ihren Partnerinnen anwendet? Monster, die unsere Straßen bevölkern? Wölfe, Alphatiere, die ihr Revier und ihren Besitz markieren? Die auf der Suche nach Opfern sind? Die auf der Jagd sind? So einfach ist das nicht. Unter all diesen Männern ist sehr wahrscheinlich jemand, den wir kennen, jemand aus unserer Familie, wie mein Vater, der Vater einer Freundin oder eines Freundes, der Vater des Nachbarn, der Mann der Nachbarin, der beste Freund, der Bruder, einfach ein Freund, der Chef oder Vorgesetzte, der Berater von der Bank oder der Professor von der Uni. Sie sind Teil unserer Gesellschaft, sie gehören dazu, und vor allem, sie werden *nicht als Männer geboren, sondern zu Männern gemacht.* Und genau das ist das Problem.

Gabe

Wir haben keine Paläste angezündet und keine Barrikaden errichtet. Unsere Generation X hat keine Revolution angezettelt. Wir waren meistens friedlich, wurden mit dem Dogma erzogen, dass für uns alles möglich wäre, und wir glaubten auch noch daran. In ihrem Buch *Why we can't sleep*[88] erklärt die amerikanische Journalistin Ada Calhoun die Überforderung der Frauen der Generation X, die sich unter dem Eindruck der Illusion, alles haben zu können, im Balanceakt zwischen Job, Familie, Karriere, Sorgearbeit selbst verausgabten. Im Glauben, Teilhaberinnen im System zu sein, haben diese Frauen in ihrem Leben alles gegeben, um sich schließlich mit der Zerrissenheit konfrontiert zu sehen, nicht nur die eigenen Kinder versorgen zu müssen, sondern auch die ins Alter gekommenen Eltern, oder die Eltern des Partners, und gleichzeitig weiter im Beruf für die Karriere zu kämpfen. Wir sind aufgewachsen mit der Illusion, einer Generation von Powerfrauen anzugehören, wurden aber letztlich nur ausgepowert, um dem patriarchalen System noch effektiver zu nützen. Für die Gleichberechtigung hatte die Frauenbewegung im Mai 1968 schon nachhaltig eingestanden, wir Nachgeborenen mussten ja nur auf die Umsetzung der erkämpften Rechte warten. Unsere Bäuche gehörten uns, glaubten wir. Schließlich hatte Alice Schwarzer 1971 mit den Unterschriften von 374 Frauen gegen den Paragrafen 218 gekämpft, damit Frauen endlich selbst über ihren Körper entscheiden durften. Obwohl es erst 1995 ein neues Abtreibungsrecht geben würde, wurde das Bewusstsein, dass mein Bauch mir gehört, zu einer Grundüberzeugung meiner Jugend. Ich war mir als junge Frau sicher, dass, wenn ich ein Kind bekommen würde, dies selbstverständlich meine bewusste Entscheidung wäre. Ich konnte mir nicht vorstellen, dass es gesellschaftliche Bedingungen und Strukturen gab und gibt, die dazu führen, dass eine Entscheidung nicht immer eine freie Entscheidung ist, auch wenn diese selbstständig getroffen wurde. Nur drei Jahre nachdem der Gesetzgeber die Reform des Abtreibungsgesetzes endlich umgesetzt hatte, ließ ich mir also als junge Frau einen Beratungsschein ausstellen, machte einen Termin bei einem Abtreibungsarzt – und trieb nicht ab. Einen Fötus abzutreiben, war und ist bis heute noch unter bestimmten Voraussetzungen straffrei, aber rechtswidrig, und genau das bekam ich, während ich mich durch das gesetzlich vorgeschriebene Räderwerk auf dem Weg zur Absaugung kämpfte, deutlich zu spüren. Ein wichtiger Moment dabei war der Augenblick, als mich die Frauenärztin ohne mein Einverständnis die Herztöne des Kindes hören ließ. Danach war es mir psychisch nicht mehr möglich abzutreiben. Die Konsequenzen dafür musste ich allein tragen. Der soziale Druck, der durch diese strukturelle Gewalt auf mich ausgeübt wurde, war nicht nur traumatisierend, sondern auch gesellschaftlich stigmatisierend.

Warum haben Sie denn nicht mehr soziales Engagement in Ihrem Lebenslauf?, fragte mich der Gutachter der Stiftung, bei der ich Jahre später einen Antrag auf Finanzierung meiner Forschungsarbeit zur Dissertation gestellt hatte.

Ich bin alleinerziehend, das empfinde ich als ein großes soziales Engagement, denn es lässt mir nicht viel Zeit, antwortete ich. Der Gutachter lächelte verständig, aber meinen Antrag lehnte er ab.

»Sie sind klug, gut ausgebildet und halten sich für modern«[89], so beschreibt Bascha Mika die Frauen meiner Generation, die zwar studiert haben, aber von der Arbeitswelt schnell überfordert sind, die ihrem Mann folgen, aus

Orientierungslosigkeit schwanger werden, dankbar für die Beschäftigung, die ihnen die Mutterrolle bietet, und die sich somit der eigenen *Vermausung* hingeben und sich zwischen Mann und Kindern aufreiben, ohne dass etwas für sie oder etwas von ihnen übrigbleibt. Ja, so eine Frau bin ich, eine, die sich vermaust hat. Obwohl ich in einem modernen Zeitalter aufgewachsen bin. Ich konnte studieren und meinen Beruf frei wählen. Aber eine Chancengleichheit hat es nie gegeben. Schlimmer noch, ich war der Illusion erlegen, frei zu sein, aber eigentlich lebte ich in Strukturen, die mich dazu verdammten, ein Leben als Frau wie meine Mutter zu leben oder wie die Mutter meines Vaters, oder auch wie die vielen Mütter meiner Ahnen zuvor, wie überhaupt jede Frau im Patriarchat. Und eine Frau muss auch gar keine biologische Mutter sein, um so zu sein wie ich, denn es ist nicht allein das Muttersein, das eine Frau zur Frau macht, das Muttersein ist nur die legitimste Existenz für das Frausein oder überhaupt das In-einem-weiblich-gelesenen-Körper-Sein, denn um etwas anderes zu sein, muss sich ein Mensch in einem weiblich gelesenen Körper erst einmal behaupten können, und das will gelernt sein. Dafür müssen Bedingungen geschaffen werden: eine unterstützende Erziehung, eine finanzielle Grundlage, mit der dieser Mensch ins Leben startet. Die einfache theoretische Voraussetzung dafür zu schaffen, dass Frauen dasselbe aus ihren Rechten machen können, reicht nicht, wie der Gender-Pay-Gap deutlich zeigt. Männer kriegen und Frauen geben: Leben und Milch. Sie sorgen für die Familie, sie opfern ihre Zeit, Kraft und Energie für andere. Wenn Frauen etwas zurückfordern, entsprechen sie nicht mehr dem von ihnen erwarteten Stereotyp, verhalten sich gegen ihre vermeintliche Natur. Für eine Frau ist es nicht leicht, sich zu sagen, dass sie das Recht hat, Geld für Sorgearbeit einfach einzufordern. Schon Simone de Beauvoir hatte auf diese Weise erklärt, warum so viele Frauen an ihrer Unterdrückung selbst mitarbeiten.[90] Denn die Ablehnung der Rolle der Sorgenden wird gesellschaftlich oft sanktioniert, die Figur der *alten Jungfer* etwa hat Honoré de Balzac in seinem gleichnamigen Roman ausgestaltet:[91] Rose-Marie Cormon ist bereits über vierzig und unverheiratet. Sie entscheidet sich trotz mehrerer Bewerber für den Narzissten Du Bousquier, der nicht nur herzlos, sondern auch senil ist, was zur Folge hat, dass sie bis zu ihrem Ende Jungfrau bleibt. Die *alte Jungfer* war noch in meiner Jugend ein Schreckgespenst. Wer wollte schon so enden? Dass das, was gemeinhin als Glück verkauft wird, das Gegenmodell zur *alten Jungfer*, lebensbedrohlich werden kann, darüber sprach keiner. Herkömmliche heterosexuelle Partnerschaften sind der gefährlichste Ort für Frauen in unserer Gesellschaft. Im Jahr 2023 sind 331 Frauen durch die Hand ihres Partners oder Ex-Partners gestorben. Nahezu jeden Tag stirbt in Deutschland eine Frau durch häusliche Gewalt!

Virilität steht für Macht, Prestige, wirtschaftlichen Erfolg. Weiblichkeit ist eng an die Idee der Gabe geknüpft, so die Historikerin Michelle Perrot.[92] Simone de Beauvoir nannte es »die liebende Unterwerfung«[93]; denn die Liebe, die die Frau dem Mann und der Familie entgegenbringt, die sie in der Mutterrolle aufgehen lässt, war ihr zufolge einer der wenigen Auswege für Frauen, um gesellschaftlich akzeptiert zu werden. Allzu oft endete der weibliche Wunsch nach Unabhängigkeit in einer Neurose, im zugeschriebenen Wahn – die widerspenstige Frau, die sich nicht den gängigen Normen beugte, wurde ins Irrenhaus gesteckt. Eine Frau für verrückt zu erklären, ist eine beliebte Praxis, um sie zum Schweigen zu bringen, worauf ich später noch ausführlicher zu sprechen komme. Dafür bekannt geworden sind meist die Frauen, die wie Olga Khokhlova oder Dora Maar, Partnerinnen von Pablo Picasso, Opfer von *Genies* wurden. Aber Frauen werden, nicht nur im System Picasso, sondern überhaupt im Patriarchat, oft entweder als »Göttinnen oder Fußabstreifer«[94] wahrgenommen, zwischen diesen Extremen existiert nur ein enger Raum, in dem kaum Luft zum Atmen bleibt. Die Frau wird strukturell abgewertet und alleingelassen, wenn sie sich nicht den traditionellen Normen unterwirft, beschreibt Asha Hedayati.[95] Die Gabe ist, wie auch der *Big Man*, ein soziales Konzept mit langer Tradition, wandel- und anpassbar. Mit seinem Werk *Die Gabe. Form und Funktion des Austauschs in archaischen Gesellschaften*[96] zeigt Marcel Mauss, dass auch als *primitiv* bezeichnete Gesellschaften sehr wohl wirtschaftliche Systeme hatten. Die Gabe ist dabei ein Grundelement wirtschaftlichen Handelns überhaupt. Indem Wohltätigkeit oder Sorgearbeit angenommen wird, gehen die Empfänger eine Verpflichtung zur Gegenleistung ein; auch wenn eine direkte Entschädigung nicht verlangt ist oder gefordert wird, so sind die Nehmenden indirekt doch verpflichtet, den Gebenden wenigstens Anerkennung zu zollen. Durch die indirekte Verpflichtung aber kommen Schamgefühle ins Spiel. Wenn also Mildtätigkeit und die Annahme von Spenden als etwas Schambesetztes angesehen werden, ist es doch viel einfacher, einen Teil der Gesellschaft über Traditionen und Wertvorstellungen darauf zu konditionieren, gütig und wohltätig zu sein, und diese Eigenschaften als eine biologisch bestimmte Natur anzusehen. Der weibliche Körper verpflichtet zur Gabe und das erlöst die anderen von ihrem Schamgefühl. Wenn eine Frau von Natur aus prädestiniert ist, sich um und für andere zu sorgen, für andere da zu sein, Nächstenliebe walten zu lassen, sich selbst aufzugeben, dann doch deshalb, so das soziale Narrativ der Gabe, weil sie die weibliche Intuition, die Mutterader besitzt, diesen natürlichen Trieb, dem kein weiblicher Körper widerstehen kann, sich selbst hinzugeben, zu opfern, die Milch fließen zu lassen. Das alles *nicht* zu haben, diesem *natürlichen* Trieb *nicht* zu folgen, wird gesellschaftlich mit Scham und Schuld belegt. Die christliche Gottesmutter war lange die soziale Vorlage für die weibliche Selbstaufgabe der Frauen in unserer Gesellschaft. Nicht zuletzt ist die Hingabe für einen anderen Menschen auch stark mit Leidenschaft, mit dem Ideal der romantischen Liebe verbunden.

Es ist so viel leichter, für andere zu sorgen, als für sich selbst, vor allem, wenn man als Frau erzogen wurde. Aber ein sozialer Zwang ist auch eine Form der Gewalt. In ihrem Buch über die Geschichte der Frauenhäuser betont Franziska Benkel, dass die dominante Form des Familienhaushalts alle anderen Formen ausblendet.[97] Für Nichtmütter, traumatisierte Mütter, Alleinerziehende bleibt kaum die Möglichkeit, sich Gehör zu verschaffen, sie werden von der Omnipräsenz der glücklichen Familienmama übertönt. Diese anderen Formen des Frauseins oder auch Mutterseins bekommen keine oder kaum eine Bühne, auf der sie und ihre Bedürfnisse gehört werden. Auch ich erlebte das Alleinerziehendsein oft als sozial ausgrenzend. Im gesellschaftlichen Narrativ ist alleinerziehend das Gegenteil von attraktiv. Zu dem Schreckgespenst der *alten Jungfer* für eine alleinstehende Frau kommt bei der Alleinerziehenden noch die Stigmatisierung durch Armut hinzu. In den Medienberichten über Alleinerziehende wird meist deren Armutsrisiko betont, was richtig ist, aber diese Frauen und ihre Kinder auf ein negatives Bild reduziert.[98] *Du bist eine sehr gute Mutter*, sagte mein Partner, als wir uns kennenlernten. Für mich war das nicht nur ein Kompliment, sondern auch ein Hinweis, dass er meine Situation als Alleinerziehende respektierte. Erst Jahre später, als ich mich in der Situation wiederfand, mich nicht nur um meine, unsere, sondern vor allem auch seine Kinder aus erster Beziehung zu kümmern, begriff ich, wie sehr ich mich getäuscht hatte. Ich verstand zu spät, dass ich die Zeichen falsch gedeutet hatte. Wo ich Akzeptanz gesehen hatte, hatte er sich über eine gute Gelegenheit gefreut. Ich war ins Netz gegangen. Plötzlich saß ich im Haus fest, umgeben von einer Kinderschar, für die ich sorgte, putzte, aufräumte, die ich pflegte, mit der ich Hausaufgaben machte, die ich an ihre Termine erinnerte, ermahnte, erzog. Kurzum, ich gab, um mich selbst aufzugeben. Dabei brauchte ich noch lange, um zu verstehen, dass ich in die Falle gegangen war, wie ein Insekt in das Netz einer Spinne. Denn ich war ja noch jung, ich hatte meinen Abschluss, ich fing an zu arbeiten, ich glaubte, irgendwann würde alles leichter werden, die Kinder größer und weniger anspruchsvoll, die Arbeit meines Partners in der Zukunft sicher weniger, und dann würde ich zum Zuge kommen, dann würde ich nicht mehr nur geben, sondern auch bekommen und nehmen, wenigstens Zeit, für mich, für meine Arbeit, fürs Schreiben. Und dann lebte ich ja in Frankreich, wenn alle Stricke reißen würden, hätte ich immer noch die staatliche Betreuung als Stütze.

In ihrem Werk *Die Alles ist möglich-Lüge* stellen Susanne Garsoffky und Britta Sembach auch Frankreich als Fallbeispiel vor: »Bonjour Tristesse«.[99] Auch ich lernte nach meinem Umzug in das Land der Menschenrechte, dass auch in Frankreich der feministische Kampf noch längst nicht gewonnen ist, sondern Tag für Tag aufs Neue vor jedem »Korb schmutziger Wäsche«[100] ausgefochten wird. Eine Frau zu sein heißt, hier wie dort, nicht nur, einem Schönheitsideal entsprechen zu sollen, möglichst schlank, mit glänzendem Haar und lackierten Nägeln, sondern vor allem, die ständige Sorge für den Haushalt allein zu tragen. Eine Frau zu sein heißt auch in einem Land mit breiter Infrastruktur an Kindertagesstätten und Schulpflicht ab drei Jahren wie in Frankreich, ständig entweder selbst damit beschäftigt zu sein, Schmutz, Dreck, Sabber, Rotze, Kotze wegzuwischen, oder aber damit beschäftigt zu sein, jemanden zu finden, der diese Aufgabe für einen übernimmt, und es bedeutet auch, hart um seine Karriere kämpfen zu müssen. Selbst bei flächendeckender ganztägiger Bildung und Betreuung muss man sich ums Mittagessen der Kinder kümmern. Die Kinder in der Schulkantine anmelden, die Rechnungen bezahlen, die Allergien mitteilen, all das machen vor allem Frauen. Gleichstellung existiert bis heute an keinem Ort der Welt.

Marcel Mauss hat das Prinzip der Gabe am Beispiel des nordwestamerikanischen Potlatch beschrieben, ein komplexes System des Gabentausches, das auf drei Verpflichtungen beruht: *Geben, Nehmen, Erwidern.* Die soziale Verpflichtung des Gebens ist die Grundlage des Tausches von Gütern, Waren und Dienstleistungen.[101] Die Funktionen des Gebens und Nehmens finden sich nicht nur in traditionellen Gesellschaften, Mauss entschlüsselt diese auch in den Ursprüngen des europäischen, des römischen und des germanischen Rechts. Wenn also Frauen zu dem Teil der Bevölkerung gehören, der die meisten Gaben in der Gesellschaft zirkulieren lässt, so ist es doch erstaunlich, dass nicht sie den Löwenanteil der Reichen in unserer Gesellschaft ausmachen. Sie sind es doch auch, die sich um das Wohl der Gesellschaft kümmern, ohne sie würde der Nachwuchs nicht nur nicht gesund aufwachsen, sondern wahrscheinlich gar nicht lesen und schreiben können. Es würde also niemanden mehr geben, der fähig wäre, für die Gesellschaft zu sorgen. Frauen, die Sorgearbeit leisten, sind systemrelevant. Sie sollten dafür ausreichend bezahlt werden. Das Gegenteil aber ist der Fall, besonders viele Frauen sind von Armut betroffen, wie etwa Alleinerziehende oder alleinstehende Frauen im Alter.

Was also ist schiefgelaufen in unseren modernen Zeiten, warum haben Frauen am weltweiten System des Gabentauschs keinen Anteil? Das Problem ist, dass Frauen mit ihrer Dienstleistung der Sorgearbeit selbst als Ware gesehen werden, sie nehmen am Tausch als Objekt teil. So geht es schon seit Jahrhunderten, bis heute; obwohl wir uns eine moderne Gesellschaft nennen, ist keine Änderung in Sicht. Modern sind wir nie gewesen, besonders was Gleichstellung betrifft, im Gegenteil – und genau diese weiterhin strukturell existierende Ungleichheit entfesselt auch die Gewalt im Haus.

Der Marquis de Sade hat seinen Text *Die 120 Tage von Sodom* auf eine zwölf Meter lange Rolle von elf Zentimetern Breite geschrieben. Der Text erzählt Männerphantasien. Darin werden Frauen von Männern wie Objekte behandelt, die Männer untereinander austauschen.[102] Die ausgetauschten Frauen wechseln oder rotieren zwischen den von Männern dominierten Gruppen hin und her, und genau wie sie kreisen die sie begleitenden Gaben. *Mitgift* und *Brautpreis* sind zwei Beispiele für den Transfer von Gütern oder Dienstleistungen bei Eheschließungen. Die aus dem Mittelhochdeutschen stammende *Mitgift* bezeichnet das Mitgegebene, das, was dem jungen Paar mit auf den Weg gegeben wird. Der *Brautpreis* ist traditionell die Ausgleichszahlung oder Entschädigung mit Gütern, die die Familie des Mannes an die der Frau leistet, da sie eine Arbeitskraft verliert. Dieser Arbeitskraftverlust macht sich vor allem im Alter bemerkbar, und das auch in Gesellschaften, in denen es zwar eine Mitgift gab oder gibt, aber keinen Brautpreis. Wie viele Frauen pflegen beispielsweise heute noch im Alter die Eltern des Partners, da dieser ja den besser bezahlten Job hat und ihre Karriere sowieso schon viele Lücken durch die Jahre der Kinderbetreuung? Die sozialen Sanktionen für Frauen, die dem Ideal von Weiblichkeit als Gebende nicht entsprechen, sind hart. Ein Beispiel ist das Stigma der *Rabenmutter*. Wenn die Sanktionen von außen nicht mehr greifen, wird im Innern des Hauses Gewalt eingesetzt. Der Nachmittag, an dem ich lernte, wie gefährlich es für mich war, die Gabe im Haus zu verweigern, war warm und sonnig, ein schöner Herbsttag. Ich war mit den Kindern allein in ihren Ferien bei meiner

Mutter gewesen, am nächsten Tag ging die Schule wieder los und als Lehrerin musste ich, auch in Teilzeit arbeitend, dringend Unterricht vorbereiten. Zwar hatte ich meinen Partner vorher informiert, dass ich würde arbeiten müssen, aber nicht wirklich auf seiner Zustimmung bestanden, sondern sein Schweigen als Einverständnis genommen. Die Spannung im Haus baute sich schnell auf, als ich im Arbeitszimmer saß und versuchte, Einheiten für meinen Unterricht in der nächsten Woche zu erstellen. Die Kinder waren noch klein, mussten ständig beaufsichtigt werden. Seit ihrer Geburt pendelte ich nachts zwischen einem Klappsofa im Kinderzimmer und dem Doppelbett. Am Anfang war das wie selbstverständlich, denn ich stillte ja. Später kamen die Zähne, die Kinderkrankheiten, aber verantwortlich blieb ich allein. Mehrfach war es zu einem heftigen Streit gekommen, wenn ich diese Verantwortung abgeben wollte. Ich hatte das entschuldigt, mir einreden lassen, dass er aufgrund gesundheitlicher Probleme nicht mit nächtlichen Unruhephasen umgehen konnte. Er wurde wütend, schrie, beleidigte mich. Lieber vermied ich das. Aber den Unterricht vorzubereiten, konnte ich nicht vermeiden. Ich wollte nicht mit leeren Händen vor den Schüler*innen stehen. Er saß mit den Kindern im Wohnzimmer, ich schlug vor, er könne doch mit ihnen rausgehen. Er antwortete nur, warum ich immer alles kontrollieren müsste, er hätte jetzt keine Lust rauszugehen. Je unruhiger die Kinder wurden, umso schneller schlug mein Herz, umso weniger konnte ich mich konzentrieren. Ich versuchte mich zu beeilen, aber die Kinder fingen an, zu mir an den Schreibtisch zu kommen. Schließlich flüchtete ich in eines der Kinderzimmer. Irgendwann ging die Tür auf, ein Kind kam herein, gefolgt von meinem Partner. Das Kind zerrte an mir, er stand in der Tür und lächelte. Warum er mich nicht in Ruhe lassen könne, schrie ich ihn an, ich müsse arbeiten, er solle sich um die Kinder kümmern. Da sprang er auf mich zu wie ein Tier auf seine Beute, griff mir an den Hals, würgte mich. Nicht fest, nicht so, dass mir die Luft wegblieb, nur so, dass ich Angst bekam. Zitternd befreite ich mich aus seinem Griff, nahm die Kinder und ging mit ihnen auf den Spielplatz.

Später habe ich mich oft gefragt, was diese Szene für mein Kind bedeutet hat. Es war gerade erst in den Kindergarten gekommen. Nicht nur wegen seines Alters habe ich nicht mal versucht, ihm die Situation zu erklären. Denn ich verstand sie ja selbst nicht. Diese Szene habe ich so genau in Erinnerung behalten, weil ich sie in einem Brief an meinen Partner aufgeschrieben und im Computer abgespeichert habe. Mit diesem Brief wollte ich ihm klarmachen, dass sich etwas ändern musste, es nicht mehr so weiter gehen konnte. Selbstverständlich hat er sich entschuldigt, hat seinen Fehler eingesehen, erklärt, dass er ja so viel Arbeit hat, so einen Druck dort bekommt, und er hat Blumen gekauft, mir versprochen, dass so etwas nie wieder passieren würde. Und ich habe ihm, wie so oft, wie eigentlich immer, geglaubt. Heute weiß ich, ich hätte gehen sollen, ich hätte meine Kinder nehmen und einfach gehen sollen. Aber damals wollte ich den Traum einer glücklichen Familie nicht aufgeben, selbst wenn ich dafür mich selbst aufgeben musste.

In ihrem Essay über weibliche Berufe erwähnt Virginia Woolf den »Engel im Haus« und meint damit das dominante gesellschaftliche Narrativ, das von Frauen erwartet, dass sie sich selbst für die Arbeit im Haus, für die Sorge um andere aufgeben, indem sie ständig geben.[103] Frauen sollen den Engel im Haus töten, schreibt Woolf. Auch ich musste lernen, den Engel im Haus zu töten. Die Geschichte der Geschlechter, genauer, die Geschichte der Frau ist eine Geschichte der Gabe, bei der die Frau zu einem Gegenstand wird, der zur Ausstattung des Hauses gehört; sie ist ein Teil der Dekoration im Haushalt, wie der Kronleuchter in ihrer Aussteuer, sie ist der Engel, der im Haus sorgt, und zu dieser Geschichte gehört auch die Gewalt als eine Form der häuslichen Dominanz. Eine wirkliche Freiheit der Geschlechter wird es erst geben, wenn wir gemeinsam die Wände des Hauses zum Einsturz bringen, wenn das Haus als soziales Konzept der heteronormativen Kleinfamilie nicht mehr existiert.

Marginalisierte Gabe

Meine Freundin Hanna kenne ich aus dem Kindergarten meiner Kinder. Dort begann unsere Freundschaft, die bis heute andauert. Ihre Familie kommt aus Algerien, sie waren vor vielen Jahren als Arbeitsmigranten nach Europa gekommen und die Eltern hatten sich in Deutschland niedergelassen. Je länger wir uns kannten, umso öfter schütteten wir uns gegenseitig das Herz aus. Wir befanden uns in ähnlichen Beziehungsmustern, hatten eine Karriere für die Kinder aufgegeben, jonglierten mit Halbtags- und Nebenjobs, um irgendwie aktiv zu bleiben, und kümmerten uns vor allem um Familie und Haushalt. Als ihr Vater an Krebs erkrankte, pflegte die Mutter ihn. Immer wieder fuhr Hanna hin, um ihre Mutter zu unterstützen, und erzählte, wie schwer die Situation im Haus war, weil der Vater keine andere Hilfe als die seiner Familie und vor allem seiner Frau akzeptierte. Sie versorgte ihn und sorgte sich für ihn, fremde Hilfen wie Krankenschwestern oder Pflegerinnen wurden von ihm abgelehnt. Hanna litt unter der Situation, denn ihre Mutter war bald am Ende ihrer Kräfte, aber niemand unternahm etwas und vor allem die Mutter selbst schwieg. Irgendwann erlitt sie einen Herzinfarkt und starb. Als Hannas Familie nach Algerien reiste, um die Mutter in ihrer Heimat zu beerdigen, beschloss der Vater, allein dort zu bleiben und weitere Behandlungen abzulehnen, ohne seine Frau wollte auch er nicht mehr sein. Meine Freundin verlor innerhalb von kurzer Zeit beide Eltern, und da diese in Algerien gestorben waren, griff für die Familie das dortige Familiengesetz nach dem islamischen Erbrecht, will heißen, Frauen erhalten nur die Hälfte von dem, was ihren Brüdern zusteht.[104] Der Widerspruch meiner Freundin wurde abgelehnt, und dies nicht zuletzt deshalb, weil ihr Ehemann ihren Bruder und seinen Anwalt mit einem Brief unterstützte. In ihrem Buch *AktenEinsicht* berichtet Christina Clemm von der Gewaltbetroffenheit von Frauen im Kontext von Migration und Flucht. Der Aufenthaltstitel wird dabei oft als Druckmittel benutzt. Sie erzählt beispielsweise von einer Richterin, die während eines Verfahrens zu einer Gewaltschutzverfügung der geschädigten Frau rät, dass sie doch einfach mal was ändern sollte, beispielsweise das Kopftuch abnehmen. Darauf antwortete die Frau, dass ihrem Mann, der sie geschlagen hatte und vor dem sie Schutz suchte, das Kopftuch eigentlich egal sei, sondern dass sie selbst sich mit Kopftuch sicherer fühle.[105] Wenn es für *weiße* Frauen wie mich schon eine Herausforderung ist, den unterschiedlichen Formen häuslicher Gewalt zu entkommen, so ist es für Menschen im Kontext von Migration und Flucht deutlich schwieriger, oft sogar unmöglich, Hilfe zu erhalten.

Die Ansicht, Gewalt in migrantischen Kontexten entstehe im Kontext einer kulturellen Einstellung oder gar eines kulturellen Habitus, wird in Deutschland oft als Entschuldigung dafür genommen, nicht einzugreifen. Dies geht auf Kosten der Frauen, die dann still leiden, wie die Mutter meiner Freundin, und die am Ende, alleingelassen, daran sterben.

Haus

Das Haus war in hellem Rosa gestrichen. Die Fassade wirkte auf den ersten Blick ein wenig lieblich inmitten all der in glattem Weißgrau gehaltenen Gebäude der Vorstadt. Das Haus fiel allein durch diese Fassade auf, durch dieses Rosa, das wie eine Wolke, die im glühenden Sonnenuntergang angestrahlt wird, sich zufällig hervortut, nur kurz, um im nächsten Moment, bei Einbruch der Dunkelheit, wieder im Grau der Masse zu verschwinden.

Unser soziales System ist ein Paarungssystem, zwei unterschiedliche Geschlechter sollen sich miteinander reproduzieren und gemeinsam den Nachwuchs aufziehen – aber mit Arbeitsteilung. Während der Eine das Geld verdient, leistet die Andere Sorgearbeit. Deswegen wird Männern verziehen, wenn sie als Väter abwesend sind, deswegen dürfen sie sich auch auf das Zahlen beschränken. Unser Steuersystem ist auch ein Paarungssystem. Es schafft nicht nur Vorteile für Ehegatten und Familien, sondern auch für Mütter, die zu Hause bleiben, wenn sie verheiratet sind. Als Mutter allein zu sein, ist schlimm, als Vater allein zu sein, noch schlimmer, deswegen wollen Männer eine Frau, die bei den Kindern bleibt, oder sie wollen eben keine Kinder.

Diese Umstände des Paarungssystems befeuerten damals meinen Willen, mich dem gesellschaftlichen Räderwerk zu unterwerfen, der sozialen Gewalt zu unterwerfen, um endlich eine richtige Familie zu bilden, eine aus Vater, Mutter, Kindern, aus dem soziologischen Dreieck mit dem Mann als Versorger des Hauses, dem *dominus.* Heute ist von diesem Willen nichts geblieben als die blanke Wut. Meine Wut.

Dieser Wille, der mich damals in das Haus mit der rosa Fassade trieb, war motiviert von der Sehnsucht nach Teilhabe. Ich wollte endlich Teil sein, mitmachen, dazugehören, Anteil haben am sozialen Spiel.

Da waren ja nur Geschenke und du, hat mal mein Kind zu mir gesagt, als wir den Weihnachtsabend allein verbracht hatten. Auch ich war mit einer alleinerziehenden Mutter aufgewachsen, auch ich kannte die Scham und Verzweiflung eines Kindes, das nur einen Elternteil hat. Dabei ignorierte ich völlig, dass auch meine Mutter immer wieder Beziehungen hatte und ihr in diesen auch immer wieder auf die eine oder andere Art Gewalt angetan wurde. Die Sehnsucht nach einer heilen Familie brannte in mir und wahrscheinlich war sogar ich es, die diesen Wunsch unbewusst an mein Kind weitergab.

Es war ein Wille, der von den gesellschaftlichen Narrativen angefeuert und getragen wurde. In dem Film *Seite an Seite* spielt Julia Roberts eine junge Frau, die gegen eine widerspenstige Exfrau kämpfen muss. Um der Anforderung der Betreuung der Kinder ihres Verlobten gerecht zu werden, lässt sie sich sogar feuern. Während sich die beiden weiblichen Konkurrentinnen im Film die Hacken wund rennen, um pünktlich die Kinder abzuholen oder sie vor Unfällen zu retten, ist der Familienvater, gespielt von Ed Harris, lediglich damit beschäftigt, die Streitereien der beiden Rivalinnen zu schlichten. An Schulfeiern oder den Kämpfen um Betreuungsfreizeiten nimmt er nicht teil, er hat ja seine neue Freundin, die mutig um den Platz an seiner Seite kämpft und sich sogar wüst beschimpfen lässt, wenn mal etwas schiefgeht. Der Film erschien 1998, im selben Jahr ließ mich mein Ex mit unserem gemeinsamen Kind für eine andere Frau sitzen. Welches Mädchen wäre nicht gerne mal Julia Roberts gewesen? Ich auf jeden Fall! Es ist vielleicht ein Trost, dass Roberts in *Der Feind in meinem Bett* 1991 auch eine misshandelte Frau gespielt hat, die am Ende dem sie schlagenden und kontrollierenden Ehemann durch dessen Ermordung entkommt.

Wenn ich heute zurückblicke, dann möchte ich der jungen Frau, die ich damals war, zurufen, dass sie sich täuscht, dass die Fassade bröckelt und sie aufpassen soll, auf sich, auf ihr Kind, ihre Kinder in der Zukunft. Ich würde sie gerne aufhalten, ihr sagen, dass sie anderes zu tun hat, wichtigeres, sich um sich selbst, um ihr erstes Buch zu kümmern, um ihr zweites, denn das Fräuleinwunder ist auch nur ein weiterer Mythos. Ich will sie schütteln, ihr sagen, der gute Sex bleibt nicht, sehr bald wirst du allein auf dem Klappsofa im Kinderzimmer schlafen, aber das Schreiben bleibt, doch würde sie mich hören? Ich kann sie noch vor mir sehen, wie sie da auf Wolke sieben schwebt. Glücklich wie Gwendoline bei der Eintragung ihrer Lebenspartnerschaft mit Richard. Gwendoline ist die Heldin von Titiou Lecoq, aus ihrem Buch über Paarbeziehungen und Geld.[106] Dann bekommen die beiden ein Kind. Dann ist es Gwendoline, die, wie ich, in Teilzeit geht, sie verliert damit ihr Gehalt, sie verliert damit Gelegenheiten, aber das Paar, also beide, sparen ja damit die Kosten für Kinderbetreuung, und Gwendoline kümmert sich, während ihr Richard Karriere macht, einen Bonus bekommt, dann noch einen, er zahlt auch weniger Steuern, denn Gwendoline ist ja im Haus, sie arbeitet nur Halbzeit, kümmert sich um den Nachwuchs, all das zahlt sich aus in Geld. Aber das Geld bekommt meistens der Mann, jedenfalls wenn er Alleinverdiener ist. Warum habe ich mich um das alles nicht früher geschert? Warum habe ich nicht über Finanzen gesprochen, bevor alles losging, bevor seine älteren Kinder zu uns ins Haus zogen, bevor wir überhaupt zusammenzogen, bevor wir eigene Kinder bekamen? Warum habe ich nicht darüber gesprochen? Wollte ich das Glück nicht stören?

Und wenn ich darüber gesprochen hätte, hätte er mich denn gehört?

Über Geld spricht man nicht, so war ich erzogen worden. Dieser Spruch setzt die emotionale Sicherheit mit der finanziellen Sicherheit gleich, denn wer aufs Geld schaut, ist geizig, neidisch, egoistisch und stellt damit die Liebe, die ja das Band der Beziehung ist, in Frage.

Alles, was du willst, ist mein Geld! Wie oft habe ich diesen Spruch gehört, wenn ich versucht habe, mit meinem Partner über Finanzen zu sprechen. Er verdiente das Geld, also zahlte er die Stromrechnung, den Leasingvertrag für das Auto. Mein Gehalt finanzierte gerade mal das Loch, das ich mit meiner Abwesenheit zum Arbeiten in die Haushaltskasse riss, die Betreuungskosten, die Fahrtkosten, und dann musste ich ja auch mehr Geld in Kleidung stecken, wenn ich aus dem Haus ging, schließlich noch die Steuern, die mein Gehalt verursachte, letztlich kam ich ja bei null raus. *Warum gehst du überhaupt arbeiten?*, fragte mein Partner mich immer wieder. *Es lohnt sich doch gar nicht!*

Immer wieder kam es zu heftigen Streitereien, wenn ich zum Arbeiten auf die Unterstützung meines Partners angewiesen war, oder Geld für Dinge ausgeben wollte, die ihm unwichtig erschienen, wie beispielsweise eine Schaukel für den Garten. Ich ließ sie mir schließlich zum Geburtstag schenken. Dass mein Traum von einer glücklichen Familie immer mehr zum Trauma wurde, merkte ich nicht. Stattdessen ging ich dem Gespräch über Finanzen lieber aus dem Weg.

Überhaupt war ich damit in bester Gesellschaft. Titiou Lecoq hat bei ihren Recherchen festgestellt, dass 40 % der Hetero-Paare nicht miteinander über die Organisation des Haushaltsgeldes sprechen, und 59 % werfen ihr Geld praktisch einfach so zusammen, ohne genau zu definieren, wer für was zuständig ist und warum.[107] Beim Kauf des Hauses mit der Fassade in ihrem leuchtenden Rosa wurden unsere unterschiedlichen Beiträge zur Zahlung auf dem Kaufvertrag in Prozent festgehalten. Schließlich sollte ja jeder am

Ende sein Geld wieder zurückbekommen, obwohl ich nicht davon ausging, dass wir uns je trennen würden. Aber ich war schon immer schlecht mit Zahlen.

Mir wäre die Änderung zu meinen Ungunsten im Kaufvertrag des Hauses niemals aufgefallen, wenn der Notar nicht vor Unterzeichnung meinen Mann und mich zur Seite genommen hätte. Ob ich tatsächlich mit den prozentualen Angaben im Kaufvertrag einverstanden sei, wollte er wissen. Ich verstand nicht.

Mein Partner räusperte sich, meinte, immerhin würde doch er demnächst die Reparaturen, die Rechnungen für Strom, für den Unterhalt zahlen müssen, das Geld würde er bei einem Verkauf später nicht wieder reinbekommen, wenn wir es nicht jetzt von meinem Kaufbeitrag nehmen würden.

Der Notar meinte, das liege in der Zukunft, heute aber könnte man meinen, mein Partner wollte von dem Anteil seiner Ehefrau profitieren, indem er einen Teil ihres Kaufanteils auf seinen Anteil setzte.

Schweigen ...

Ich war verunsichert, die Situation überforderte mich, wir hatten zuvor nicht wirklich darüber gesprochen, wir hatten über nichts gesprochen, jedenfalls nicht darüber, wie wir die Hausarbeit, die Sorgearbeit oder die Beiträge fürs Haushaltsgeld aufteilen wollten, wie wir uns organisieren wollten. Jedenfalls war da ein großes schwarzes Loch, in das ich fiel, und so antwortete ich dem Notar nur, er solle bei den realen Kaufanteilen bleiben. Ich kann mich noch gut an den betretenen Blick meines Mannes erinnern, als der Notar seine Sekretärin losschickte, um den Eintrag im Kaufvertrag zu ändern. Mein Mann selbst hatte die Sekretärin vor unserem Termin und ohne mein Wissen angewiesen, die Anteile zu seinen Gunsten zu verändern. Später würde er behaupten, er hätte mir doch gesagt, dass er mit seinem höheren Gehalt auch die meisten Haltungskosten hätte. Ich höre ihn heute noch stöhnen, dass er doch die Reparaturen, dic Instandhaltung, die Versorgung des Haushalts zahlen würde. Das stimmte, doch das hatte er so entschieden, nicht ich. Genauso wie ich ihn später informierte, dass ich arbeiten und er sich um die Kinder kümmern musste und nicht darauf gewartet hatte, dass er eine eindeutige Zustimmung gab, so hatte er auch nicht mein Einverständnis dazu eingeholt, dass ich zu Hause bleiben würde.

Alles entsprach der klassischen Rollenteilung in einem Hetero-Haushalt: Der Mann finanziert Haus und Auto, die Frau kümmert sich um Haushalt und Kinder, zahlt die Einkäufe mit ihrem Zuverdienst. Denn in dieser Rollenaufteilung ist für eine Frau nicht mehr drin als Zuverdienen, wenn sie nicht allein vom Taschengeld des Mannes leben will. Nur ist es schwerer, bei einer Scheidung alle Rechnungen für Windeln und Joghurt vorzulegen, während der Mann einfach mit dem Wagen oder von mir aus auch dem Lastenfahrrad davonfahren kann.

Ich denke oft an diese Situation beim Notar, in der mein Partner eigentlich die Arbeitsteilung im Haus, so wie sie sich in der Folgezeit auch tatsächlich herausbilden würde, antizipiert hatte.

Oft habe ich darüber nachgedacht, wer von uns beiden recht hat: Ich, die sein Vorgehen als ungerecht empfindet, oder er? Er hatte recht in einem System, das den Mann allein zum Versorger macht. Der *pater familias*, der *dominus* eben.

In seinem Roman *Toxic Man* fragt sich Frédéric Schwilden nach dem Tod des Vaters, ob seine Mutter überhaupt ohne diesen existieren könnte. Immerhin habe sie ihr Leben nach ihm ausgerichtet, war seinem Wahnsinn gefolgt, hatte nicht widersprochen, als er den Sohn schlug, als er die Tochter in den Keller sperrte, hatte geschwiegen. Sie hielt zu ihm und hat ihre Kinder nicht geschützt.[108] Mir hat mein Partner oft vorgeworfen: *Du lässt mich die Kinder nicht erziehen.* Handgreiflich werden oder beschimpfen, damit war ich nicht einverstanden. In Frankreich wurde das Recht von Kindern auf eine gewaltfreie Erziehung erst 2019 eingeführt, 19 Jahre nach Deutschland.[109] Ich bin viele Kompromisse eingegangen, aus Angst, er könnte die Hand gegen unsere Kinder erheben. Unterwerfung gegen Schutz ist auch eine Form des Gabentausches.

Im Wörterbuch der Brüder Grimm ist der Schirmherr eine Person, die Schutz über eine Stadt, ein Land oder über eine Person ausübt. Der Mann im Haus ist traditionell Schirmherr seiner Untertanen, der Familie. Und für diesen Schutz vor dem Außen, für die Wände des Hauses steht der Mann, während die Frau für das Innere, die Bilder etwa, mit denen die Wände des Hauses geschmückt werden, steht.

»Das eigene Haus ist ja ein bisschen wie der eigene Körper«[110], schreibt Charlotte Roche in *Mädchen für alles.* Das Haus ist die Verlängerung der Körper der Hausgemeinschaft. In unserem Haushalt steht eine Krimskrams-Schüssel auf einem Regal. Dort wird alles hineingeworfen, was irgendwo liegen geblieben, aber vielleicht noch wichtig ist. Viele Schlüssel liegen hier, Gutscheine aus Geschäften, auch Münzen. Wir haben lange unseren ganzen Haushalt so geregelt, wie wir Dinge in diese Krimskrams-Schüssel geworfen haben, von der Bezahlung der Kitagebühren bis zur Stromrechnung – jeder zahlte, wie es gerade passte. Ich habe mir lange keine Gedanken über die Ungerechtigkeit gemacht, die sich dadurch ergab, dass ich Halbzeit oder gar nicht arbeitete, um die Kinder zu versorgen. Im Gegenteil, es war mir sogar dann noch peinlich, um Geld bitten zu müssen, und für persönliche Anschaffungen wie Kleider bat ich eigentlich nie.

Auch meine Eltern stritten sich um die Verteilung von Sorgearbeit und Finanzen. Auch mein Vater hatte an sich selbst den Anspruch, der Alleinverdiener im Haushalt zu sein. Auch er bekam Wutanfälle, wenn er das Gefühl hatte, diesem Anspruch nicht zu entsprechen, bei denen er die Kontrolle über sich verlor.

Auf ihrem Blog für betroffene Frauen gibt Lea Martin folgende Definition zu ökonomischer Gewalt: »Finanzielle Gewalt bedeutet die ungleiche Verfügungsmacht über finanzielle Mittel und die Ausnützung von ökonomischer Überlegenheit, wie zum Beispiel finanzielle Abhängigkeit herstellen oder aufrechterhalten, ungenügende Geldmittel für den Unterhalt bereitstellen.«[111] Die Soziologin Carolin Henchoz nennt die klassische Arbeitsteilung nach Geschlechterrollen eine Gabe, die auf Gegenseitigkeit beruht.[112] Und da wir ja wissen, dass die Gabe eine Qualität ist, die weiblich gelesenen Körpern naturbedingt zugeschrieben wird, erklärt sich das finanzielle Ungleichgewicht im Haushalt von Hetero-Paaren eigentlich von selbst. Die Frau arbeitet *innerhalb* des Hauses, der Mann *außerhalb*. Sicher, das ist klischeehaft, aber Klischees sind leider auch Teil unserer Realität, und finanzielle oder ökonomische Gewalt gehört genauso wie die verbale oder körperliche Gewalt zu den Formen intimer Dominanz.

Finanzielle Gewalt geht vom Mann aus, aber nicht nur. Sie ist gesellschaftlich institutionalisiert. Sie ist zum Beispiel die *Pink Tax*, die Preisdifferenz zwischen ähnlichen oder gleichen Produkten und Dienstleistungen, je nachdem, ob sie marketingmäßig für Männer oder Frauen aufgemacht sind.[113] Anders ausgedrückt bedeutet die *Pink Tax*, dass Frauen mehr zahlen, weil sie Frauen sind. Meine Sportschuhe sind aus der Herrenabteilung. Meine Rasierer sind eigentlich die gelben für den Bart, nicht die rosafarbenen für die Beine. Nur beim Frisör klappt das nicht. Beim Frisör ist es mir noch nie gelungen, die *Pink Tax* zu umgehen, egal wie kurz meine Haare waren oder sind, der günstige Tarif gilt nur für Männer, Frauen zahlen mehr. Es gibt zwar das

Stereotyp, dass Frauen verschwenderisch sind, aber sie werden praktisch vom Kapitalismus dazu gezwungen, denn alles, was sie für ihren Körper brauchen, kostet mehr, während es für den Mann günstiger ist.

Mir fehlte es damals an Wissen und vor allem am Selbstbewusstsein. Als Alleinerziehende fühlte ich mich sozial stigmatisiert, es konnte in einer Partnerschaft doch nur besser werden, oder nicht?

Aber es war nur ein Haus, und ein Haus ist ein Haus. Was zählt, ist vielleicht doch nur die Fassade, und dahinter schaufeln sich die Menschen ihr eigenes Grab. In ihrem Roman *Schäfchen im Trockenen* lässt Anke Stelling ihre Protagonistin Resi über die Wohnverhältnisse ihrer Familie reflektieren. Dabei geht es um die eigene Familie und die der Familie, in der sie aufwuchs: »Ein Fußboden war ein Fußboden.«[114] Einen Fußboden muss man wischen, besonders, wenn es weiße Fliesen sind, das sollte ich mit den Jahren lernen und ich lernte auch, warum Resi im Roman ihrer Tochter PVC-Böden anpreist. Es ist erstaunlich, wie gut und wie lange eine Fassade hält, obwohl sie schon längst bröckelt. Einige Sommer später, wir lebten schon mehrere Jahre in dem rosa Haus, waren dort mittlerweile zu acht, besuchte ich mit meinen Kindern die *Terra Amata* in Südfrankreich. Die *Terra Amata* ist eine archäologische Fundstätte und ein Museum in Nizza.[115] Es ist eine der wenigen und vor allem eine der ältesten bekannten Feuerstellen im Europa der Prähistorie. Eine Feuerstelle wird auf Französisch *foyer* genannt und ist auch ein Synonym für Haushalt. Feuer nutzen und selbst entzünden zu können, gilt als eine der wichtigsten Kulturtechniken und Errungenschaften des Menschen. Eine Feuerstelle ist ein Ort der Gemeinschaft, der Zusammenkunft, aus der sich im Laufe der Geschichte die Vorstellung des Haushalts und schließlich die heteronormative Kleinfamilie als grundlegende gesellschaftliche Struktur entwickelt haben. Andere Formen des Zusammenlebens haben es schwer, sich gesellschaftlich durchzusetzen, und sind immer wieder Diskriminierungen ausgesetzt.

Die Einheit des Hauses, *domus*, also die Familie mit der Frau als Dienerin des Mannes, wurde in der deutschen Geschichte vor allem in der DDR hinterfragt. Hier hatten Frauen auch jenseits von Kindern und Küche eine Karriere, nur blieb, wie so oft in Gesellschaften, die sich in feministischen Fragen fortschrittlich geben, der Haushalt weiterhin an der Frau hängen.[116] Vielleicht liegt es daran, dass auch bei modernen Formaten der Lebenspartnerschaft, wie etwa beim Zivilen Solidaritätspakt (PACS)[117] in Frankreich, weiterhin der Haushalt als gemeinsamer Ort im Vordergrund steht und nicht die Gemeinschaft?

Prägung

Das Leben im Haus ist die erste Prägung eines Menschen. Ein Haus atmet, es lebt mit seinen Bewohnern und Bewohnerinnen. Ein Haus saugt ihre Geschichten in sich auf wie ein Schwamm. Die Wände flüstern Leid und Freuden aus der Vergangenheit in die Gegenwart.

Nach dem gewaltvollen Tod meines Vaters flüchtete meine Mutter aus dem Haus, das er für die gemeinsame Familie auf dem Land gebaut hatte, erlebte aber mit anderen Männern wieder Gewalt und zog schließlich allein zurück in das ehemalige Haus. Wenn ich an dieses Haus, in dem ich doch den größten Teil meiner Kindheit verbracht habe, zurückdenke, erinnere ich mich vor allem an die Skulptur, die in unserem Garten stand. Sie war riesig, so dass sie von den umliegenden Gärten aus gut sichtbar war. Es war eine von einem Stuhl aufstehende, nach vorne gebeugte Figur, die in die Gärten der Nachbarn starrte.

Der Gaffer von dem Künstlerkollektiv ARTIA, 1994

Die Figur ähnelte in ihrer Machart und Form den Nanas von Niki de Saint Phalle und war wie sie aus Polyester. Die Nanas thematisierten die mit der weiblichen Sexualität verbundene Wut und den Schmerz der Künstlerin, die als junge Frau unter der Gewalt des Patriarchen gelitten hatte. Niki de Saint Phalle wurde mit elf Jahren von ihrem Vater missbraucht.

Der Gaffer im Garten meiner Mutter demonstrierte nicht wie die Nanas die Wut auf jenen Blick, der sich von außen auf den weiblichen Körper richtet, sondern die Wut auf den Blick, der von außen in die Intimität unseres Hauses eindringt. Als Alleinerziehende und Witwe eines Selbstmörders wurde meine Mutter in der lokalen Dorfgemeinschaft abgelehnt. Auf dem Friedhof wurde sie angespuckt, im Dorf zeigte man mit dem Finger auf uns. Aber meine

Mutter blieb, und versuchte, mit dem was ihr blieb, Familie zu machen, das Konzept des Hauses zu brechen, so gut es ging. Sich der Kunst zuzuwenden, ein Kunstwerk in den Garten zu stellen, war die erste Form des Widerstands gegen das gewaltdurchsetzte System, die meine Mutter mir vermittelte, und es war ihr persönlicher Widerstand gegen die Gewalt des Patriarchats. Für meine Mutter war der Umgang mit der Kunst die Flucht vor dem Konzept des Hauses in unserer Gesellschaft. Und so war nach dem gewaltvollen Tod meines Vaters meine früheste Prägung, dass die Rettung vor der erlebten Gewalt im Kreativen liegt. Die Kreativität ist der erste Schritt vor die Tür und in den Garten hinaus.

Raum

Das Konzept des Raumes und seine Bedeutung für die Emanzipation der Frau und das weibliche Schreiben an sich wurden als Erstes von Virginia Woolf durchdacht.

Autorinnen wie Sarah Diehl und Katja Kullmann haben dieses Konzept erweitert und aktualisiert, indem sie die politischen und strukturellen Zwänge hinterfragen, die Frauen in die Kleinfamilie und damit zwischen die engen Wände des Hauses drängen, wo ihnen kein Raum bleibt, sondern sie auf eine Rolle der Sorgearbeitenden reduziert werden. »Alleinsein«, so Sarah Diehl, »ist nicht (nur) die Abwesenheit von etwas oder jemand anderem, sondern die Anwesenheit meiner ungestörten Wahrnehmung, die mich mit der Welt verbindet.«[118] Die Isolation der Mütter in der Kleinfamilie ist als Gegenbild zu dem beschriebenen Alleinsein keine konstruktive Lebenssituation, sondern eine Überforderung. Sich allein um Haushalt und Kinder kümmern zu müssen, dabei wie auf den Bildern der Werbung ein Lächeln auf dem Gesicht zu tragen, ist kein Glück, sondern eine kollektive Folter. Oder wie Katja Kullmann schreibt: »Von der Seitenlinie aus betrachtet, wirkte das Spektakel ungeheuer ritualisiert und dabei oft lächerlich, bizarrer noch, als es in den schlauen Büchern stand.«[119] Heute würde ich jeder Frau raten, niemals ihre Karriere aufzugeben. Nur nicht aufhören, aus dem Haus zu gehen. Ich habe viel zu leicht aufgegeben, ich habe mich viel zu leicht einsperren lassen.

Meine Arbeit erlaubt mir das nicht, das war immer sein Argument. Und wenn er das sagte, schlug mein Herz schneller, denn wir waren ja abhängig von seinem Gehalt, wir brauchten ja das Geld. Nur, so einfach ist das nicht. Denn es gibt Alternativen. Ein erster Schritt wäre gewesen, gemeinsam über Lösungen nachzudenken. Er hätte von seinem Gehalt dann auch die Betreuung zahlen können, anstatt von mir zu erwarten, dass ich sie von meinem Verdienst zahle, oder ich ihn darum bitten muss. Überhaupt dieses Bitten-Müssen. Dieses Bittstellerin-sein-Müssen. Ich habe mir den Raum zum Atmen so einfach nehmen lassen. Für die Kinder, habe ich gedacht. Für die Kinder bleibe ich zu Haus.

Dieses Hamsterrad der Gesellschaft wurde z.B. bereits von Friedrich Engels mit seiner Schrift *Der Ursprung der Familie, des Privateigenthums und des Staates*[120] in Frage gestellt. Für Engels beginnt das Patriarchat und damit der Kapitalismus mit dem Auftreten der heteronormativen Kleinfamilie. In *Das andere Geschlecht*[121] kritisiert Simone de Beauvoir Engels, indem sie darauf hinweist, dass überhaupt keine historischen Quellen existieren, die den Übergang vom Kollektiv- zum Privateigentum und damit die andere Wahrnehmung der Frau kennzeichnen würden. Auch Silvia Federici kritisiert das marxistische Postulat der Arbeit als Ware, da diese die Hausarbeit vernachlässigt.[122]

Auch kommunistische Staaten wie die Sowjetunion haben, obwohl sie das Konzept der Familie durch ihre Politik in Frage stellten oder sogar abschaffen wollten, an dem Konzept des Geschlechterarrangements im Haushalt weiterhin festgehalten.

Feministische Konzepte der Stadtplanung und Architektur, wie beispielsweise die Entwürfe von Alice Constance Austin für die Siedlung Llano del Rio, wurden meist nicht umgesetzt. Austin entwarf eine kreisförmige Stadt mit küchenlosen Häusern, die durch ein Netz unterirdischer Gänge mit einer zentralen Küche und Waschküche verbunden werden sollten. Das Ziel dabei war, Frauen von der Hausarbeit zu befreien.[123]

Obwohl Mutterschaft und die Verteilung der Haus- und Sorgearbeit schon lange ein politisches Thema des Feminismus ist, bleiben alte Strukturen hartnäckig bestehen. Im privaten Raum wird um Dominanz gerungen und dies gilt auch für den intimen Raum der Sexualität.

Die Virilität des Mannes, so Pierre Bourdieu, lässt sich an seiner Stellung im Haus ablesen. Er zitiert die Legende, nach der bei den Kabylen in Algerien das Narrativ der allerersten Begegnung zwischen Mann und Frau erzählt wird: In dieser Erzählung sagt der Mann der Frau, sie könne gerne die Leidenschaft dominieren, er aber das Haus.[124] Auch ich habe mich in Liebesbeziehungen lange dieser Vorstellung unterworfen, dass der Akt der Verführung, der in unserer Gesellschaft über eine ganze Industrie von Unterwäsche bis zu Pornografie kapitalisiert wird, Aufgabe der Frau ist. Und so wird auch das eigene Schlafzimmer zu einem Ort der *mental load*, während die Dominanz über Macht und Geld, so Virginie Despentes, Männern vorbehalten ist.[125] Selbst der intimste Raum der Begegnung in einer häuslichen Beziehung ist in diesem Sinne vom Ringen um Dominanz durchzogen.

Überhaupt sind in den Räumen des Hauses, im Bad, der Küche, oder auch im Ess- oder Wohnzimmer, überall Gegenstände der Differenzierung nach Geschlecht zu finden.

Ob Shampoo oder Rasierer, die Gegenstände im Haus sind – heute mehr als früher – dem Geschlecht zugeordnet. Es gibt nicht mehr das Shampoo für die ganze Familie, jedes Geschlecht hat sein eigenes und auch darüber wird Distanz geschaffen.

Besonders tragisch ist, dass der weibliche Körper im Haus rechtlich nicht mehr geschützt ist als im öffentlichen Raum. Das Gegenteil ist der Fall.

Heute weiß auch ich, dass ich mir den Raum nehmen darf, den ich brauche, um eine Existenz jenseits des Hausfrauendaseins zu haben. Und trotzdem kämpfe auch ich immer wieder mit mir selbst um den Raum und meinen Mut, neue Narrative zu schreiben.

Nach ihrer Trennung von Pablo Picasso war Dora Maar eng mit dem Kunstliebhaber James Lord befreundet. Er gehörte zu den Wenigen, die sie respektierten und unterstützten.[126] Vielleicht hätte diese Freundschaft ein befreiendes Potential haben können, wenn Lord seine Homosexualität nicht hätte verbergen müssen und Dora Maar sich aus dem ihr von Picasso auferlegten Stigma der weinenden Frau hätte befreien können. Immer wieder höre ich auch heute noch von Frauen, von Freundinnen und Schwestern, den Satz, dass *er* ja mehr verdient und es dann *normal* ist, dass *sie* zu Hause bleibt, und ich will schreien: Nein! Das ist nicht normal und bitte, nehmt euch den Raum!

Genauso wichtig ist es, dass Jungen andere Räume geboten werden, in denen sie mehr Freiheit erfahren, um ihre Identität jenseits sozialer Vorgaben zu definieren, wie Shila Behjat schreibt.[127] Sie berichtet beispielsweise von der Angst, die körperliche Zärtlichkeit zwischen ihr und ihren heranwachsenden Söhnen könnte als sexualisiert wahrgenommen werden, und entschlüsselt damit einen *male gaze* im eigenen Blick. *Du bist wie dein Vater*, hat meine Mutter mir manchmal im Streit gesagt. Als Kind konnte ich nicht erkennen, dass hier ihr Trauma zu mir sprach, und ich kann nur erahnen, wie viel zerstörerischer dieser Satz auf mich gewirkt hätte, wenn ich ein Junge gewesen wäre.

Wenn die biologischen Körper der Geschlechter also frei von den Wänden des Hauses miteinander agieren können und auch die Reproduktionsmedizin in der Zukunft nicht länger auf heterosexuelle Paare reduziert ist, sondern auch Singles oder gleichgeschlechtlichen Paaren offensteht, wozu brauchen wir dann noch das Konzept des Hauses als den einen universellen Ort, an dem wir unser Leben bestreiten müssen, auf den wir uns festlegen sollen? Warum können wir nicht flüssig von einem Raum in den nächsten gehen und in den jeweiligen Räumen auch unterschiedliche Existenzen leben, ohne uns festlegen zu müssen? Hier bin ich die Versorgerin und dort versorgst du den Haushalt, oder umgekehrt? Irgendwie gelingt uns das Wechselmodell nicht, obwohl wir uns so sehr bemühen, rechnen und kalkulieren, Regeln aufstellen, wir scheitern doch immer daran und unser Scheitern lässt sich ablesen an den weiteren Zahlen, Statistiken der Scheidung, wie auch Statistiken der Gewalt. Und was, wenn wir das Konzept des Raumes aufgeben? Wenn die Wände des Hauses eingerissen sind, existiert dann keine Gewalt mehr?

Wunde

Die Wunde ist, was im Körper als prägende Erinnerung der erlernten Scham bleibt, sie ist zum Beispiel der Moment an der Bushaltestelle, auf dem Weg ins Freibad. Wir, das sind vier elfjährige Mädchen, eine von uns entdeckt eine leere Packung Kondome im Mülleimer. Ein spitzer Schrei, gefolgt von lautem Lachen.

Ich verstand beides nicht, weder die Empörung noch das Kichern, beides Ausdruck von Scham. Aber ich wollte es unbedingt wissen, ich wollte Anteil haben, ich wollte verstehen, worüber sie lachten, sich entrüsteten, was sie so aufgebracht hatte. *Dann schau doch hin, da, dort im Müll.* Ich schaute und entdeckte nur einen leeren Karton. Wieder lautes Lachen, diesmal über mich, die nicht verstand. Ich fischte die Packung aus dem Müll und las die Gebrauchsanweisung. Die Bilder waren eindeutig.

Ich dachte dann, jetzt wüsste auch ich, worum es geht. Ich glaubte, von nun an wäre ich initiiert gewesen. Ich war über die Schwelle gegangen, wusste, was Sache ist, konnte mitlachen und auch Witze machen.

Das war für uns der erste Schritt in das Erwachsenenalter: Sexualität. Diese, so hofften wir, sollte uns zu Frauen machen und lag hinter der Schwelle, deren Wächter das andere Geschlecht war. Sexuelle Reife war uns ein wichtiges Anliegen, nur meinten wir damals nicht unsere eigene Sexualität oder individuelle Reife, sondern das, was von der gesellschaftlichen Mehrheit darunter verstanden wurde: Heteronormative Sexualität mit dem Mann in der dominierenden Rolle.

Die Wunde ist nicht vernarbt, sie liegt offen zwischen uns und vor uns, auch wenn sie nicht auf den ersten Blick sichtbar ist.

Da war dieser Nachmittag, als es schon fast dunkel war, so dass man gut durch die erleuchteten Fenster in das Innere der Häuser schauen konnte und wir der großen Schwester einer Freundin von draußen durchs Fenster beim Knutschen zusahen. Er griff ihr unters Hemd, sie ihm in die Hose. Als sie seinen Schwanz auspackte, waren wir so schockiert, dass wir den Rollladen, den wir, um zusehen zu können, nach oben geschoben hatten, entsetzt runterknallen ließen. Wir wurden dafür mit Hausarrest bestraft.

Sich nicht trauen, dem Jungen, in den ich verliebt bin, einen Zungenkuss zu geben, und dafür von ihm lächerlich gemacht werden.

In eine Disco gehen, um mit einem fremden Jungen zu knutschen, und stolz darauf sein.

Auf der Busfahrt ins Bad ein paar Jahre später stiehlt mir in der siebten Klasse ein Klassenkamerad meine Schwimmtasche, zieht meine schmutzige Unterhose heraus und wirft sie durch den Bus.

Ich traue mich nicht, meinen Freund »ranzulassen«, immer wieder breche ich das Liebesspiel kurz vor dem Moment, als seine Hand in meine Hose gleitet, ab. Endlich sind seine Eltern verreist und wir haben sturmfreie Bude, ich aber habe Angst. Er sagt, dass das jetzt reicht, und macht es einfach, obwohl ich laut rufe: Nein.

Als Petra Kelly, Parlamentarierin und Gründungsmitglied der Grünen, 1983 den Bundestag in einer öffentlichen Sitzung fragte, ob seine Mitglieder dafür seien, dass Vergewaltigung in der Ehe in das Strafgesetzbuch kommt, und Detlef Kleinert von der FDP laut Nein rief, brach eine Welle lauten Gelächters unter den Männern los. Die Gesetzesreform zur Strafbarkeit der Vergewaltigung in der Ehe 1997 sollte Petra Kelly nicht mehr erleben. Ihr Lebensgefährte, der General und Grünenpolitiker Gert Bastian, hatte sie 1992 im Schlaf erschossen. Anschließend tötete er sich selbst. Das Paar hatte zurückgezogen in Bonn gelebt, Petra

Kelly, die unter anderem von rechten Gruppen bedrängt wurde, war im Laufe ihrer Karriere krank geworden, bekam aber wenig öffentliche Unterstützung.

Alice Schwarzer hat in ihrem Buch *Eine tödliche Liebe*[128] die Beziehung von Kelly und Bastian beschrieben. Schwarzers gesamte Erzählung ist bemüht nachzuweisen, dass dieser Mord nicht erklärbar war und ist. Immer wieder betont sie, dass Kelly gegen ihren Willen getötet wurde. Dass sie Pläne hatte, nicht sterben wollte. Beim Lesen dieses Narrativs bin ich immer wieder schockiert darüber, wie sehr sich Schwarzer bemüht, ihre Leser (hier bewusst männlich gesetzt) von den offensichtlichen Tatsachen zu überzeugen: »Ist es so schwer, vor sich und anderen zuzugeben, dass der Freund gleichzeitig ein Feind sein kann? Haben sie ein schlechtes Gewissen – der toten Kelly gegenüber wie auch dem mit dem Problem Kelly alleingelassenen Bastian gegenüber? Oder wollen die Frauen, die potentiellen Opfer, es einfach nicht wahrhaben – und die Männer, die potentiellen Täter, schon gar nicht? Eva Bastian, die Tochter, klagt im Rückblick bitter: ›... Gert hat nur das getan, was jeder von Petras Freunden irgendwann getan hätte.‹«[129] Alice Schwarzer hinterfragt, ob die Öffentlichkeit nicht weniger verständnisvoll auf die Tat reagiert hätte, wenn Petra Kelly Gert Bastian erschossen hätte: »Doch hier hat keine Frau einen Mann erschossen. Hier hat ein Mann eine Frau erschossen. Und zwar ein im Kern traditioneller Mann eine im Kern traditionelle Frau.«[130] Der Begriff Femi(ni)zid wird aber im Diskurs des kulturellen Gedächtnisses bis heute nicht auf den Tod von Petra Kelly angewendet.

Das Wiener Autor*innenkollektiv Biwi Kefepom kritisiert die gesellschaftliche Verharmlosung eines erweiterten Suizids, bei dem oft die Erkrankung der weiblich gelesenen Person als Tatmotiv gesehen wird.[131] Dies ist bis heute auch bei Petra Kelly der Fall. Der Begriff »erweiterter Suizid« ist, genau wie der des Familiendramas, umstritten. Es gibt sogar Konfliktforscher*innen wie Birgitt Haller, die diese generell ablehnen.[132] Oft habe ich mich gefragt, ob mein Vater sich vor seinem Selbstmord noch an mein oder das Bett meiner Mutter gesetzt hat, so wie es Alice Schwarzer für Gert Bastian bei Petra Kelly beschreibt: dass er, bevor er Hand an sich selbst legte, noch an Petra Kellys Bett gesessen hat, hat sie dem Polizeibericht entnommen.[133] Die Beziehung und der Tod von Petra Kelly und Gert Bastian hat viele Narrative. Bücher, Reportagen, Artikel berichten und spekulieren über diesen Doppelmord. Trotz der vielfältigen Perspektiven bleibt der Begriff des Femi(ni)zids weiterhin ein Tabu: »Frauenmord ist keine Familientragödie.

Frauenmord ist kein Beziehungsdrama.

Frauenmord ist kein Eifersuchtsdrama.

FRAUEN WERDEN GETÖTET, WEIL SIE FRAUEN SIND!

ES HEISST FEMIZID!«[134]

Auf den Tod meines Vaters folgte keine Obduktion oder genaue Untersuchung des Tathergangs. Entgegen den Befürchtungen seiner behandelnden Ärzte und Therapeuten war seine Krankengeschichte doch nicht als »Familientragödie« oder »Beziehungsdrama« geendet, sondern nur mit einem Selbstmord.

Mein Vater hatte somit vielleicht die beste aller Möglichkeiten gewählt, indem er am Ende nur sich selbst umbrachte. Dies macht ihn einmal mehr zum Opfer toxischer Männlichkeit. Trotzdem hat sich seit seinem Tod vor über vierzig Jahren viel zu wenig in unserer Gesellschaft verändert, um Menschen vor der Gewalt im Patriarchat zu schützen.

Warum fällt es uns als Gesellschaft so schwer, und warum dauert es so lange, die alten Ikonen der Männlichkeit zu zerschlagen? Mit dem Begriff *Iconoclash*, abgeleitet von Ikonoklasmus, bezeichnet der Anthropologe Bruno Latour die Folgen der Zerstörung von ideologischen Ikonen, die unser kulturelles Gedächtnis beherrschen.[135] Die #MeToo-

Bewegung war sicherlich ein *Iconoclash*, der einige alte Fetische des Patriarchats in Frage stellte und auch zu Fall brachte. Doch schon der Backlash in der Coronakrise hat gezeigt, wie fragil Errungenschaften der Geschlechtergleichheit gegenüber Krisen sind, und wie wichtig es ist, dass wir als Gesellschaft aufmerksam und wachsam bleiben, damit die Gewalt nicht wieder oder weiter zum strukturellen Alltag gehört.

Die Liste von berühmten männlichen Persönlichkeiten, die gegenüber Frauen gewalttätig waren, ist lang. Auch dies gehört zu unserer gesellschaftlichen Wunde.

Als Françoise Gilot anfangs ablehnte, mit Pablo Picasso zusammenzuleben, drückte er ihr eine brennende Zigarette ins Gesicht, von der sie jahrelang gezeichnet gewesen sein soll.[136] Als ihr Buch *Vivre avec Picasso*[137] 2006 erschien, gab es in Frankreich eine öffentliche Petition, um es zu verbieten[138] – an das männliche Genie durfte nicht gerührt werden. In Barcelona wurde erst 2022 mit einer öffentlichen Konferenz zu Picassos häuslicher Gewalt ein Anfang gemacht.[139] Françoise Gilot selbst widersetzte sich der männlichen Dominanz von Picasso, indem sie auf jedes seiner Portraits von ihr mit einem Selbstportrait antwortete, als wollte sie zeigen, wer sie wirklich ist, um die Kontrolle über sich selbst und das Bild ihrer eigenen Darstellung zu behalten. Ich krame wieder in den alten Bildern meines Vaters. Es sind nicht viele, die ich besitze. Als er starb, war ich in einem Alter, in dem Besitz eine andere Bedeutung hatte. Barbiepuppen waren da sehr zentral, oder Playmobilfiguren, aber keine Bilder. Ein Bild zeigt ihn schlafend, nach seiner ersten Operation, als jungen Mann, noch vor seiner Hochzeit. Auf einem anderen sitzt er auf einem Pflug, das Pferd lässt den Kopf hängen, er blickt nach vorne, konzentriert, als würde er seine ganze geistige Kraft darauf verwenden, das Pferd anzutreiben. Wann hatte er aufgehört, sich nach vorne zu bewegen, seine Kreise im Leben zu ziehen, oder es wenigstens zu versuchen?

Seine letzten Bilder hat er von einem Fotografen machen lassen. Es waren Bilder für seinen Lebenslauf, er war kurz vor seinem Tod gerade wieder dabei, Bewerbungen zu schreiben. Auf den Bildern blickt er ernst in die Kamera, trägt ein Hemd mit strengem Krawattenknoten. Aber er hat auch ein paar persönlichere machen lassen, bei einem Bild ist das Hemd leicht aufgeknöpft, der Kragen hochgestellt, eine Hand in die Hosentasche gesteckt, dabei locker sein Sakko zurückschiebend, eine männliche Geste. Einige der Bilder hat er rahmen lassen. Sie lagen danach lange in dem Kellerraum, in dem er sich erschossen hatte, als wäre dieser Ort eine kleine Kapelle zu seinem Andenken. Nur dass die Gegenstände nicht sichtbar waren, die Bilder und seine Akten waren in einem Schrank verstaut worden. Es war, als hätte es meinen Vater nie gegeben, alles, was blieb, waren die Spuren der Gewalt. Vor allem die Angst. Ich hatte immer Herzklopfen, vor und in diesem Raum, ich hatte immer Angst. Aber manchmal habe ich die Bilder aus dem Schrank genommen, allein, und mich gefragt, ob er damals wohl gewusst hat, dass er sich das Leben nehmen würde, und wollte, dass wir schöne Bilder zur Erinnerung an ihn haben. Dieser Gedanke hat mich wütend gemacht. Auch diesen Lebenslauf habe ich in meiner Mappe. Er liegt unter dem Brief des Psychologen. Beide lese ich immer wieder durch, wenn ich die Bilder herausnehme, um sie mir anzusehen. Seit seinem Tod hat kein Bild mehr von ihm an der Wand gehangen, als wäre sein Bild etwas, das Unglück bringt. In dem Brief des Psychologen steht etwas von Neid auf andere. Christian Dittloff schreibt in *Prägung* über Neid: »Das alles runtergebrochen auf eine Art Grundsatz: Ausgebildet wurde in mir vor allem die Anlage zum Neid, wenn ich weniger als andere von etwas hatte, das zur Bewertung einer männlichen Person scheinbar *benötigt* wurde: Kraft, Macht, Sex und Geld.«[140] Mein Vater war sicherlich neiderfüllt, wie sollte er das auch nicht sein, er war krank, musste sich langwierigen Behandlungen unterziehen, nahm Lithium. Haben er und sein Therapeut einmal darüber gesprochen, dass aus dem Gefühl des »Lebensbankrotts«[141] eine Beziehungsdynamik entstehen kann, die für die Partnerin oder den Partner, für die Kinder des Paares tödlich enden kann? Wäre es besser, Rollenbilder und die damit verbundene Dominanz ganz abzuschaffen, als die Menschen zu therapieren, die an ihr leiden? Können wir diese Wunde heilen? In ihrem Essay über Petra Kelly und Gert Bastian reflektiert Alice Schwarzer über Schwäche und Stärke der beiden. Während Petra Kelly nach außen hin als starke Frau auftrat, war sie im Inneren der Beziehung die Schwache, die Schutzbedürftige, wie Schwarzer an den vielen Nachrichten von ihr belegt, die sie mit »Dein armes kleines Petralein«[142] unterschrieb. Die Frau, so Alice Schwarzer, habe es nicht ausgehalten, stark und dominant zu sein, habe sich dafür ständig entschuldigen müssen, sich eben klein gemacht, während der Mann es nicht aushielt, schwach zu sein, sich unterzuordnen, und er konnte die aus dieser Situation resultierende Aggression nicht kompensieren, bis hin zum Todesschuss. Diese Aggression hat auch mein Vater empfunden, ich kann sie aus seinen Notizen herauslesen, die er in der Zeit vor seinem Tod gemacht hat. Er fühlte sich unverstanden von meiner Mutter, war sogar wütend auf sie, er wusste, sie brauchte ihn nicht, wenigstens nicht finanziell, sie würde von ihrer Herkunftsfamilie aufgefangen werden, sogar eine Arbeit bekommen, während er nun schon so lange auf der Suche nach einer festen Stelle, nach Prestige und sozialer Anerkennung war. Mein Vater hat sich angestrengt, seinem Milieu und sozialen Erwartungen zu entsprechen. Die anderen hatten es zu etwas gebracht, er brachte es zu nichts und genau das spiegelten ihm die Konflikte mit meiner Mutter: Lebensbankrott. Er hat die Konsequenzen gezogen, wie Gert Bastian, wie so viele andere Männer, die am System der Männlichkeit, das ihnen von der Gesellschaft auferlegt wird, scheitern, die den Kampf gegen die Schwäche verlieren, die ein Mensch in einem männlich gelesenen Körper sich nicht erlauben darf.

Sei froh, dass dein Vater uns in jener Nacht verschont hat. Das waren die Worte meiner Mutter.

Willst du, dass ich mir eine Kugel in den Kopf schieße? Dieser Satz meines Partners hat mich immer wieder erstarren lassen.

Du bringst mich ins Grab, wie deine Mutter deinen Vater. Ich konnte mich lange nicht dagegen wehren. Die Worte paralysierten mich, denn sie weckten das Kindheitstrauma in mir. Und das sollten sie auch. In einer Gewaltbeziehung ist das Opfer wie in einem Spinnennetz gefangen, es wird alles dafür getan, dass es sich nicht wehrt, verwirrt ist, zweifelt, nicht entkommt.

Mein Vater hat sich die Kugel gegeben, das von dir zu hören ist unglaublich verletzend für mich. Irgendwann fand ich den Mut, das zu sagen.

Das wusste ich nicht, dass dich das so verletzt, ich habe es nur so gesagt, im Streit. Auch das ist eine Strategie, das Herunterspielen, das Abwinken, das Negieren, das Nichternstnehmen.

Dann weißt du es jetzt, bitte sag es nicht mehr. Doch beim nächsten Konflikt bekam ich es dann doch wieder zu hören.

Es ist an der Zeit, alte Vorstellungen über häusliche Gewalt über Bord zu werfen: Vorstellungen, die davon ausgehen, dass die Täter und Opfer aus einem prekären und benachteiligten Milieu kommen, dass Drogenmissbrauch im Spiel ist, dass die Täter selbst früher Opfer häuslicher Gewalt gewesen sein müssen, vielleicht sogar schon einmal straffällig geworden sind.[143] Häusliche Gewalt hat viele Gesichter, jeder Mann und jede Frau, jeder Mensch ist in der Lage, Gewalt auszuüben, aber Männer eben mehr als Frauen, und dies hängt mit unserem gesellschaftlichen System intimer Dominanz zusammen. Die heteronormative Kernfamilie als zentrale Gemeinschaft des Hauses steht im kollektiven Gedächtnis für ein harmonisches Miteinander. Liebe, Zuwendung und Schutz regieren das Innere des Hauses, spiegeln sich in dem freundlichen Dekor des Haushalts, im Lächeln der Hausherrin, unterstützt vom aufmerksamen Blick des Hausherrn. Aber so ist es nicht. Das Haus als soziales Konzept ist das Kernkraftwerk der intimen Gewalt und die offene Wunde unserer Gesellschaft.

Konflikt

Bei einem tragischen Unfall in Frankreich im Mai 2023 sterben drei Polizisten durch einen Raser, der nicht nur betrunken war, sondern auch Drogen genommen hatte. Bei der nationalen Trauerfeier hielt Präsident Emmanuel Macron eine umstrittene Rede, in der er ganz allgemein auf fehlenden Bürgersinn und unzivilisiertes Verhalten in der Bevölkerung hinwies. Daraufhin warfen ihm die Rechten vor, nicht genug für die Sicherheit der Zivilbevölkerung zu tun, und die Linke kritisierte, er sei selbst der Bevölkerung gegenüber negativ, wenn nicht sogar misstrauisch eingestellt.[144] Drei Jahre zuvor waren bei einem anderen Einsatz ebenfalls drei Polizisten zu Tode gekommen, in diesem Fall ging es um häusliche Gewalt. Eine Frau hatte sich vor ihrem Partner auf das Dach ihres Hauses geflüchtet. Als die Polizisten eintrafen, eröffnete der Partner das Feuer. Für diese Polizisten gab es keine nationale Trauerfeier und der Präsident ließ sich bei der Beerdigung nicht blicken, sondern beschränkte sich darauf, den Familien sein Beileid auszudrücken.[145] Kein Wort fiel dabei über fehlenden Bürgersinn oder unzivilisiertes Verhalten. Denn das Haus ist privates Territorium, und obwohl gesellschaftlich konditioniertes männliches Verhalten hier genauso tötet wie auf der Straße – denn machen wir uns nichts vor, auch Raser sind meistens Männer –, wird der Ort der Gewalttat immer noch zum zentralen Maßstab gemacht. Gewalt im Privaten ist nicht gleich Gewalt in der Öffentlichkeit. Dabei wird ja selbst auf der Straße nicht das männliche Verhalten an sich in Frage gestellt, sondern einfach nur erwartet, dass Männer sich beim Ausleben ihres männlichen Habitus ausreichend unter Kontrolle haben. In ihrem Essay »Writing the

Male Character« schreibt Margaret Atwood, dass Männer Angst haben, dass Frauen über sie lachen könnten, Frauen aber Angst haben, dass Männer sie töten könnten.[146]

Krise

Ich hüpfte wie eine Kugel im Flipperautomaten durch das Haus, eckte überall an. Wenn er und ich miteinander sprachen, bemühte ich mich, die Worte genau zu setzen, ich wollte ihn nicht herausfordern, nichts einfordern, war freundlich, entschuldigte mich, wenn ich doch um etwas bitten musste, wie darum, mir bei der Reparatur einer Klospülung zu helfen, eine Lampe auszuwechseln oder schon wieder den Kopierer neu zu programmieren, weil der einen Defekt hatte und ich doch die Hausaufgaben der Kinder oder die Aufgaben fürs Homeschooling ausdrucken musste. Ich brauchte Hilfe, denn alles, was *das* Haus war, war meine Arbeit. Er machte ja den Rest, denn er verdiente das Geld.

Ich war bemüht, die Verbindung zwischen uns beiden nicht zu verlieren, ich versuchte diese über Blickkontakt aufrechtzuerhalten, über ein Lächeln, die Nähe zwischen uns durfte nicht abbrechen, nicht in diesen Zeiten der Krise, das konnte schlecht ausgehen, böse für uns alle. Ich merkte nicht, wie mein Atem flacher wurde, ich spürte nicht, wie es mir immer schwerer fiel, seinem immer dunkler werdenden Blick standzuhalten, ihm trotzdem weiter in die Augen zu blicken, denn ich nahm nur unbewusst wahr, wie sich seine Miene verfinsterte, wie der Ausdruck um seinen Mund härter wurde, sich seine Pupillen immer weiter zusammenzogen, seine Lippen sich nach oben zogen, die Zähne freigaben, wenn er mit mir sprach. Obwohl, er sprach eigentlich nicht, er bellte mich an, er brummelte, ja oder nein oder schon wieder, er stöhnte, fluchte manchmal auch, erst leiser, unterdrückt, dann immer lauter. Wie eine

Kugel jagte ich durchs Haus, machte die Wäsche, wechselte Windeln, half bei den Hausaufgaben, alle im Haushalt anfallenden Aufgaben waren meine. Oder nein, sie *waren* es nicht, aber sie wurden als mir und meinem Körper zugehörig angesehen. Sie gehörten zu meinem weiblichen Körper. Dieser war prädestiniert dafür, sich um die Häuslichkeit zu kümmern. Mir fiel das leicht, während es ihm schwerfiel, das betonte er immer wieder. Wie leicht mir das doch alles von der Hand ginge, wie schwer es für ihn sei. Er könnte das nicht, zwei Sachen auf einmal machen, das könnten nur Frauen wie ich. Also musste ich die Aufgaben im Haus sammeln, während er auf der Arbeit jagte, ich arbeitete auch, aber das war unwesentlich, das war nur nebenher, ein Zuverdienst, ein wenig Butter in den Spinat, wie die Franzosen zum Zubrot sagen. Mein Gehalt machte nicht mal die Hälfte von seinem aus, und dann arbeitete ich doch sowieso in Teilzeit, wegen der Kinder. Bevor er nach Hause kam, versuchte ich immer möglichst viele Vorarbeiten zu erledigen, damit es keinen Stress gab. Aber wenn es den gab, zog ich die Schultern ein, wurde immer nervöser, so dass ich gar nicht merkte, dass die Verbindung schon längst abgebrochen war, ich reagierte nur noch, antwortete auf sein Verhalten, auf seine Stimmung, versuchte ihm aus dem Weg zu gehen, wie ein Hund, wich seinem Blick aus, hielt den Kopf gesenkt, blinzelte, leckte mir die Lippen, um den Gegner milde zu stimmen.

Dann irgendwann war es so weit, manchmal hätte ich sogar gesagt, endlich, der Blitz schlug ein.

Die Krise war da. Die Krise bedeutete keinen Wandel wie ein Kampf oder ein Krieg. Die Krise kam und ging.

Während ich die Flipperkugel mimte, gelang es mir nur zu gut, mich in die andere Seite hineinzuversetzen. Es gelang mir, ihn zu verstehen. Er hatte eine Welt zu retten, ich nur zu pflegen. Die Firma, das Unternehmen, die Abteilung, kurzum die Arbeit. Das war seine Aufgabe. Er hatte einen Krieg zu führen, musste den Unterhalt aufbringen, zwar nicht allein, aber doch den größten Teil, den Löwenanteil, er war ein Kämpfer. Er schlug sich tapfer. Er war Superman. Der Held in der Schlacht. Da musste ich doch begreifen, dass meine Ansprüche, meine Belange, dass dies alles, was sich in unseren vier Wänden abspielte, nur *Peanuts* waren. Seine Gedanken waren ständig woanders. Auch wenn sein Körper bei uns im Haus war, entwickelte er im Kopf Strategien, Pläne für den nächsten Arbeitstag. Und wenn er dabei gestört wurde, bei seiner Denkarbeit, konnte er nicht anders als ausrasten. Er bellte und knurrte, stellte die Nackenhaare auf und drohte. Mir. Ich war gut dressiert, und er auch. Nur kamen wir uns ständig in die Quere, denn das Haus ist ja ein geteilter Raum und nicht ein Schlachtfeld aus Schützengräben. Die Ansprüche von außen in einem ständigen Wandel. Ich wollte mehr als nur Hausfrau sein.

Die Krise war da.

Am Nachmittag hatte ich mit den Kindern die Hausaufgaben gemacht. Es war ein Feiertag und wir wollten noch raus. Am Tag davor hatte es geschneit, es waren Ferien und wir für ein paar Tage verreist.

Geht doch schon mal in den Garten, den Iglu vom Nachbarn anschauen, schlug ich vor.

Ich wusste, die Kinder mochten den Iglu. Er wusste das auch und auch, dass sie sich von ihm einen eigenen wünschten.

Das muss jetzt aber nicht sein, ich bin müde. Das waren die ersten Anzeichen der Krise, dieses Grollen. Er ging dann doch mit den Kindern raus. Das machte seine Laune nicht besser. Die Spannung blieb. Später würde er sagen, er hätte verstanden, ich würde von ihm verlangen, genauso einen Iglu zu bauen.

Es war ein anstrengender Nachmittag, wir waren noch zum Schlittenfahren verabredet. Den Kindern war irgendwann kalt, ihre Kleidung durchnässt, sie fingen an zu jammern.

Ob ich nicht verstehen, nicht kapieren würde, dass mein Programm einfach niemandem Spaß machen würde. Sein Satz traf mich aus heiterem Himmel. Aber er schlug voll ein.

Am Abend war dann dieses Familienessen, jemand stellte eine unangenehme Frage, eine, auf die er eigentlich nicht antworten wollte. Wir standen schon in der Tür, ihm fiel eine Entschuldigung ein, aber bei der Heimfahrt konnte ich seine Wut an der Art, wie er die Kurven nahm, deutlich spüren. Ich hatte Angst. Die Krise war da.

Die Kinder brachte ich allein ins Bett. Eigentlich wie immer. Aber an diesem Abend machte es mich wütend.

Hast du mir nichts zu sagen. Er saß vorm Fernseher, hatte sich ein Glas Whiskey eingeschüttet.

Was soll ich dir sagen?

Ich antwortete etwas wie, dass ich enttäuscht wäre, anderes erwartete, aber brachte den Satz nicht zu Ende, bekam vielleicht nur ein paar Wörter raus, da schüttete er mir den Whiskey ins Gesicht. Ich schrie ihn an und rannte ins Bad, um mir das Zeug aus dem Gesicht zu waschen, da selbst meine Haare klebten, stellte ich die Dusche an. Es war ein sehr kleines Bad, man konnte die Duschtür nicht öffnen, wenn die Zimmertür offenstand. Das wusste er. Trotzdem drückte er die Tür mit Gewalt auf. Ich hatte die Duschtür in der Hand, meine Hand klemmte zwischen den Türen. Der Mittelfinger war sofort geschwollen.

Dass er am nächsten Tag zurückfuhr, war geplant gewesen. Nicht geplant war, dass ich meinen Finger nicht mehr bewegen konnte. Er blieb lange geschwollen, färbte sich dunkel, dann fiel der Nagel endlich ab. Als ich die Kinder zurück nach Hause fuhr, musste ich den Finger ständig gespreizt vom Lenkrad halten, so sehr schmerzte er mich. Ich ging erst einen Monat später zum Arzt, einen Bruch stellte er nicht fest, aber geschwollen war der Finger noch. Die Entschuldigung, es sei ein Unfall gewesen, ließ mich zweifeln, aber gleichzeitig, glaube ich, war es genau das, was ich mir wünschte. Dass es nur ein Unfall gewesen war, keine Absicht. Ich erzählte der Paartherapeutin davon, vielleicht wünschte ich mir, sie würde für mich das Urteil fällen und so für mich entscheiden, was zu tun wäre, ob ich gehen sollte, ihn verlassen, oder bleiben. *Es war ein Unfall*, sagte sie. Es war eine Krise, wie viele, sage ich mir heute.

In ihrem Buch *Je n'existais plus*[147] (Ich existierte nicht mehr) beschreibt Pascale Jamoulle die »emprise« (Bemächtigung, Beherrschung). Je mehr sich die Dominanz verfestigt, umso verwirrter wird das Opfer, es verliert an Persönlichkeit und Selbstvertrauen, wird isoliert. Mit meinem schwarzen Finger traute ich mich gar nicht mehr unter Menschen zu gehen. Ich hatte Angst, andere würden sehen, in was für einem Loch ich steckte.

Kampf

Aber ich kann nicht Ziel Ihrer Wut sein, wiederholte die Paartherapeutin nun schon zum zweiten Mal in der Sitzung. Wir lieferten uns einen minutenlangen Schlagabtausch über die Frage, wer für die Hilfe bei den Hausaufgaben verantwortlich sei, wenn die Kinder am Wochenende bei ihrem Vater sein würden, wenn dieser mit ihnen beispielsweise Verwandte besuchen wollte. Es ging um Trennung, und die Therapeutin hatte in dieser Sitzung und darüber hinaus versucht, mit uns als Paar Wege zu finden, um die Zeit danach zu organisieren.

Ich nicht, antwortete ich, und die Paartherapeutin beharrte darauf, dass man die Hausaufgaben ja auch früher, zum Beispiel direkt am Freitag nach der Schule, machen könnte.

Ja schon, aber ich nicht. Wenn ich nicht mit ihnen unterwegs bin, muss ich nicht die Vorarbeit leisten, insistierte ich und fügte hinzu, dass ich nicht damit einverstanden sein würde, dass die Kinder am Montag ohne Hausaufgaben in die Schule gingen.

Die Paartherapeutin schaute mich fragend an, ihr Blick sagte, dass sie fand, dass ich mich ruhig allein um die Hausaufgaben kümmern könnte. Immerhin wüsste ich doch, dass er dazu nicht in der Lage war.

Nicht dazu in der Lage? Ich ballte meine Fäuste, konnte mich gerade noch zurückhalten, nicht damit auf die weißen, lederbezogenen Stühle ihrer Praxis einzuschlagen, stattdessen fing ich an zu heulen: *Wer fragt denn, ob ich dazu in der Lage bin, das alles zu leisten? Wer will denn wissen, ob ich mich um die Kinder und gleichzeitig um meine Karriere kümmern kann?*

Die Therapeutin zuckte mit den Schultern: *Es gibt viele Paare, in denen sich nur ein Elternteil um die Hausaufgaben kümmert.*

Aber das will ich nicht, mich allein um die Hausarbeit und die Hausaufgaben und die Arzttermine und das alles kümmern, ich mache das seit Jahren, es reicht, es gibt Gesetze, ich schrie nicht, ich klagte nur, *nach denen haben Eltern Pflichten.*

Sie schaute mich durchdringend an. *Sie können das wollen, aber wenn der Vater Ihrer Kinder nun mal nicht dazu in der Lage ist, wenn er einfach nicht die Kapazität hat, sich so umfassend wie Sie um die Kinder oder den Haushalt zu kümmern, ist das eben so.*

Sie hat mir verboten, mit den Kindern für ein Wochenende zu verreisen, hatte er sich am Anfang dieser Sitzung über mich beklagt, und dies war der Auslöser für den harten Machtkampf, den die Therapeutin und ich uns stellvertretend lieferten. Dabei hatte ich ihm nichts verboten, mich nur geweigert, mehr zu arbeiten, extra zu arbeiten, Überstunden zu machen, damit er verreisen konnte. Hausaufgaben vorbereiten, Wäsche vorauswaschen, Koffer packen, all das war die unsichtbare Hausarbeit, die es zu tun gab, wenn jemand mit den Kindern am Wochenende unterwegs war. Und ich hatte nur gesagt, das mache ich nicht mehr, mach es selbst. Die Therapeutin hatte recht, ich war wütend, aber ihre Schuld war das nicht. Oder doch?

Warum werden Gesetze, wie der §1626 im Bürgerlichen Gesetzbuch, demzufolge die Eltern die Pflicht haben, für ihre Kinder zu sorgen, nicht deutlicher formuliert, damit die Sorgearbeit am Ende nicht immer bei der Frau hängen bleibt? Warum werden Männer immer für ihr Versagen entschuldigt, oder, wenn sie mal was machen, dafür sofort beklatscht? Wer klatscht denn für Frauen? Denn seien wir ehrlich, wer kennt ihn nicht, diesen Singsang von Außenstehenden, dass der oder dieser Vater sich doch toll um die Kinder kümmert, und dabei wird aber weiterhin die Tatsache übersehen, dass die Care-Drecksarbeit doch immer noch an Frauen hängt.

Ich erinnere mich noch gut an die Zeit, als ich die Buchreihe *Das autobiografische Projekt*[148] von Karl Ove Knausgård las. Es gibt diese Stelle, in der er erzählt, wie er zu einer Musikgruppe für Kleinkinder ging und innerlich tobte, denn die Pädagogin war jung und schön, und er kam sich lächerlich vor in seiner Rolle als singender Vater. Damals war ich froh über diese Worte, ich sagte mir, endlich jemand, der mir erklärt, wie der Mann an meiner Seite so tickt. Es war doch alles gar nicht so schlimm, dachte ich damals, sondern ganz normal. Andere Männer sind auch so, selbst großartige Schriftsteller. Auch wir hatten oft darum gestritten, wer die Kinder zu Aktivitäten dieser Art begleitete.

Die Aufgabe, diese pädagogischen Förderungen, Kurse und Veranstaltungen zu suchen, war meine. Es war keine Aufgabe, die mir jemand erteilt hatte, oder um die ich gebeten worden war. Allein mein mütterlicher Instinkt, meine Sozialisierung zur Sorgenden genügte, um mich ins Rad springen zu lassen. Ich suchte nicht nur nach den pädagogisch wertvollsten, sondern auch nach den günstigsten Angeboten, denn eine gute Frau weiß mit Geld hauszuhalten. Mein Partner hatte nichts gegen diese Aktivitäten, im Gegenteil, er fand sie gut, solange er nicht dazu verdonnert wurde, daran teilzunehmen.

Ich schreibe *verdonnern*, denn so empfand er es ja. Der Drache im Haus war ich. *Hic sunt dracones*, hier sind Drachen, so beschrieben die Römer die unerforschten Gebiete auf ihren Karten, hier lauert die Gefahr. Und alles, was das Haus oder jedenfalls den Haushalt zu versorgen bedeutet, war eine Gefahr für seine Männlichkeit. Für seine und für Männer allgemein, diese Logik war mir jedenfalls bekannt, ich hatte sie auch bei anderen Männern erlebt und erfahren oder gelesen, wie bei Knausgård, und ich war so erzogen worden: Frauen können alles machen, vorausgesetzt, sie schaffen auch nebenher den Haushalt.

Die Tatsache, dass die Chancen im Wettkampf um jegliche Form von gesellschaftlicher Teilhabe durch diese Prämisse sehr ungleich verteilt sind, ignorierte ich oft. Vielleicht verdrängte ich sie auch, weil es zu schwer, zu überfordernd, zu anstrengend war, an allen Fronten zu kämpfen. Im Beruf, im Haus und im Bereich der Bildung für den Nachwuchs.

Knausgårds Worte waren wie Balsam auf meiner ausgebrannten Seele, denn sie erklärten mir, dass ich vielleicht doch nicht in dieser destruktiven Beziehung steckte, wie ich befürchtete und die Paartherapeutin vermutete, sondern dass ich mit einem Mann wie Knausgård verheiratet war, alles war ganz normal, oder nicht?

In ihrem Essayband *Eine Frau schaut auf Männer, die auf Frauen schauen*[149] betrachtet Siri Hustvedt Knausgårds Schreiben, sie fragt sich, ob und was daran weiblich ist, schält die Schwäche, die er im Text zulässt, heraus wie das

Innere einer Zwiebel. Die Frage, ob sich hinter dem harten Kern nicht ein Mann versteckt, der Frauen versteht, der ihnen nah ist, beantwortet sie mit einer Antwort, die er ihr selbst in einem Interview gegeben hatte. Auf Hustvedts Frage, wieso er denn so wenig Frauen zitiert, sich in seinen Texten kaum auf sie bezieht, antwortet Knausgård: Keine Konkurrenz. Und so stürzte meine Hustvedt-Lektüre Knausgård für mich von seinem Sockel, er wurde zu einem Mann, der mit anderen Männern um Vorherrschaft kämpft. Ein Gatekeeper, der Frauen ausschließt.

»Der Kampf«, sagt Annie Ernaux, »ist ohne Ende. Aber, schließlich, wieso auch nicht? Es ist immerhin der Kampf.«[150] Auseinandersetzungen, Konflikte, Kriege, Kämpfe sind zentrale Elemente gesellschaftlichen Zusammenlebens und oft auch Triebkraft sozialen Wandels. Eine Gemeinschaft ohne Differenzen ist kaum denkbar.

Ein gesellschaftliches Konzept, um Konflikte und Kämpfe zu verhindern, ist die definierte Einheit der Familie, erst der Großfamilie, aber schließlich auch und vor allem der Kleinfamilie, die Gemeinschaft des Haushalts. So steht bereits in der Bibel: Du sollst Vater und Mutter ehren. Du sollst nicht begehren deines Nächsten Frau. Du sollst ... Konzepte wie Ehe und Familie dienen dazu, eine soziale Ordnung zu schaffen, und sorgen somit auch für Ruhe und Frieden. Der Preis dafür ist die Freiheit Einzelner, nicht aller, nicht derer, die herrschen, die dominieren, die bestimmen.

Auf Instagram zeigen junge Influencerinnen ihren Follower*innen, wie sie den Haushalt führen, wie sie putzen, Essen kochen, wie sie Erfüllung darin finden, die Rolle der Frau im Haus, der Hausfrau zu übernehmen. In ihrem Buch *The Women of the Far Right: Social Media Influencers and Online Radicalization*[151] argumentiert Eviane Leidig, dass es sich bei diesen Influencerinnen oft um privilegierte weiße Frauen handelt, die als Unternehmerinnen agieren, um eine rechte und antifeministische Ideologie im Netz zu verbreiten. Laut der Analyse von Andrea Dworkin unterwerfen sich Frauen dem Patriarchat, da sie verstanden haben, wie gefährlich diese Welt ohne exklusiven männlichen Schutz sein kann.[152] Nur die Anwesenheit von Männern in ihrem Leben, so denken sie, bietet ihnen Sicherheit vor der Gewalt anderer Männer, vor ihren sexistischen oder sogar misogynen Witzen, ihren sexuellen Übergriffen, ihren abwertenden Urteilen.

Ich nehme dich mit auf die Reise durch meine Nacht, erzählt eine auf ihrem Instagramkanal. Ich schaue ihr zu, wie sie Rosmarinkartoffeln mit Lamm für den nächsten Tag zubereitet. *Lecker*, sagt sie, *und mein Partner mag das*, sagt sie auch. Wenn wir nicht schon längst ein am Konzept des Hauses gescheitertes Paar in Therapie wären, würde ich das vielleicht auch noch ausprobieren: Lammkoteletts und Rosmarinkartoffeln und als Dessert vielleicht ein Wort, eine Bemerkung zu viel, und dann ein Streit.

In der Stadt Gers in Frankreich, lese ich, soll ein neunjähriges Kind seinen Vater niedergestochen haben, weil dieser die Mutter, seine Ehefrau, mit Morddrohungen bedachte. Der Vater wurde in Untersuchungshaft genommen. Das Kind, heißt es, wollte seine Mutter schützen. Vielleicht hat es auch einfach nicht mehr die verbale Gewalt des Vaters ertragen.

Die Ehe ist eine soziale Konstellation, ein Konstrukt, schreibt Emilia Roig, und sie nützt vor allem Männern wirtschaftlich, indem diese Steuern sparen, den Haushalt gemacht und die Kinder versorgt bekommen. Während die Männer die Karriereleiter erklimmen, haben Frauen bei dem Modell meist das Nachsehen.[153] Denn Sorge- und Hausarbeit sind keine Tätigkeiten, die in unserer Gesellschaft besonders geschätzt werden, im Gegenteil. Die Arbeit von Haushaltshilfen, Kinderbetreuern oder Pflegekräften gehört zu den am schlechtesten bezahlten, und wer schlechte

Bezahlung sagt, sagt auch geringe Wertschätzung. Die Arbeit im Haus wird überhaupt nicht vergütet, sondern gehört traditionell zu den Pflichten der (Ehe-)Frau. Bis 1977 durfte eine Frau in Westdeutschland nur dann berufstätig sein, wenn dies mit ihren Pflichten im Haushalt zu vereinbaren war. Die Sorgearbeit war bis vor einem halben Jahrhundert noch gesetzliche Pflicht der Frau.

Dabei haben Autorinnen wie Silvia Federici mit der Kampagne »Lohn für Hausarbeit« bereits in den 1970er Jahren eine monetäre Anerkennung der Care-Arbeit eingefordert. In ihrem Buch *Hexenjagd. Die Angst vor der Macht der Frauen*[154] zeigt Federici, dass die Trennung der bezahlten Lohnarbeit von der unbezahlten Reproduktionsarbeit eine der wichtigsten Grundlagen des Kapitalismus ist.

Ihre Sehnsucht nach einer Familie macht Sie bestechlich, auch das ist einer von vielen Therapeutensätzen, der mir in Erinnerung geblieben ist. Mit Familie war hier selbstverständlich die Normfamilie gemeint, die aus Eltern und Kindern, eine Wunschfamilie. Und es stimmte, mein Traum, dazuzugehören und so zu sein wie alle, oder wie *man* sein sollte, war meine Achillesferse. Er machte mich verwundbar, er hielt mich gefangen und verhinderte lange meinen Kampf.

Die französische Feministin Titiou Lecoq hat dem Korb schmutziger Wäsche als Symbol für die Pflege- und Sorgearbeit den Kampf erklärt. Frauen, so schreibt sie, sollen nicht mehr widerstandslos in Teilzeit gehen oder ihre Zeit damit verbringen, die Wäsche zu waschen, Staub zu wischen oder einkaufen zu gehen, ohne sich bewusst zu sein, welchen Preis sie dafür bezahlen. In ihrem Buch erzählt sie, wie sie sich einmal geweigert hat, mit ihrem Kind zum Arzt zu gehen, als es krank war, denn nicht sie, sondern ihr Partner war an der Reihe mit der Sorgearbeit. Das Kind bekam in Folge einer verschleppten Infektion eine Trommelfellperforation.[155]

Lange habe ich als junge Frau das heteronormative Familienleben idealisiert, bevor ich selbst in einer festen Partnerschaft lebte. Ich erinnere mich an einen Nachmittag, als ich eine Freundin mit ihrem Kind zufällig in der Stadt traf. Sie erzählte mir, sie müsse für eine Klausur lernen, ihr Partner hätte eigentlich auf das Kind aufpassen sollen, aber er sei nicht zur verabredeten Zeit nach Hause gekommen, also habe sie mit dem Kind noch eine Runde gedreht. Später lud sie mich zu sich nach Hause ein, und als wir das Wohnzimmer betraten, saß der Vater des Kindes dort vor dem Fernseher, um ein Fußballspiel anzusehen. Meine Freundin tobte. Der Mann blickte sie mit großen Augen an. Er verstand ihre Wut nicht. Sie warf ihm das Kind in den Arm, als wäre es der Ball, der gerade über den Bildschirm flog, und rief: Jetzt bist du dran. Danach knallte sie die Tür und verschwand. Ich konnte ihre Wut damals nicht verstehen. Immerhin, sagte ich mir, kann sie doch jetzt lernen. Vielleicht hatte er es auch einfach vergessen. Ich hielt meine Freundin für privilegiert. Immerhin hatte sie einen Mann, der bei der Familie blieb. Einen Partner zu haben, den die Frau liebt und der sie zurückliebt und der glücklich über gemeinsame Kinder ist, erschien mir als ein kostbares Gut. Ein Mann, der eine erfüllte sexuelle Beziehung auf Dauer suchte, hatte ich in meiner Jugend erfahren, war schnell und leicht gefunden, aber einer, der bereit war, die Verantwortung für eine Familie zu übernehmen, nicht. So kam es mir jedenfalls vor, also schwor ich mir, sollte ich doch noch den Mann fürs Leben finden, würde ich nachsichtiger mit ihm sein, als meine Freundin es mit ihrem Partner gewesen war.

Ein fataler Fehler. Ich hatte *Pretty Woman* geliebt, ich hatte auch Grimms Märchen alle geliebt, Dornröschen, Aschenputtel, Schneewittchen waren meine besten Freundinnen gewesen, wie sie wartete ich auf den Prinzen, der für mich kämpfen und mich erlösen würde.

Diese Erwartung führte dazu, dass ich viel zu lange bereit war, die Rolle der Frau im Haus zu spielen, die Sorge-, Pflege- und Hausarbeit zu übernehmen, ohne einen anderen Lohn einzufordern als Liebe, Liebe, Liebe. Frauen, die bereit sind, die Rolle im Haushalt widerstandslos zu übernehmen, sind auch eher in Gefahr, Opfer häuslicher Gewalt zu werden. Warum sollte ihnen der Mann für etwas danken, was ganz selbstverständlich von der Gesellschaft als ihre natürliche Rolle gesehen wird?

So begann auch mein Kampf nicht mit dem Widerstand gegen die weibliche Rolle, sondern erst mit dem Einklagen von Anerkennung für die Erfüllung dieser Rolle. Aber Anerkennung für eine kostenlose und gesellschaftlich nicht wertgeschätzte Tätigkeit einzufordern, ist ein Kampf gegen Windmühlen. Lange übersah ich, dass ich, indem ich mich mit den herrschenden Ungerechtigkeiten arrangierte, das Patriarchat eigentlich auch nur reproduzierte.

Es ist ein erster wichtiger Schritt zum Widerstand, die weibliche Rolle nicht mehr erfüllen zu müssen, um als Mensch in einem weiblich gelesenen Körper einen anderen Platz in dieser Gesellschaft zu haben. Keine Socken mehr aufsammeln oder Kinder zum Arzt bringen, um die Rolle der Sorgenden und Liebenden zu erfüllen. Sondern genaue Absprachen zwischen Partner und Partnerin treffen, die auch eingehalten werden. Das alles ist Teil des Kampfes gegen die Gewalt im Haus.

Wenige Tage nach der nationalen Gedenkfeier für die drei vom Raser getöteten Polizisten wird Ende Mai 2023 der Rugbyspieler Mohamed Haouas zu einem Jahr Gefängnis wegen häuslicher Gewalt gegen seine Ehefrau verurteilt. Der französische Nationalspieler war verhaftet worden, nachdem er beim Einkaufen seine Frau geschlagen hatte. Dabei, so erklärte Mohamed Haouas, ging es um eine Zigarette, die seine Frau in ihrer Pause bei der Arbeit geraucht hatte, obwohl sie, laut dem Ehemann, sonst nicht rauchte. Er schlug sie deshalb zu Boden.[156] Die Grenze zwischen Konflikt und Gewalt ist schnell überschritten. Nicht jede Gewalt lässt sich nachweisen wie die gerade beschriebene Szene, die von Überwachungskameras aufgezeichnet wurde. Aber jede Gewalt hinterlässt Spuren, egal ob sie sichtbar ist oder nicht.

Gewalt

An die Gewalt meines Vaters kann ich mich nicht wirklich erinnern, dafür war ich zu jung. Aber sie prägte mich. Die Gewalt blieb als Angst, die mich in die Tiefe zog, die Kreativität wurde der Rettungsring, an dem ich hing und auch heute noch hänge, um nicht zu ertrinken.

Wenn die Gewalt im Haus Dauergast ist, heißt das nicht, dass es täglich zu gewaltvollen Handlungen kommt. Sie ist auch nicht unbedingt von außen sichtbar. Es reichen wenige Ausbrüche hinter verschlossenen Türen und wiederholte Drohungen, auch schon in Form von Gesten, um Reaktionen *erlernter Hilflosigkeit* hervorzurufen. Scham und Angst wandeln dann das Opfer in einen Menschen, der, wie die Tiere in Seligmans Experimenten, gelernt hat, dass seine Bedürfnisse irrelevant sind. Gewalt hat viele Formen. Sie ist das Misstrauen im Blick, sie ist das Überhören oder Gar-nicht-Wahrnehmen der Bedürfnisse des anderen, sie ist jedes verletzende Wort, sie ist das fehlende Einkommen der Sorgearbeitenden, sie ist die Hand, die gegen die Wand schubst, die die Tür schlägt, so dass sie ins Schloss knallt, aber manchmal auch ins Gesicht.

In meiner Partnerschaft ging es meist um die Organisation des Haushalts; seit ich eine feste Stelle angenommen hatte, war es mir nicht mehr möglich, die Kinder täglich aus der Betreuung zu holen.

Jetzt bist du mal dran, ich habe morgen eine Besprechung. Er saß auf der einen Seite des Sofas, ich auf der anderen.

Meine Arbeit erlaubt mir das nicht, stöhnte er, *ich bin kein Beamter.*

Ich habe aber die ganze letzte Woche schon früher Schluss gemacht, gab ich zurück.

Du hast ja auch flexible Arbeitszeiten, antwortete er.

Unser Schlagabtausch wurde zu einer Spirale, die sich sehr schnell nach unten drehte.

Du bist doch verrückt, rief er irgendwann.

Wie kannst du so mit mir reden?

Du brauchst professionelle Hilfe.

Ich brauche Zeit zum Arbeiten.

Lass dir Medikamente verschreiben, dann geht es dir besser.

Mir geht es besser, wenn ich mich nicht allein um alles kümmern muss.

Ist dir eigentlich klar, dass meine Arbeit uns am Leben hält?

So ging es stundenlang. Nächtelang. Unsere Stimmen wurden immer lauter, und schneller. Der Herzschlag auch, ich schwitzte, er brüllte wie ein Löwe. Manchmal griff er nach Gegenständen, einmal trat er in den Ofen, so dass die Tür in tausend kleine Splitter zersprang.

Am Morgen danach hatte ich starke Nackenschmerzen. Sie kamen vom Schulterhochziehen.

Für die Kinderbetreuung gibt es ein breites Angebot. Es gibt Agenturen, die professionelle Babysitter anbieten, es gibt Freunde, die einspringen, es gibt Au-pairs, es gibt Großeltern, die aushelfen. Die Nachwuchspflege ist in jeder Gesellschaft ein essentieller Aspekt der wirtschaftlichen und sozialen Organisation. Sie ist die Wiege sozialer Gerechtigkeit oder eben Ungleichheit und wird leicht zur Arena der Gewalt im Haus.

Also suchte ich mir wie immer jemanden, der mir half.

Ich jonglierte mit Gehältern, mit Entschuldigungen für Kranksein oder sonstigen Gründen für unvorhergesehene Abwesenheiten. Ich gewöhnte mich an einen doppelten Herzschlag, an die Angst, dass es Probleme mit der Betreuung geben könnte, sobald mein Handy vibrierte.

Bei uns kreisten die Krisen um die Fragen der Betreuung, um die *mental load*, um die Verantwortung für die Hausarbeit. Die Grenzen waren eng gesetzt. In anderen Beziehungen sind es andere Faktoren, die dazu führen, dass die Gewalt ausgelöst wird. Manchmal ist es auch nur ein Windhauch, ein schlecht verdautes Essen, denn um das Problem selbst geht es ja nicht, sondern darum, die Dominanz aufrechtzuerhalten, und zwar dauerhaft.

Die Gewalt zieht ins Haus wie ein unsichtbarer Gast. Manchmal wird sie laut. Dann wieder leiser. Sie sitzt in den Ritzen, sie mischt sich mit dem Kondenswasser, das am Morgen die Fensterscheiben beschlägt. Je länger ich im Haus blieb, umso mehr gewöhnte ich mich an die Gewalt, lernte, mich ihr zu unterwerfen, um sie auszuhalten.

Unterwerfung

Was willst du schon wieder? Er stand schon in der Tür, war auf dem Weg zur Arbeit.

An der Schaukel im Garten ist eine der Schrauben locker.

Ich habe keine Zeit!

Das ist gefährlich, ein Kind könnte sich verletzen.

Dann nimm die Schaukeln ab.

Wollen wir sie nicht lieber reparieren?

Willst du wieder mein Geld ausgeben?

Aber am Wochenende haben wir eine Geburtstagsfeier, da sind dann auch fremde Kinder da.

Dann musst du halt gut aufpassen.

Ich wusste vorher schon, ich hätte überhaupt nicht mit ihm darüber sprechen sollen, sondern mich gleich selbst um die Reparatur kümmern, wie immer.

Nur weil du alles im Alleingang entscheidest, heißt das nicht, dass ich nichts mitbekomme.

Wenn es dir nicht passt, dass ich im Alleingang entscheide, dann kümmere dich doch. Wenn ich nichts gesagt hätte, hättest du auch nichts unternommen, um die Schaukel zu reparieren. Von daher solltest du mir dankbar sein.

Wenn du mich nicht immer aufhalten würdest, wäre ich dir schon dankbar.

Als er weg war, spürte ich den bekannten Schmerz im Nacken. Wieder hatte ich die Schultern hochgezogen.

Hochgezogene Schultern, las ich später im Internet, sind eine natürliche Schutzreaktion der Angst. Und genau das ist die Unterwerfung, den Schmerz aushalten, ihn runterschlucken, weitermachen, das Rad am Laufen halten, obwohl ich schon lange, schon viel zu lange weiß, dass ich nicht gehört werde, wenn ich ihm sage: *Sprich nicht so mit mir. Hör auf, die Stimme zu erheben. Schrei nicht. Reg dich nicht auf.*

Jede Gegenwehr wurde zu einem Kampf, unter dem alle litten, vor allem die Kinder, und so habe ich mich immer wieder zusammengerissen, den Kopf ein- und die Schultern hochgezogen, in der Hoffnung, dass er aufhörte, mich wegen Belanglosigkeiten anzuschreien, irgendwann, dass er sah und vor allem verstand, wie sehr ich mich bemühte, alles richtig zu machen, das Haus, die Familie zu versorgen, nur mich selbst dabei vergaß. Ich machte das, was Elsa Dorlin als »negative *care*«[157] bezeichnet. Ich schützte mich, indem ich mir selbst Gewalt antat. Zuerst ging ich nur in Halbzeit, dann hörte ich ganz auf zu arbeiten, ich blieb gegen meinen Willen im Haus, ließ mich einsperren. Für mich war es vor allem die verbale Gewalt, unter der ich litt, und die Angst davor beherrschte mich. Es kann aber genauso die körperliche, die ökonomische Gewalt sein, je nachdem, welche Gewalt der Partner wählt, um die anderen Personen im Haus seinem Willen zu unterwerfen.

Laut Michel Foucault existiert Macht nur als Beziehung und nicht als ein globaler Zustand an sich.[158] Wenn sich ein Mensch einem anderen unterwirft, weil dieser Macht ausübt, so bedeutet dies, dass sich beide der intimen Form der Dominanz unterwerfen. Einer dominiert, der andere lässt sich dominieren.

Ich bin in meinem Leben immer wieder Beziehungen eingegangen, in denen ich mich einer männlichen Dominanz unterwarf. Diese Dominanz fängt beispielsweise bei der Verhütung an. Sie zeigt sich, wenn ein Mann das Bedürfnis manifestiert, in einer festen sexuellen Beziehung auf ein Präservativ zu verzichten und die Frau in Folge allein mit der Sorge der Verhütung lässt. Die Dominanz ist eng mit der Reproduktion, mit dem Körper einer Frau verbunden und nicht von ihr zu trennen. Aber sie wird im sozialen Narrativ über Bedürfnisse kommuniziert. Dazu gehören sexuelle Bedürfnisse genauso wie emotionale.

Menschen mit einer besonders ausgeprägten emotionalen Intelligenz, erklärt mir meine Therapeutin, *sind praktisch dazu prädestiniert, auf solche zu treffen, die sich in einem emotionalen Mangel befinden. Weil die Einen instinktiv spüren, dass Hilfe gebraucht wird, die Anderen, wo sie Hilfe finden.* Ich muss an meinen Partner denken, den gegenwärtigen, aber auch den vergangenen, und vor mir taucht eine lange Reihe an Menschen auf, denen ich helfen wollte, für die ich bereit war, mich aufzuopfern.

Das fehlende Selbstwertgefühl oder auch der Mangel, so die Therapeutin weiter, *führt zu dem starken Bedürfnis, andere zu unterwerfen, sich ihnen überlegen zu fühlen. Der andere, der Schwächere, zieht seine Kraft aus dem Bedürfnis, gebraucht zu werden. Beide Menschen haben einen Mangel zu stillen, der eine, versorgt zu werden, der andere zu versorgen.*

Ich schließe die Augen. *Du willst immer andere retten*, das hatte oft meine Mutter zu mir gesagt. Ich weiß heute, wen ich eigentlich retten wollte: meinen Vater. Indem ich immer wieder Beziehungen mit Menschen eingegangen bin, die mir das Gefühl gaben, Unterstützung sei willkommen, konnte ich das Bedürfnis stillen, dem anderen zu helfen, so wie ich gerne meinem Vater geholfen hätte.

Die französische Psychiaterin Marie-France Hirigoyen hat das Ausmaß des »*beherrschenden Einflusses*«[159] in einer Beziehung in ihrer Arbeit im Detail beschrieben. Es gibt keine greifbaren Anzeichen der Gewalt. Diese etabliert sich schleichend. Am Anfang werden die Emotionen und Sehnsüchte der Betroffenen vom Gegenüber aufgenommen und erfolgreich reflektiert, so dass der Eindruck entsteht, die passende Partnerschaft gefunden zu haben. Doch das Spiel mit den Sehnsüchten ist pervers und führt dazu, dass sich Betroffene immer mehr dem *beherrschenden Einfluss* des

Gegenübers anpassen und so von der schleichenden Gewalt praktisch paralysiert werden.[160] Ich war wie ein Frosch, den man in einen Kochtopf mit kaltem Wasser setzt und dann das Wasser langsam zum Kochen bringt. Ich war die *erlernte Hilflosigkeit* in Person. Würde man den Frosch in heißes Wasser werfen, hätte er den Reflex, herauszuspringen. Da er sich im kalten Wasser aber wohlfühlt, bleibt er sitzen, verpasst den Moment, an dem er sich noch retten kann, und wird bei lebendigem Leibe gekocht.

Vereinbarkeit

Mit deinem Gehalt, klagte mein Partner, *zahlen wir nur mehr Steuern.* Tatsächlich war es nicht mein Gehalt, das die Steuern steigen ließ, es war nur seine Einstellung dazu. Sein Einkommen war wichtiger als meines. Er hatte zuerst gearbeitet. Sein Gehalt war höher. Mein Gehalt nur ein Zuverdienst und genau die Summe, die ich dazuverdiente, sprengte eine Steuerklasse.

Überhaupt, fand er, *verursacht diese Arbeit nur noch mehr Kosten.* Das Auto zum Beispiel. Anders als er musste ich zum Arbeiten das Auto nehmen, damit ich schnell nach Hause konnte, um die Kinder abzuholen. Zwar sparte das Auto also Betreuungskosten, aber er zahlte das Leasing. Dem Auto zum Trotz brauchten wir immer wieder Babysitter, denn die Betreuungszeiten reichten nicht.

Kleidung ist auch teuer, hatte er noch gesagt, *du kannst ja nicht im Hausanzug arbeiten gehen.* Seine Aufstellung turnte in meinem Kopf herum, sie addierte sich zu meinem Gefühl der Unzulänglichkeit bei der Arbeit, hervorgerufen von dem dauerhaften Spagat zwischen Haushalt und Job.

Du hättest halt keine Kinder bekommen sollen, das sagte er auch oft. Diese Sätze nahmen mir die Luft zum Atmen. Ich fühlte mich so alleingelassen.

Meine emotionalen Einwände wurden von ihm vom Tisch gewischt. Ich konnte nicht so viel verdienen wie er, also dominierte er mich.

Du musst ja nicht arbeiten gehen, sagte er, *es lohnt sich ja nicht, du verdienst nicht genug, um die Kosten zu stemmen, die du selbst verursachst, und dann noch der Stress mit den Kindern, ist doch besser für sie, niemand ist so gut für die Entwicklung der Kinder wie die Mutter selbst. Lass es doch,* hat er gesagt. Er hat nicht gesagt: *Unterwirf dich doch.*

Und selbst wenn er das gesagt hätte, er hätte sich immer noch mit dem System entschuldigt, mit den Umständen, mit seinem Arbeitgeber, der keine Teilzeit wollte. Viele Väter, dessen bin ich mir bewusst, sind bereit, mehr zu machen, sie holen ihre Kinder ab und bleiben zu Hause, wenn diese krank sind. Ich weiß, dass nicht alle *so* sind. Aber oft wird diese Sorgearbeit als Hilfe für die Frau wahrgenommen. Der Mann *hilft* der Frau. Auch das ist eine falsche Perspektive, denn sie etabliert ein System der Ungleichheit und öffnet intimer Dominanz die Türen. Die Frau braucht keine Hilfe, denn Haushalt und Fürsorge sind nicht generell eine weibliche Angelegenheit.

Unser Haus war voller Kinder, voller Menschen, die Bedürfnisse hatten, die gehört werden mussten, die Unterstützung brauchten. Das waren unsere Kinder, aus der gemeinsamen Beziehung und aus früheren Beziehungen. Anfangs redete ich mir ein, mein Bedürfnis nach einer Familie würde so auch endlich gestillt werden. Ich verschob meine beruflichen Projekte auf später, wenn ich half, würde auch mir geholfen werden, später dann. Aber später kam nie und viel zu lange ließ ich mich von den Zuständen paralysieren, denn ich wurde ja im Haus dringend gebraucht. Die ständigen Diskussionen mit meinem Partner, die Bedürfnisse der Kinder, die Zerrissenheit, die Unvereinbarkeit führten dazu, dass ich irgendwann meine Kündigung einreichte – es hätte lieber die Scheidung sein sollen.

Ich weiß, die Gewalt der männlichen Herrschaft im Haus und überhaupt in dieser Welt ist nuanciert, und sie drückt euch Männer ja selbst nieder. Wie der Arbeitskollege, der zu meinem Partner sagte: *Jetzt reicht es aber mal mit dem Kinderkriegen.*

Ein König kann sich keine Schwäche erlauben. Zeigt er sich schwach, riskiert er, vom Thron gestoßen zu werden. Ein König ist Herrscher nur, wenn er stark ist. Das ist die Regel. Doch der König ist nicht immer König gewesen. Um König zu werden, braucht es ein Reich und einen Thron und eine Königin, und es braucht Thronfolger, irgendwann. Ich wollte nicht als Besitz gesehen werden, aber als etwas, für das es sich zu kämpfen lohnt. Ich wollte nicht fallengelassen werden, nicht am Rand stehen, nicht ein Anhängsel sein, ich wollte einen Wert haben und das Wichtigste war mir, dass der andere mich spüren lässt, dass ich ihm etwas wert bin.

Ich wollte spüren, dass ich begehrt werde, so wie es einer Frau gebührt, denn auch das macht Frausein aus. Ich wollte kein Schmuck an seinem Weihnachtsbaum der Ehre sein, den er mit mir als besonders wertvollem Stück dekoriert, aber ich wollte doch in einem weißen Kleid heiraten. Ja, ich träumte von einer Traumhochzeit, so wie die Freundinnen Emma und Liv in dem Film *Bride Wars – Beste Feindinnen* wuchs ich mit einer Idee im Kopf auf: Der Höhepunkt meiner weiblichen Existenz würde meine Hochzeit sein. Das wäre der Tag, an dem ich Prinzessin wäre und die Schwelle überträte in das Königreich der Ehe. Der Film von Gary Winnick mit Kate Hudson in der Hauptrolle kam 2009 in die Kinos und setzt zwei junge Frauen in Szene, die alles daransetzen, ihre Traumhochzeit Wirklichkeit werden zu lassen. Als der Film in die Kinos kam, war ich im selben Alter wie seine Protagonistinnen.

Hollywood, sagen sie, träum doch nicht von Hollywood! Aber wir alle wollen Hollywood, oder nicht? Auch die Jungs!

»Ideen leben ewig!«, heißt es in dem Film *Barbie* von Greta Gerwig, in dem die imaginäre Puppenwelt, die Mädchen spielend vorgaukelt, Kontrolle über ihre eigene Existenz zu haben, mit dem harten Patriarchat konfrontiert wird.

»Die Frau«, schreibt Balzac, »ist ein Besitz, den man über Vertrag erhält, sie ist ein Möbelstück, denn der Besitz bedeutet Titel; schließlich ist die Frau, um es genau zu sagen, nur ein Anhang des Mannes …«[161] Die soziale Dominanz des Mannes bewirkt, so Simone de Beauvoir, dass Frauen sich nichts sehnlicher wünschen, als Männern zu gefallen.[162] Sobald die Frau Teil des männlichen Besitzes ist, wird sie gut behütet und gut beschützt. Dies lernen kleine Mädchen schon aus der Beziehung mit dem Vater. Im kollektiven Gedächtnis ist es der Vater, der die Ehre seiner Tochter schützt, der Vater, mit dem die Tochter zum ersten Mal im Wohnzimmer tanzt, der erste Mann, den sie verführt mit ihrem Lächeln und der sie schließlich zum Traualtar führt, um sie in die Obhut eines anderen Mannes, ihres Mannes zu übergeben.

Kleinen Jungen wird schon früh beigebracht, dass sie sich selbst über das definieren sollen, was sie haben, nicht über das, was sie sind. Denn auch Ruhm und Ehre kann man nur haben, aber nicht sein. Und wenn man sie hat, dann ist man wer, »Krieger oder Loser«, wie Jayrôme C. Robinet schreibt.[163] Eine Alternative gibt es nicht – oder doch? Das Besitzen ist für Männlichkeit*en essentiell, es macht Männer zu dem, was sie sind. Die Frau als Besitz zu sehen, der ihnen nicht genommen werden darf, ist ein oft genannter Impuls bei Femi(ni)ziden. Aus dieser Perspektive ist es nicht verwunderlich, dass die Gesellschaft so wenig unternimmt, um häusliche Gewalt zu verhindern, denn es ist ihr eigenes System, das von dieser gefördert wird, obwohl Gewalt im Haus selbstverständlich immer eine dysfunktionale Form des Systems ist – aber sie gehört dazu. Sie ist Teil des Spiels, bei dem Barbie Ken trifft, die Prinzessin den Prinzen, und dieser sie auf sein weißes Pferd nimmt, um sie in sein Königreich zu bringen, in sein Haus. Und dort waltet sie, wird Teil seines Hab und Guts, mit dem er sich vor den Geschäftspartnern brüsten kann: Mein Haus, mein Auto, meine Frau und meine Kinder. Es hat sich am System nichts geändert, auch nicht über die Emanzipation der Frau. Diese hat letztendlich nur noch ein weiteres Sternchen auf dem Trikot des Mannes hervorgebracht, denn nun kann er sagen: Meine Frau, die Anwältin, oder meine Frau, die Ärztin, die neben der Karriere auch noch die Kinder und den Haushalt spielend versorgt, der Industrialisierung, der Waschmaschine, dem Roboterstaubsauger sei Dank!

Dabei will ich nicht sagen, nicht schreiben, die vorgegebenen Codes wären die richtigen, im Gegenteil. Aber es sind eben die gültigen Codes, die Zirkulation von Frauen in unseren Gesellschaften funktioniert nach einem bestimmten Muster, genauso wie die des Kapitals. Die, die am Hebel sitzen, sind Männer, weiße Männer, und bisher lassen sie wenig Platz für andere, und so ist der begrenzte Platz der Macht im öffentlichen Raum immer noch ein heiß umkämpftes Territorium, für alle.

Traumpfade

Die Wände des Hauses hüten den Wunsch-, genauso wie den Albtraum. Das ist die Logik des Hauses, es bietet Raum für alle Träume, die guten wie die schlechten. Das Haus sammelt die Rollen des Alltags, es saugt sie am Abend auf wie ein Schwamm und spuckt sie am Morgen, pünktlich zur Arbeit, zur Schule, zum Alltag, wieder aus. Was dazwischen geschieht, ist ein Traum, gut oder schlecht.

Der Begriff »Traumpfade« oder auch »Songlines« meint die Narrative im kulturellen Gedächtnis der Aborigines, wie sie von Generation zu Generation weitergegeben werden. Bekannteste Dokumentation dieser Kultur der Traumpfade ist das gleichnamige Buch von Bruce Chatwin.[164] Diesem wurde teilweise mangelndes Verständnis der von ihm beobachteten Kultur vorgeworfen, aus diesem Grund sollen Traumpfade hier nicht als gegebenes Konzept einer existierenden Kultur verstanden werden, sondern als eine Form und Ausdruck des kulturellen und sozialen Gedächtnisses, wie es über Generationen weitergegeben wird. Lange war häusliche Gewalt ein Tabuthema, »Mord aus Leidenschaft« oder »Ehedrama« waren die gängigen Begriffe, die die Spuren einer gesellschaftlichen Schieflage verwischten. Dramatisch falsch gelaufen war nur etwas zwischen den Partnern, die sich nicht hatten einig werden können. Die Frau wurde dabei oft noch als Mitschuldige gesehen, immerhin hätte sie ja nicht bleiben müssen, sie hätte gehen können. Die Begriffe ändern sich, die Wahrnehmung auch, die Gewalt aber bleibt. Sie steht im Haus und geht durch die Zimmer, auch bei geschlossenen Türen. Es ist, als ginge sie durch Wände, als erreichte sie jeden Raum und als sei es unmöglich, sie aus dem Haus,

aus dem intimen Bereich, aus unserer Gesellschaft zu verdrängen.

Das Brautkleid manifestiert den Traum der glücklichen und dauerhaften Beziehung. Dabei konnte sich bis zum 18. Jahrhundert nur der Adel ein imposantes Hochzeitskleid leisten. Der Barockmaler Peter Paul Rubens schuf mit der Darstellung eines weißen Brautkleids eines der einflussreichsten Gemälde. Es stellt Maria von Medici und den französischen König Heinrich IV. bei ihrer Trauung durch Stellvertreter dar. Maria wollte unbedingt einen König heiraten und Heinrich hatte Schulden bei der reichen Florentiner Familie. Maria war niemals glücklich in ihrer Ehe, Heinrich hatte andere Frauen. Aber sie hielt durch, er krönte sie und wurde kurz darauf umgebracht. Das weiße Kleid war vielleicht niemals die romantische Uniform, zu der es später gemacht wurde.

»Brides on Tour« (Bräute unterwegs) war die letzte Kunstaktion der italienischen Performance-Künstlerin Pippa Bacca. Am 8. März 2008 brach sie zusammen mit ihrer Kollegin Silvia Moro zu dieser Performance auf. Von Mailand wollten die beiden Frauen in Brautkleidern bis nach Jerusalem trampen und dabei die auf dem Weg liegenden zum Teil von Krisen und Kriegen zerrütteten Länder durchqueren. Die weißen Kleider waren dabei ein Symbol für die Unschuld und Reinheit des Friedens.

Slowenien, Bosnien, Serbien und Kroatien, hier waren die Wunden des Krieges noch frisch, Bulgarien und dann die Türkei, Syrien und Libanon, Orte ständigen Konflikts.

Je weiter sie in den Nahen Osten reisten, umso unsicherer fühlte sich Silvia Moro damit, zu jedem Unbekannten ins Auto zu steigen. Es kam zum Streit zwischen ihr und Pippa Bacca, die in ihrer Performance einen Ausdruck des Friedens sah und absolutes Vertrauen in den Nächsten oder auch Fremden einforderte. In Istanbul trennten sich ihre

Wege, Pippa reiste allein weiter. Am 31. März wurde sie Opfer eines Gewaltverbrechens.

Nathalie Léger hat Pippas Geste ein Buch gewidmet, *La robe blanche*, das weiße Kleid. Über ihre Motivation, dieses Buch zu schreiben, sagte Léger: »Es ist nicht ihre Absicht, die mich interessiert, auch nicht die Größe ihres Vorhabens oder ihre Schamlosigkeit, ihre Anmut oder ihre Dummheit, sondern dass sie mit ihrer Reise etwas Unermessliches reparieren wollte und dass es ihr nicht gelungen ist.«[165] Dieser Wunsch des Wiedergutmachens ist vielleicht etwas, was sich allgemein in der als weiblich definierten Geste des Gebens findet. Und dieser Wunsch ist vielleicht gleichzeitig der Ausdruck einer Überforderung, vielleicht sogar von Größenwahn. Bei Pippa Bacca kam außerdem noch das Unbehagen mit der eigenen Kultur hinzu.

Pippa brach auf als Braut in einem weißen Kleid. Zu ihrer Performance gehörte die Absicht, dieses Kleid nicht zu waschen, bevor sie Jerusalem erreichte, es sollte sich darin all der Schmutz ihrer Reise sammeln. Während der Performance nahm sie in jedem Land Kontakt zu Hebammen auf, denen sie während eines Gesprächs, das sie mit ihrer Kamera aufzeichnete, die Füße wusch, um diese anschließend mit ihrem Kleid abzutrocknen. Die Kamera wurde ihr von ihrem Mörder gestohlen, die letzten Aufnahmen zeigen die Hochzeit einer jungen Frau aus dessen Verwandtschaft, die dieser nach seiner Tat, nach dem Sexualmord an Pippa, aufgenommen hat. Das Brautkleid wurde ihr Totenkleid.

Mich verbindet mit Pippa Bacca nicht nur, dass wir im selben Jahr geboren wurden, sondern auch, dass wir im selben Jahr ein Brautkleid anlegten. Sie für eine Performance, ich, um zu heiraten, sie wollte nach Beirut, ich war in Beirut. Ihre Geste hatte etwas Unermessliches, wie Nathalie Léger schreibt. Vielleicht ist nicht unbedingt ihr Wunsch nach Wiedergutmachung in einer von Konflikten zerrütteten Welt unermesslich, sondern vor allem ihre Anwendung von kulturellen Codes, die sich in eine Kultur des Opfers einschreiben. Damit meine ich das Ritual des Waschens und auch das Anlegen des Brautkleids. Die Opferhaltung gehört nicht nur zur weiblichen Erziehung, sondern auch zur Wahrnehmung des Weiblichen.

Unschuld und Reinheit, die mit dem weißen Brautkleid und mit dem Topos der weiblichen Jungfräulichkeit in Verbindung stehen, inkarnieren, so Simone de Beauvoir, die Essenz des Weiblichen.[166] Wie auch das Blut, das Menstruationsblut genauso wie das Blut der Entjungferung. Es ist die Trophäe der Virilität, eine Frau bluten zu lassen. Die Reinheit, deren Symbol das Brautkleid ist, kennzeichnet an sich eine Gesellschaft, in der die Frau als persönlicher Besitz des Mannes, ihres Mannes, gesehen wird. Und so kann das Anlegen eines Brautkleids allein als Akt der Unterwerfung unter das Patriarchat gesehen werden. Der Traum in Weiß wird zum Albtraum. Ohne es zu wollen, wurde die Performance »Brides on Tour« von Pippa Bacca und Silvia Moro Ausdruck dieses sozialen Zustandes. Die Traumpfade, denen wir folgen können, führen nicht alle an das gewünschte Ziel, sie bleiben, was sie sind: Träume.

Träume, denen wir folgen oder vor denen wir fliehen können, leiten uns durch den Tag, sie bringen uns an Orte und von diesen fort. Oft habe ich mich gefragt, was mein Vater für Träume hatte, für sich, für sein Leben, als Mann. Ich weiß wenig über ihn, und gar nichts über seine Träume, sie sind Teil seiner Abwesenheit. Ich habe in den Notizen und Gesprächen mit Familienmitgliedern wenig darüber gefunden und selbst auch lange nicht gefragt, zu sehr war ich damit beschäftigt, mir den Menschen zu rekonstruieren, von dem ich selbst träumte.

Da war eine Kassette, die er für mich aufgenommen hatte, während er *Susi und Strolch* vorlas. Zwischendurch ist auf der Aufnahme meine Stimme zu hören, auf meine Fragen antwortet er geduldig, so dass ich mir vorstellen konnte, er wäre ein aufmerksamer, liebevoller Vater gewesen, der mir durch seinen gewaltvollen Tod verloren gegangen war. Eine andere Erinnerung, an der ich mich festhielt, um dieses Bild des liebenden Vaters zu wahren, war unser gemeinsamer Urlaub bei einem seiner Verwandten. Dort gab es junge Katzen, und da mir eine kleine schwarze geschenkt worden war, wollte ich nach dem gemeinsamen Wochenende unbedingt dortbleiben. Damals gab es noch keine Mobiltelefone, mein Vater rief meine Mutter vor seiner Abfahrt an, um ihr Einverständnis zu holen, und kaum war er fort, fing ich an zu weinen, wollte, dass er zurückkam, um mich zu holen. Aber das ging nicht, er saß im Auto, auf dem Weg nach Hause zu meiner Mutter, ohne mich, niemand konnte ihn erreichen. Ich weiß noch genau, wie verloren ich mich dort plötzlich fühlte. Der Hof aus Pflastersteinen kam mir so leer vor, seitdem er fort war, und auch das kleine schwarze Kätzchen konnte mich nicht trösten. Sicher ging ich den Verwandten gehörig auf die Nerven, sie riefen meine Mutter an, und sobald er zu Hause angekommen war, schickte sie ihn wieder zurück, um mich zu holen. Die Fahrt dauerte zwei Stunden, mein Vater fuhr die Strecke an jenem Tag drei Mal, zwei Mal davon nur für mich. Wenn ich mich später gefragt habe, ob er mich überhaupt geliebt hat, lieben konnte, der Gewalt, die ihn mit sich fortgetragen hatte, zum Trotz, hielt ich mich oft an dieser Erinnerung fest wie an einem Traum.

In dem Film *Avatar: The Way of the Water*, der 2022 weltweit mehr als zwei Milliarden US-Dollar einspielte, wird der Traum von patriarchaler Männlichkeit erfolgreich in Szene gesetzt. Weibliche Fürsorge ist hier die Ergänzung männlicher Autorität. Die Frauen, selbst Kriegerinnen, stehen immer ein paar Schritte hinter ihren Männern und treten nur hervor, um deren Handlungen in die richtige Richtung zu rücken. Diese Rolle übernehmen im Laufe des Films auch die Söhne, und so reihen sich die Frauen wieder in den Hintergrund ein, sie bleiben, wo sie schon so lange sind, im Rücken des Mannes. Dieser lebt seinen Traum von Männlichkeit, der Kämpfer zu sein, der Frau und Kinder schützt und zusammenhält, auf großer Leinwand.

Der Krieger und die Braut sind zwei Träume, die nicht nur über die Leinwand, sondern auch durch das Leben im Haus irren wie Gespenster. In ihrer Performance »Waiting« lässt die amerikanische Künstlerin Faith Wilding den Akt des Wartens als etwas genuin Weibliches und damit auch als Form des Widerstandes erscheinen.[167] Die Frau wartet darauf, Frau zu werden, auf das Wachsen ihrer Brüste, auf ihre erste Periode, die Kinder und die Menopause, dazwischen wartet sie auf den Mann, auf die Erfüllung, die er ihr bringt, und erträgt seine Launen:

»Waiting for him to stop being crabby, reach for my hand, kiss me good morning.«

Während die Frau mit Warten im Haus beschäftigt ist, kämpft der Mann im öffentlichen Raum um Ressourcen, um das Überleben seiner Familienmitglieder im Haus zu sichern. Da er dabei großen Druck erlebt, ist es doch selbstverständlich, dass er seinen Launen auch mal Luft machen muss, und wo sollte das passieren wenn nicht im intimen Bereich des Hauses, oder nicht? Für den Patriarchen ist der öffentliche Raum die Arena des Kampfes, im Haus ist er in seiner Intimität, hier ruht er sich aus und kann sich auch gehen lassen. Die Frau hat im Patriarchat diesen Ruheraum nicht, sie kämpft nicht in der Öffentlichkeit, dort ist sie sanft und umgänglich, wie auch im Haus.

Den Traumpfaden zu folgen, das weiße Kleid, die Waffen des Kriegers zu tragen, führt oft in einen sozialen Albtraum.

Einmal haben die Nachbarn die Polizei gerufen. Noch jetzt wird mir heiß, während ich das aufschreibe, denn als sie kamen, die vier Polizisten, es waren drei Männer und eine Frau, da waren die Kinder meine größte Angst. Die Polizistin lief sofort zu ihnen ins Haus, ohne sich bei uns in der Garage aufzuhalten, wo wir standen, er und ich, mitten im Streit. Die Männer sind geblieben, stellten uns Fragen, bis ihre Kollegin wieder hinauskam und den anderen zunickte.

Sie haben eine rote Wange, sagte einer zu mir, er war schmal und ich glaube, er war der Jüngste von ihnen, jedenfalls sah er so aus.

Ja, ich habe mich selbst geohrfeigt, weil ich meinem Partner zeigen wollte, was seine Worte bei mir bewirken, sie sind wie Schläge. Ich weiß nicht, ob sie mir glaubten, dass ich mich selbst schlug, aber so war es. Er schlug mich nicht, nicht mehr, denn das brauchte er nicht. Und ich glaube, er wusste das, wusste es schon lange, aber an diesem Tag, als die Polizisten kamen, lernte er, dass selbst seine Worte Konsequenzen hatten, und zwar genau die, die ihm Angst machten, dass er alles, was er dominierte, auch verlieren konnte, die Kinder und mich, und zwar sehr schnell.

Worüber haben Sie sich denn gestritten?, fragte der Älteste, der, der auch mit der Polizistin kommunizierte, ich glaube, er war sowas wie der Chef, Einsatzleiter nennt man das wohl.

Darüber, dass mein Mann mir nicht genug hilft, mich alleinlässt mit der Arbeit für die Kinder, ich muss mich um alles kümmern, für alles sorgen.

Ja, hat der Älteste gesagt, der auch der Größte war in körperlicher Länge, jedenfalls kam er mir so vor. Überragend. *Ja, dann bringen Sie sich in Zukunft mal mehr ein, damit Ihre Frau sich nicht selbst ohrfeigen muss*, hat er zu meinem Partner gesagt. Dann, als sie in den Wagen gestiegen waren, lief ich sofort zu den Kindern, wollte wissen, was sie gesagt hatte, die Frau.

Ob ihr nur schreit oder auch schlagt, antworteten die Kinder.

Und was habt ihr gesagt?

Dass ihr nur schreit.

Ich würde das gerne ungeschehen machen, diesen Abend, ich würde sehr viel dafür tun, dass die Kinder dies nicht hätten erleben müssen, die Polizisten in unserem Haus. Denn ich schämte mich dafür, so sehr. Jemand aus der Nachbarschaft hatte uns schreien hören, hatte gehört, wie ich mich selbst geißelte, da meine Belange überhört wurden. Die Polizei war bei uns aufgeschlagen. Die Wände hatten Risse bekommen.

Die sozialen Geschlechterrollen und die an sie gebundenen Erwartungen werden von Generation zu Generation weitergegeben. In dem Dramadreieck der Transaktionsanalyse von Stephen Karpman wechseln die Rollen zwischen Opfer, Täter und Retter.[168] Sie zirkulieren, wie die Rollen und Träume, wie die Gewalt im Haus. Während der Mann meist als Retter oder als Täter auftritt, bleibt die Frau das Opfer, oder rettet den Mann, indem sie ihn pflegt und versorgt. Aber sie kann auch zur Täterin werden. Schon allein, weil ihr die Macht über Leben und Tod zugesprochen wird, weil sie die Repräsentantin der Mutter ist, des ewig Weiblichen, schreibt Simone de Beauvoir, fürchtet der Mann sie.[169] Die Entwicklung des Dramadreiecks illustriert Karpman mithilfe von Märchen. So wird beispielsweise Rotkäppchen, indem dem Wolf Steine in den Bauch gelegt werden, schließlich auch vom Opfer zur Mittäterin. Auch der Rattenfänger, ein Retter, wird in dem Märchen der Gebrüder Grimm zum Täter, als er die Kinder aus Rache aus der Stadt entführt.[170] Der Retter kann also selbst zum Täter werden und der Täter zum Opfer. Der Satz ist mir nicht aus dem Kopf gegangen, wie viele Sätze in den vielen Therapien, die ich suchte und besuchte, die das Erbe der Gewalt im Haus waren, unter deren Sternzeichen ich aufgewachsen war. Wir hatten gerade unsere erste Paartherapie begonnen, und der Therapeut sagte diesen Satz so nebenher, mehr zu sich selbst, als Reaktion auf eine Erinnerung von mir. Die Erinnerung stand im Zusammenhang mit der Sorgearbeit, den Pflichten im Haus, der Frage nach der Fürsorge. Das Gefühl, von meinem Partner alleingelassen worden zu sein, und die Wut darüber färbten meine Darstellung dieser Erinnerung. Noch bevor der Therapeut eine Antwort auf meine Worte geben konnte, äußerte sich mein Partner dazu. Er sprach von meiner Strenge, dass ich nichts durchgehen ließe, alles immer kontrollieren müsste, ihm auf die Finger schaute und er sich so machtlos und fehl am Platz fühlen würde, dass er lieber gar nichts machte. Mir blieb die Luft weg, ich fühlte mich angegriffen, und auf meine Sichtweise war gar nicht eingegangen worden.

Und der Therapeut winkte ab, meinte eben, der Retter, also ich, die die Aufgaben und Sorgearbeit im Haus übernahm, könnte auch zum Täter werden und umgekehrt. Er ging dann weiter im Gespräch und ich spürte, wie meine Wut über die Einsamkeit wuchs und in mir aufflammte, als wäre ich ein Vulkan beim Ausbruch. Das Beben war vielleicht nur auf meinem Gesicht sichtbar, aber innerlich schüttelte es mich, wie konnte ich als Täterin bezeichnet werden, was hatte mich denn dazu gemacht?

In meinem Inneren fanden Explosionen statt, ausgelöst durch die Reaktion meines Partners, und solche aufschäumenden Emotionen versperren einem in der Regel die Sicht, so dass ich lange nicht den Weg sehen konnte, den ich beschreiten musste, um mich selbst aus diesem dramatischen Dreieck zu befreien.

Wie konnte es sein, dass sich mein Wohlwollen, meine Fürsorglichkeit, meine Vorsorge, meine Dienstbarkeit, meine Obhut, meine Wachsamkeit, meine Sorgfalt und Pflege wandeln konnten in Kontrolle, Kommando, Aufsicht, Sklaverei? Ich hatte es doch immer nur gut gemeint, mich bemüht, alles richtig, ja sogar perfekt zu machen, die Hausarbeit, die Hausaufgaben der Kinder, die Erziehung, die Einrichtung im Haus, der Garten, meine ganze Existenz war darauf ausgerichtet, den Erwartungen zu entsprechen und unsere Fassade leuchten zu lassen. Wie konnte es sein, dass er mir vorwarf, im Haushalt ein strenges Regiment zu führen, so dass ihm die Luft ausging? Und schlimmer noch, wie konnte ihm der Therapeut Recht geben?

Die Frau, so Simone de Beauvoir, steht für das Leben, ihre Wurzeln stecken in der Erde, aber die Erde ist ein Graben. Aus der fleißigen Biene wird die gefährliche Gottesanbeterin, die die Männchen nach dem Koitus frisst, aus der Glucke wird die Rabenmutter, das Ovum ist nicht mehr Nest des Spermiums, sondern ein hungriger Ozean, in dem dasselbe ertrinkt.[171] Für viele Denker, beispielsweise Pythagoras, war Chaos das Prinzip der Frau, während die Ordnung das des Mannes darstellt. Das Täter-Opfer-Retter-Dreieck aus der Transaktionsanalyse tritt besonders in den Vordergrund, wenn Beziehungen von früheren traumatischen Erlebnissen durchsetzt sind. Dabei kann das Trauma aus der Kindheit kommen, wie bei mir, oder aus früheren Beziehungen, oder das Trauma entsteht durch gesellschaftliche Gewalt, in der die eigenen Bedürfnisse oder Emotionen aufgrund von Rollenerwartungen unterdrückt werden müssen. Soziale Rollen wie die gute Mutter, die liebevolle Ehefrau, der starke Partner, der schützende Liebende, geben Sicherheit, sie sind aber auch sehr eng und lassen wenig Freiheit. Diese Rollen sind immer mit Projektionen verbunden, die wir aus dem kulturellen Gedächtnis schöpfen, das ich hier als Traumpfade gekennzeichnet habe.

Die Transaktionsanalyse, auf die sich der Therapeut in dem oben geschilderten Gespräch bezog, ist sicherlich ein hilfreiches Konzept, um Rollendynamiken in Beziehungen zu entschlüsseln, aber sie ignoriert die Unfreiheit der Geschlechterrollen, die unsere Gesellschaft dominieren, und auch die Machtsphäre, die mit der Identifizierung mit diesen Rollen verbunden ist. Beim Dramadreieck wird davon ausgegangen, dass die Rollen anfangs frei gewählt werden können und erst durch die Beziehungsdynamik, praktisch gegen den Willen der Betroffenen, in Bewegung geraten.

Viele kennen sicher die klassische Opfer-Positionierung von der eigenen Mutter, die unter der Hausarbeit leidet, aber Hilfe ablehnt, sobald man ihr diese anbietet. Ganz so, als würde sie ihre Opferrolle nicht aufgeben wollen. Damit werden Mütter oft zu Täterinnen an ihren eigenen Kindern, oder werden jedenfalls von diesen als solche wahrgenommen. Ich erinnere mich noch gut, wie ich panisch die Böden schrubbte, wenn meine Mutter mal für ein paar Tage weg gewesen war, dabei wusste ich schon vorher, dass es ihr nicht genügen würde, dass sie, praktisch noch mit den Koffern in den Händen, sofort nach ihrer Ankunft stöhnend selbst wieder zum Besen greifen würde. Die Opferrolle ist oft die einzige Machtposition, die Frauen unserer Gesellschaft im Haus zugestanden wird.

Wie bereits erwähnt, brauchte ich lange, um zu verstehen und auch zu akzeptieren, dass ich nicht das eine ohne das andere sein konnte. Wer Biene sein will, wird auch zur Gottesanbeterin gemacht. Der Traum wird zum Albtraum für beide Geschlechter. Wir brauchen neue Traumpfade, neue Songlines, nach denen wir Beziehungen im Haus gestalten können, ohne Gewalt.

Glasglocke

Was wir sehen, wenn wir in den Schlagzeilen lesen, dass eine Frau durch Femi(ni)zid ums Leben gekommen ist oder ein Mann verurteilt wird, weil er in irgendeiner Form übergriffig wurde, ist nur die Spitze des Eisbergs. Wir sehen nur die, die an der Oberfläche auftauchen, die ihr Leid teilen, weil sie es nicht mehr aushalten können. Dann ist es meistens schon zu spät. Wir sehen nicht, was darunter vor sich geht, wir sehen nicht die Verzweiflung von Frauen und Männern und ihren Kindern hinter verschlossenen Türen.

Auftauchen heißt nicht, in Sicherheit zu sein. Auftauchen heißt nicht, Hilfe zu bekommen. Im Gegenteil. Auftauchen heißt, sich einer noch größeren Gefahr auszusetzen, und zwar der, alles zu verlieren, alles, auch das Leben.

Häusliche Gewalt ist Alltag, auch in Deutschland. Die Dunkelziffer, heißt es, wird deutlich höher sein als die offiziellen Zahlen, denn nicht alle Menschen erstatten Anzeige bei der Polizei. Im Nachhinein habe ich mich oft gefragt, ob ich nicht doch hätte zur Polizei gehen sollen, wenigstens einmal in all den Jahren, wenigstens als mein Finger erst blau und dann schwarz wurde, oder ganz am Anfang, als ich mal blaue Flecken an den Armen hatte. Ob ich die Polizisten hätte aufhalten sollen, als sie bei uns waren, und einfach darum bitten, die Kinder und mich mitzunehmen? Aber wollte ich das denn, das Haus verlassen? Die Welt fand außerhalb statt, ich konnte sie über mir sehen, wahrnehmen, wie Schatten auf einer Oberfläche. Als säße ich unter einer Glocke aus Glas.

In ihrem Roman *Die Glasglocke* erzählt Sylvia Plath die Geschichte einer jungen Frau in den 1950ern, die dem

Druck der Gesellschaft mit einem Suizidversuch entkommen will. Erst als sie einer Frau begegnet, die sie ernst nimmt und sich gleichzeitig als Ärztin in einer Machtposition befindet, bessert sich die Situation und es kommt Luft unter die Glocke. Im Haus leben meist die Frauen aufgrund der herkömmlichen gesellschaftlichen Rollenerwartung unter der Glasglocke. Es wird viel Druck auf sie von außen oder von ihren Partnern ausgeübt, um in dieser Position zu bleiben.

Im Jahr 2011 machte das Schicksal einer französischen Familie, nicht nur in ihrer Heimat, sondern auch in Deutschland, unter dem Titel »Mit tödlicher Akribie«[172] Schlagzeilen. Ein Familienvater hatte seine Frau und ihre vier gemeinsamen Kinder erschossen und im Garten vergraben, während er selbst ein Theater inszenierte, vorgab, die Familie würde auswandern oder er sei Spion und müsse in die USA zurück. Bis die Leichen gefunden waren, war der Täter verschwunden. Bis heute weiß man nicht, ob Xavier Dupont de Ligonnès lebt oder sich selbst auch das Leben nahm. Man weiß aber, dass ein Motiv seiner Tat sein persönlicher Lebensbankrott war. Xavier Dupont de Ligonnès war verschuldet. Die Familie war sehr religiös, die Mutter blieb im Verborgenen. Sie tauchte nicht auf, ihr Leid, so die Ermittlungen, soll sie nur einmal in einem medizinischen Internetforum persönlich mitgeteilt haben. Heute würde man sagen, es war ein erweiterter Femi(ni)zid, die Kinder, teilweise schon erwachsen, starben mit der Mutter durch die Hand des Vaters. Auch der Mann meiner Freundin Hanna geriet nach einer Krankheit in berufliche Schwierigkeiten. Von seiner Frau erwartete er selbstverständlich Unterstützung. Die Spannungen zwischen beiden nahmen zu. Einmal drohte er, er würde es so machen wie Dupont de Ligonnès, sie und ihre Kinder einfach im Schlaf abschlachten und fliehen. Darauf ging Hanna zur Polizei und erstattete Anzeige. Sie wollte einen dauerhaften Wohnungsverweis ihres Mannes erreichen, die Polizei konnte das aber nur für ein paar Tage erwirken. Sie riefen den Mann an und erklärten ihm, dass das heute nicht mehr so leicht ginge wie bei Dupont de Ligonnès, sie würden ihn schon finden. Doch um den Mann dauerhaft der Wohnung zu verweisen, brauchte es einen gerichtlichen Beschluss, und so ließ sich Hanna einen Beratungsschein geben und beantragte Prozesskostenhilfe. Sie hatte Angst und suchte Hilfe. Sie wollte sich nicht mehr so behandeln lassen. Sie wollte ihre Würde zurück. Sie wollte ihre Kinder schützen. Sie wollte in ihrem Zuhause frei atmen. Sie wollte frei sein.

Ermutigt von der positiven Reaktion der Polizei, die nicht nur ihrem Mann gedroht hatte, sondern sie auch wiederholt anrief, um zu hören, ob jetzt alles in Ordnung war, suchte Hanna eine Anwältin. Die Anwältin aber, die ihr zugewiesen wurde, war nicht derselben Ansicht wie ihre Mandantin und machte daraus auch keinen Hehl.

So würde ein Mann sich nicht behandeln lassen, meinte sie. Das Anliegen ihrer Mandantin, Schutz zu bekommen, redete sie klein und nahm diese nicht ernst. Hanna, die sich keinen anderen Anwalt leisten konnte, nahm ihre erwachsene Tochter mit, doch auch diese machte auf die Anwältin keinen Eindruck. Die Tochter solle etwas mehr Respekt für ihren Vater haben, fuhr sie diese an und ließ auch nicht weiter mit sich reden. Wie zu erwarten, wurde Hannas Antrag auf Kontaktverbot vom Gericht abgelehnt.

Das Gefühl, keine Hilfe zu bekommen, vom Staat und der Gesellschaft im Stich gelassen zu sein, blieb Hanna. Zwar erklärte sich ihr Mann bereit auszuziehen und suchte sich auch eine eigene Wohnung, doch hat er im Prinzip das Recht, jederzeit zurückzukehren. Hanna sagt von sich selbst, dass sie zu denen gehöre, die erdulden, jene, die aus Angst vor Schlimmerem, aus Sorge um die Konsequenzen, aus Panik vor dem Unvorstellbaren bleiben und weiter aushalten. Sie gehört zu denen, die im Verborgenen unter der Glasglocke leben, jenen, die sich unter der Spitze des Eisbergs befinden, sie ist ein Teil des großen Ganzen, der meist nicht zu sehen ist, sie gehört zur Gewalt im Haus.

Widerspruch

Am besten ist es, wenn Sie sich immer mit Ihrem Inneren, Ihren Emotionen verbinden, sagte die Therapeutin und zeigte auf ihren Bauch und ich versuchte mir vorzustellen, dass eine fließende Verbindung zwischen meinem Kopf und meinem gesamten Körper entstand. Sie sagte, ich solle das nach Hause mitnehmen und vor allem bei Auseinandersetzungen mit meinem Partner versuchen, mich selbst zu spüren. Es wäre wichtig, verbunden zu bleiben, mit meinem Kopf, dem Herzen und dem Bauch.

Was vorher geschah, hatte sich angefühlt, als wäre ich ein Automat auf zwei Beinen. Wann waren mir meine Gefühle abhanden gekommen? Ich erinnerte mich nicht mehr, wann das gewesen war, wusste aber, dass es immer eng in der Beziehung wurde, wenn ich meine Gefühle mitteilte. Ich hatte gelernt, dass ich, wenn ich eine emotionale Verletzung, ein Bedürfnis, einen Wunsch äußerte, mich auf dünnem Eis bewegte.

Das »Centre Hubertine Auclert«, ein Netzwerk aus Vereinen, Einrichtungen und Gewerkschaften im Pariser Großraum, das sich für Gleichstellung einsetzt, hat 2018 ein Barometer der Gewalt entwickelt, um vor allem junge Frauen für Gewalt in Beziehungen zu sensibilisieren.[173] Drei Bereiche in den Farben grün, gelb und rot geben Hinweis auf die Qualität der Beziehung und geben Empfehlungen von »Genieße es« über »Vorsicht, sag Nein« bis hin zu »Schütze dich, suche Hilfe«. Im roten Bereich steht auch: »Er demütigt dich und bezeichnet dich als verrückt, wenn du ihm Vorwürfe machst.«

Solche Szenen habe ich sehr oft erlebt, Momente, in denen ich mir Fragen stellte über die Qualität oder die Zukunft unserer Beziehung. Wie damals in dem Flugzeug, als wir einen Wochenendausflug mit Kollegen von seiner Arbeit machten und der einzige Kollege, der nicht mit Partnerin reiste, sich ein paar Sitze von uns wegsetzte, obwohl in unserer Reihe noch Platz war. Als ich meinen Partner fragte, warum er ihn nicht einladen würde, sich neben uns zu setzen, meinte er: *Bist du doof, wieso soll er sich neben uns setzen?*

Du kannst mich doch nicht als doof bezeichnen, entrüstete ich mich, und er wurde wütend.

Er behauptete, dass er das gar nicht so gemeint habe, sondern nur sagen wollte, dass sein Kollege eben lieber allein saß, dass ich das nicht verstanden hätte. Doch seine Argumentation verwirrte mich noch mehr, ich war verletzt, es hatte wehgetan, von dem Mann, mit dem ich schlief, mit dem ich das Bett teilte, dem ich vertraute, als doof bezeichnet zu werden.

Der Prozess der *beherrschenden Einflussnahme* führt dazu, dass die Verbindung zu den eigenen Gefühlen immer mehr verlorengeht. Nicht mehr den Bauch mit dem Kopf verbinden zu können, wie es mir die Therapeutin in der Sitzung gezeigt hatte. Das Opfer wird vom Angreifer verwirrt, wie Mr. Manningham seine Frau Bella in dem Theaterstück *Gaslicht* von Patrick Hamilton glauben macht, sie sei verrückt. Die eigene Wahrnehmung wird in Frage gestellt, die Realität wird zu einem wackeligen Konstrukt.[174] Das hatte er doch gar nicht gesagt, *doof*! Wie konnte ich nur darauf kommen? So was würde er mir doch nie sagen, er hatte ja nur den Hinweis geben wollen, dass sein Kollege lieber allein saß, wie konnte ich nur so hart sein mit ihm!

Die Schuld, die der Angreifer selbst nicht tragen will, wirft er seinem Opfer vor und macht diese Schuld mittels Macht und Kontrolle zum dominanten Gefühl des Opfers, schreibt Marie-France Hirigoyen.[175] Zweifel stellen sich ein, das Opfer fragt sich, ob es den anderen, seinen Angreifer, nicht falsch verstanden, ihm unrecht getan hat. Vielleicht hatte er es gar nicht so gemeint, und überhaupt, was heißt das schon, *doof*? Ist es nicht nur ein Wort, und vor allem eines, das einem leicht herausrutscht? War ich nicht zu streng, mich darüber aufzuregen, es so persönlich zu nehmen? Nach dem Schock kamen die Schuldgefühle, die Wiederholung solcher Situationen lehrte mich, dass, sobald starke Emotionen im Spiel waren, der Raum unserer Beziehung zu Eis gefror. Ich hatte mich daran gewöhnt, diese spiegelglatte Fläche zu vermeiden, Umwege zu gehen. Ich war darin geübt, meine Gefühle, Sehnsüchte, Wünsche zu unterdrücken. Ich hatte mir angewöhnt, den Radius unserer Begegnungen zu reduzieren. Ich ging Konflikten aus dem Weg.

Beziehungen haben ein eigenes Programm, das immer wieder neu aufgeladen wird. Therapeuten sprechen auch von einem Vertrag, der auf gegenseitigen Erwartungen beruht und am Anfang der Begegnung zwischen zwei Menschen stillschweigend geschlossen wird. Man erzählt einander sein Leben, Hoffnungen und auch Ängste kommen zur Sprache und man versteht, was dem anderen fehlt und was man ihm selbst geben kann.

Der Wunsch nach Familie ist beispielsweise ein solches Programm und es ist universell. Viele Menschen haben den Wunsch, eine Familie zu gründen, in einem gemeinsamen Haushalt zu leben, Kinder großzuziehen. Dieses Programm Familie und Haushalt hat deutliche Vorgaben in unserer Gesellschaft, Rollen, Erwartungen, Traditionen und Vorschriften. Ein Kleinkind lässt man nicht unbeaufsichtigt, eine liebende Mutter bleibt nicht nach Feierabend im Büro, ein guter Familienvater hingegen arbeitet auch mal am Wochenende. Das Programm Familie lässt sich leicht herunterladen, es ist einfach zu installieren und abzuspielen. Allerdings ist dabei die Systemvoraussetzung, dass beide Partner das Programm in derselben Version haben und keiner die Software korrumpiert – sonst sind die Partner für eine Beziehung nicht kompatibel.

Der Wunsch nach Familie führte auch meinen Partner und mich zusammen. Doch schon in der Schwangerschaft stellte sich heraus, dass unser Engagement für die Umsetzung des Familienlebens unterschiedlich ausgeprägt war. Den Kinderwagen besorgen, das Kinderzimmer einrichten, die Babyausstattung auf Flohmärkten zusammensuchen, daran wurde schnell deutlich, dass unsere Erwartungen und Ansprüche an ein Familienleben nicht leicht miteinander zu vereinbaren waren.

Oft etabliert sich der Zyklus häuslicher Gewalt aus Honeymoon, Spannung und Krise in der Schwangerschaft oder kurz nach der Geburt, so Hirigoyen.[176] Das zentrale Moment ist hierbei die Sorge um eine dritte, eine weitere Person und die Um- oder Neuverteilung der Aufmerksamkeit im Haushalt. *Du sollst deinen Mann nicht vergessen, wenn erst mal Kinder da sind,* hieß es früher, und auch mein Partner erinnerte mich an dieses Sprichwort. Jeder Mensch hat nur begrenzte Kräfte. Je mehr man sich bemüht, den Anforderungen des Haushalts zu entsprechen, umso weniger Energie bleibt einem. Schnell werden hier Grenzen überschritten, die einem vielleicht selbst nicht so bewusst sind. Mir jedenfalls war nicht bewusst, dass meine Grenzen überschritten wurden, als die Kinder kamen und ich anfing, mit den verschiedenen Aufgabenbereichen und Rollen zu jonglieren. Erst unsicher, dann hilfloser, am Ende verzweifelt. Ausbildung, Abschlüsse, Karrieren oder einfach nur Buchprojekte stürzen bei dieser Jonglage leicht herunter und so war es auch bei mir. Das macht nicht glücklich, sondern frustriert. Dies ist ein Beispiel für die strukturellen Widersprüche, die in unserem gesellschaftlichen System verankert sind. Die Etablierung intimer Formen der Dominanz sind Nährboden für Gewalt im Haus. Diese strukturelle Gewalt ist immer präsent; um sie eskalieren zu lassen, braucht es nur noch die inneren, die ganz persönlichen Widersprüche. Intime Grenzen, die überschritten werden. Grenzen, die das Opfer häuslicher Gewalt nicht deutlich setzt oder setzen kann. Das Fehlen dieser Grenzen, die Erkenntnis, sich selbst und vielleicht sogar seine Kinder nicht schützen zu können, lösen Gefühle von Scham und Schuld aus. Es ist schmerzhaft, sich mit dieser Schuld auseinanderzusetzen.

In unserer Gesellschaft hat sich vor allem seit den 1970er Jahren in Bezug auf häusliche Gewalt viel verändert. Im Gegensatz zu damals existieren heute Gesetze und Begriffe für intime Gewalt. Es gibt Notrufnummern, Frauenhäuser und Präventionsprogramme. Im Jahr 2014 trat die Istanbul-Konvention als völkerrechtlicher Vertrag zur Bekämpfung von häuslicher Gewalt und Gewalt gegen Frauen in Kraft.[177] Aufgrund der ansteigenden Gewalt in der Corona-Pandemie wurde das Codewort »Maske 19« etabliert, mit dem sich hilfesuchende Frauen beispielsweise an Mitarbeitende von Apotheken, Arztpraxen und Kliniken wenden können.[178] Das Hochrisikomanagement-Projekt, bei dem auf bürokratischer Ebene Prozesse verzahnt werden, um schneller handeln zu können, wurde 2014 zuerst in Rheinland-Pfalz eingeführt.[179] Zehn Jahre später folgte Schleswig-Holstein.[180] All diese Maßnahmen, Initiativen und Gesetze sind wichtig und lebensrettend, aber sie greifen meist erst, wenn die Ampel schon auf gelb steht. Wenn die Gewalt schon längst im Haus eingezogen und seine Bewohner und Bewohnerinnen bereits traumatisiert sind. Auch sind selbst Gesetze und Verträge fragile Konstruktionen, die immer wieder aufgelöst werden können. Die Türkei ist 2021 wieder aus der Istanbul-Konvention ausgetreten.[181] Genauso wichtig wie politische Maßnahmen ist der Wandel in der gesellschaftlichen Wahrnehmung und im Bewusstsein der Bevölkerung. Heute noch existiert die Überzeugung, dass Menschen, die sich in toxischen Beziehungen befinden, die

Gewalt erfahren, selbst schuld sind. Oft bekommen die Betroffenen die Frage zu hören, warum sie bleiben, sie könnten doch einfach gehen. Da ist die Scham, die Sorge, dass mit dem Sichtbarwerden der Gewalt auch eine Stigmatisierung einhergehen wird. Oder die Beziehung wird von Außenstehenden schlichtweg falsch interpretiert, denn meist zeigen sich die Täter in der Öffentlichkeit freundlich und klug, üben ihre Gewalt nur hinter verschlossenen Türen aus, worauf auch Asha Hedayati verweist.[182] Als mein Partner in der Paartherapie beispielsweise behauptete, das mit meinem Finger wäre ein Unfall und keine Absicht gewesen, hat die Therapeutin dies nicht wirklich hinterfragt. Aber nicht nur die Wahrnehmung, auch die sozialen Strukturen müssen sich ändern, um die Basis des Eisbergs zu brechen. Es ist und bleibt ein gesellschaftlicher Widerspruch, wenn nur die extreme Gewalt bekämpft und verhindert, über die andere aber geschwiegen wird.

Während ich an diesem Buch schreibe, erheben immer mehr Frauen ihre Stimme, die Gewalt erfahren haben. Judith Chemla berichtet, wie sie sich von der häuslichen Gewalt der Väter ihrer beiden Kinder befreit hat. Sie berichtet, wie sie nach der ersten Gewalterfahrung traumatisiert war und danach viel zu lange die Gewalt des nächsten Partners erduldete. Und sie erzählt die Geschichte ihrer Großmutter, die auch unter einer Gewaltbeziehung litt. Es ist nicht einfach, die Stimme zu erheben. Auch ich hatte gelernt, dass Gewalt verschwiegen und mit Scham belegt wird.

Meinen Vater über seinen Tod hinaus zu lieben, war nicht selbstverständlich. Sein gewalttätiger Tod war eine Leerstelle. Zu seiner Abwesenheit gehörte ein allgegenwärtiges Schweigen. Zu Hause wurde weder an seinen Geburtstag noch an seinen Todestag erinnert. Im Haus gab es keine Fotos von ihm. Unser Kontakt zu seiner Herkunftsfamilie reduzierte sich auf höfliche Formalitäten. Früher hatte ich dort Wochenenden verbracht, nach dem Tod meines Vaters sah ich seinen Teil der Familie nur noch zu offiziellen Anlässen, wenn überhaupt. Auch dort herrschte Schweigen, wurde nicht über ihn gesprochen. Niemand sagte, dass ich meinem Vater ähnlich sähe, dass ich seine Augen oder seine Gestalt hätte. Es war, als hätte es ihn nie gegeben. Mit seinem gewaltvollen Tod hatte er nicht nur sich selbst das vitale Leben, sondern auch mir das Narrativ seines Lebens, das Narrativ meines Vaters und meiner Herkunft genommen. Wenn wir in der Schule die Adressen und Berufe der Eltern angeben mussten, ließ ich das Feld für den Vater leer, und wenn die Lehrer die Zettel einsammelten, hoffte, betete ich, sie würden mich nicht darauf ansprechen, mich nicht fragen, wie oder warum mein Vater gestorben war, denn ich hatte nicht mal eine glorreiche Geschichte seines Todes zu erzählen. Mein Vater hatte sich die Kugel gegeben, das war's und besser war es, niemand sprach darüber. Dieses Prinzip des Schweigens hatte ich nach seinem Tod gelernt, es war ein Teil von mir geworden. Angefangen bei der Beerdigung, dem unerträglichen Warten zu Hause, da ich nicht mit auf den Friedhof durfte, über die Sitzung bei dem Therapeuten meines Vaters, der meinen toten Vater stellvertretend für mich aufforderte, zu gehen und mich in Ruhe zu lassen, damit ich keine Angst mehr vor ihm haben musste, bis zu den neuen Männern im Haus, die zwar den Platz einnahmen, aber nie wirklich die Leerstelle füllten. Sie waren Partner meiner Mutter, Freunde, meine Partner. Bei vielen war Gewalt im Spiel, vor allem bei den neuen Partnern meiner Mutter, der Boden dafür war fruchtbar, der Weg frei. Gewalt im Haus ist wie eine Pflanze, die wächst und wuchert, wenn sie den richtigen Boden findet. Die Abwesenheit meines Vaters hatte eine Tür offenstehen lassen, die die Gewalt weiter in mein Leben ließ.

Als häusliche Gewaltfreiheit in der Bundesrepublik zu einem Grundrecht für Minderjährige wurde, war ich selbst schon erwachsen. Erst wurde die Gewalt in Schulen, dann im Haus verboten.[183] Mit dem Paragrafen 1631 im Bürgerlichen Gesetzbuch wurde 2001 das Recht von Kindern auf gewaltfreie Erziehung in ihrem Zuhause festgeschrieben. In anderen europäischen Ländern passierte das noch später, in Frankreich beispielsweise erst 2019.

»Niemals Gewalt«, hat Astrid Lindgren 1978 in ihrer Rede zum Friedenspreis des deutschen Buchhandels gesagt. Sie prägte, wie viele andere Autor*innen auch, eine ganze Generation der gewaltfreien Erziehung. Für mich bedeutete das als Kind und Jugendliche eine Diskrepanz zwischen den Idealen, die mir beigebracht wurden, und der Realität, mit der ich aufgewachsen war.

Die erlebte Gewalt und das Schweigen dazu ließen Scham und Schuld in mir wachsen. Ich fühlte mich schuldig, da ich mir verbot, an meinen Vater zu denken, mich zwang, ihn zu vergessen, sein Leben zu ignorieren, als hätte es ihn niemals gegeben. In meiner Erinnerung tötete ich ihn, indem ich mir selbst verbot, an ihn zu denken, seiner zu gedenken. Und gleichzeitig wünschte ich mir nichts mehr und nichts sehnlicher, als ihn wieder lebendig zu machen, wenn nicht als Mensch, dann doch wenigstens als ein Teil meiner Geschichte. Genau diese Unmöglichkeit ließ das von mir erlebte Trauma seines gewaltvollen Todes lebendig bleiben, so dass ich mir die im Dramadreieck beschriebene Rolle der Rettenden auf den Leib schrieb. Die Welt ist eine Bühne, hat Shakespeare geschrieben und Dahrendorf hat aus dieser Idee seinen »Homo sociologicus«[184] entwickelt, womit er die Theorie einer identitätsdefinierenden sozialen Rolle in die deutsche Soziologie einführte. Meine Rolle in dieser Welt war die einer emotionalen Sanitäterin, einer enthusiastischen Sorgenden. Bis zum seelischen Tod, schreibt Marie-France Hirigoyen über die Dominanz im Haus.[185] Ich gehorchte auf Abruf, zur Sorge und

Pflege, zum Kümmern und Bemuttern. Ich war ein gut dressierter Hund, so gut, dass es meinem Partner oft auch zu viel wurde, er dessen überdrüssig wurde, denn das haben gut dressierte Hunde genauso wie Rettende an sich, sie zerren und ziehen an einem herum, ob man nun will oder nicht. Und so wurde ich selbst vom Opfer zur Täterin, schleichend und leise und ohne es zu wollen. Und ich schreibe dies hier auf, denn es ist wichtig, denn ich weiß, wie schwer und schmerzhaft es ist, sich das einzugestehen, dass es nicht reicht, ein Opfer zu sein, dass man, solange man lebt, auch etwas anderes und im schlimmsten Fall auch vom Opfer zum Täter oder zur Täterin werden kann.

Ignoranz

Kein Mann steht morgens auf und sagt sich: Heute werde ich wieder zum Gewalttäter. Heute quäle ich Frau und Kinder, wollen mal sehen, wie! Er setzt sich nicht auf die Toilette und denkt: Wie schlage ich sie am besten?, oder putzt sich die Zähne, wobei er überlegt, mit welcher psychischen Gewalt er seiner Familie noch nicht zugesetzt hat und was er nun als Nächstes ausprobieren könnte. Im Gegenteil. Die Männer, die zu Tätern häuslicher Gewalt werden, waren zumindest am Anfang der Beziehung in den meisten Fällen liebende Partner, die sich um ihre Partnerin und Familie bemühten. Immerhin haben wir Frauen uns diese Partner ausgesucht und dies bestimmt nicht, weil sie gewalttätig waren, sondern Männer, die uns gefielen, also freundliche, charmante, liebevolle Menschen. Vielleicht sind sie es sogar immer noch, oder manchmal, oder ab und zu, oder versprechen, es wieder zu werden, was die Trennung so schwer macht für betroffene Frauen wie mich. Es sind schleichende Prozesse, die dazu führen, dass die häusliche Gewalt sich langsam etabliert, dass sie zum Alltag wird. Die Gewalt ist unangenehm, sie schmerzt, sie zerstört, und doch habe ich lange versucht, die körperlichen Folgen zu ignorieren, um so die Gewalt überhaupt ertragen zu können. Wie auch immer die Gewalt anfängt, wenn sie einmal da ist, geht sie nicht mehr fort. Sie bleibt, wie ein Gast, den man nicht eingeladen hat. Plötzlich ist sie da und kaum zu glauben, es ist ein Schock für uns Frauen, wahrscheinlich auch für die Männer, wenn ihnen das erste Mal die Hand ausrutscht, die Nerven durchbrennen. Egal, ob es das erste Mal oder ein weiteres Mal passiert, es ist überraschend für beide, für Mann und Frau. Niemand will Gewalt, niemand will dem anderen wehtun, niemand will ein schlechter Mensch sein. Und doch passiert es. Und doch hat mein Vater meine Mutter geschlagen, als sie mit mir schwanger war. Vielleicht war es ein Ausrutscher, er wird es nie wieder tun, mag sie sich gesagt haben, aber die Spannung ging nicht wieder weg, sie geht selten einfach weg. Sie wird zum Dauergast, der manchmal das Haus verlässt, aber das nur, um wieder zurückzukommen.

Da sind die Hausaufgaben der Kinder, um die der Mann sich nicht gekümmert hat. Da ist der Kinderarztbesuch, den er vergessen, die Impfung, an die er nicht gedacht hat. Aber es war keine Absicht, er hat das nicht geplant, wieder den Rückruf zu vergessen, den Besuch bei ihrer Mutter oder das Kind vom Kindergarten abzuholen. Wo hat er nur seinen Kopf, er hat so viel Arbeit, der arme Mann, aber absichtlich, niemals …

Und so versteht er nicht, warum sie ihm Vorwürfe macht, denn immerhin hatte er doch gute Vorsätze, er wollte ja das Kind impfen lassen, aber … Und er fühlt sich missverstanden, von ihr, seiner Partnerin, die ihn doch eigentlich lieben sollte, denn Frauen sind ja zu so viel Liebe fähig, sie aber steht da und ist genervt. Oder aber sie haben ihn auf der Arbeit schlecht behandelt, aber er kann das nicht sagen, denn er ist ja ein Mann und sie eine Frau, die also verstehen, nein, fühlen sollte, dass er jetzt ihre Zuwendung, ihre Liebe, ihre Zärtlichkeit braucht. Sie sollte das verstehen, auch ohne Worte, denn sie ist ja eine Frau, und er ein Mann, er schlägt die Schranktüren, so wie Johnny Depp die Türen im Video von Amber Heard geschlagen hat, nicht weil er ein aggressiver Mann ist, sondern weil er verzweifelt ist, weil er ihren Zuspruch braucht, ja sieht sie das nicht, versteht sie nichts, hat sie kein Gefühl für ihn?

Er kann seine Gefühle nicht anders zeigen, nicht anders ausleben als mit diesen Gesten der Gewalt, sei es direkt oder indirekt. Sie aber, die Frau an seiner Seite, sie ist ihm gegenüber aus seiner Sicht privilegiert, denn sie darf Gefühle nicht nur haben, sondern sie auch zeigen. Sie darf weinen und zittern, sie ist nicht dazu verdammt, hart zu sein wie ein Stein.

Solche inneren Zustände bauen Spannungen auf und lassen eine Krise eskalieren. Er explodiert.

Frauen, die sich in Gewaltbeziehungen befinden, wird oft mit Unverständnis begegnet: Warum bleibt sie bei ihm? In seinem Buch: *Il y avait un monstre en moi* (»Es war ein Monster in mir«)[186] rät Frédéric Matwies Frauen, Männer, die gewalttätig werden, sofort zu verlassen, und zwar schon beim ersten Mal. Denn die Gewalt, so erzählt er, macht abhängig, süchtig danach, sich mächtig zu fühlen, die Partnerin zu dominieren, wenigstens in den eigenen vier Wänden ein Held zu sein, wenn es draußen schon so schwer ist. Er selbst hat seine Partnerin jahrelang misshandelt, bis sie eine Strafanzeige stellte, er ins Gefängnis kam und dort eine Therapie machte. Aber zu gehen heißt für Frauen nicht nur, alles hinter sich lassen, sondern auch, der Trennungsgewalt ausgesetzt zu sein.

In ihrem Buch *En Bons Pères de Famille*[187] (»Als gute Familienväter«) zitiert die französische Feministin Rose Lamy den französischen Innenminister Gérald Darmanien, der in einem Interview die Zahlen häuslicher Gewalt in Frankreich auf 45 Einsätze pro Stunde im Jahr 2023 herunterrechnet. Wenn man die vom BKA genannte Zahl von 256.276 durch 8760 (die Anzahl der Stunden pro Jahr) teilt, kommt man für Deutschland immerhin auf 29 Einsätze pro Stunde. Im selben Bericht von 2023 wurden 132.966 Frauen als Opfer von partnerschaftlicher Gewalt gemeldet, das sind 15 pro Stunde. Im Jahr 2023 sind 331 Frauen und 80 Männer durch die Hand ihrer Partner*innen gestorben.[188] In Deutschland stirbt also durchschnittlich mindestens ein Mensch pro Tag an häuslicher Gewalt.

Die Zahlen sprechen für sich: Es werden deutlich mehr Frauen Opfer häuslicher Gewalt; noch dazu stellen Männer oft eine Gegenanzeige, um sich zu rächen oder einer Verurteilung zu entgehen, auch davon berichtet Asha Hedayati in ihrem Buch.[189] Gerade die Gegenwehr von Frauen, also der Widerstand gegen häusliche Gewalt, bei dem Frauen vielleicht sogar zurückschlagen, bietet Männern die Möglichkeit, Frauen ebenfalls anzuzeigen. Dann steht Aussage gegen Aussage. Ein Beispiel ist der Fall des Direktors der französischen Elite-Universität Sciences Po, Mathias Vicherat. Als seine Lebensgefährtin, die Schauspielerin Anissa Bonnefont, Anzeige wegen häuslicher Gewalt gegen ihn erstattete, ging er ebenfalls noch am selben Abend zur Polizei und erstattete seinerseits Anzeige. Daraufhin wurden beide in Gewahrsam genommen.[190] Es ist wichtig, dass von staatlicher Seite mehr investiert wird, um Menschen auszubilden, die die Mechanismen der häuslichen Gewalt kennen. Die wissen, was ein Zyklus häuslicher Gewalt bedeutet, und die die richtigen Fragen stellen können. Das Kollektiv *125 et après* hat einen Selbsttest entwickelt, der im Internet auch auf Deutsch abrufbar ist.[191] Familienmitglieder oder Freund*innen sind mit der Situation in der Regel überfordert, wie auch das Schweigen auf meinen Brief gezeigt hat. Allerdings ist es eben besonders schwer und schambesetzt für Frauen, sich an Fremde zu wenden, um mitzuteilen, dass der Mensch, mit dem sie ihr Leben teilen, ihnen gegenüber Gewalt ausübt.

Eine zentrale Motivation für das Schreiben dieses Buches, so schwer und so schmerzhaft es war und immer noch ist, ist der Gedanke, dass meine Worte vielleicht anderen Betroffenen helfen können, selbst die Fehler zu vermeiden, die ich so lange begangen habe. Dazu gehörte, die Hilfe an der falschen Stelle zu suchen, genauso wie das zu lange Schweigen, die Hoffnung nicht aufgeben zu wollen und auch der Moment, in dem ich mich gewehrt habe.

In dem Roman *Dirty Weekend* erzählt Helen Zahavi die Geschichte von Bella, die es irgendwann einfach satthat, von Männern respektlos behandelt zu werden, der es reicht, von Männern als Sexualobjekt wahrgenommen zu werden, die keine Lust mehr hat, von ihnen beschämt zu werden und die sich von heute auf morgen in eine männermordende Killerin verwandelt.[192]

Für Elsa Dorlin ist Bella das, was sie als *Phänomenologie der Beute* bezeichnet. Bella ist eine banale Frau, wie ich, die plötzlich den Spieß umdreht. Die, so Elsa Dorlin, an ihre Wahrnehmung glaubt, ihren Empfindungen vertraut, und vor allem, die für sich selbst sorgt.[193]

Ich habe lange geglaubt, ich schaffe es, mich zu wehren, wenn ich widersprochen habe, wenn ich die Türen abgeschlossen habe, wenn ich mit Trennung drohte. Ich dachte, es sei mein Recht, lauter zu schreien als er mich anschrie, nur damit ich gehört wurde. Doch was ich ignorierte, war, was es mit mir machte, wenn ich mich wehrte. Mein Körper zitterte, mein Herz raste, meine Kleidung war nass vor Angstschweiß. Ich war wie ein Tier, das kratzte, das biss, nur damit es nicht wieder geschlagen, getreten, gedemütigt wurde. Aber ich ignorierte, dass mich die Gewalt zu seinesgleichen machte. Ich trug die Gewalt in mir und lebte, atmete sie, und die Gewalt war dabei mich zu zerstören.

Besonders verbale, ökonomische oder psychische Gewalt ist für Frauen schwer nachzuweisen, da diese auch im gesellschaftlichen Kontext steht: Von einer Frau zu erwarten, dass sie für die Kinder zu Hause bleibt, galt lange als Usus; sie als schlechte Mutter zu bezeichnen, wenn sie das nicht tut, auch. In einer Partnerschaft kann ein entsprechender Diskurs aber zu einer Form häuslicher Gewalt werden.

Als das Theaterstück *Nora oder ein Puppenheim* von Henrik Ibsen 1880 in Hamburg uraufgeführt wurde, musste das Ende, in dem Nora ihren Mann und die Kinder verlässt, umgeschrieben werden. Damit die gesellschaftliche Institution der Ehe nicht in Frage gestellt wurde, blieb Nora in dieser Version bei ihrem Mann. Nora macht Schulden und fälscht die Unterschrift ihres Vaters, um ihren Mann, seine Gesundheit und Karriere zu schützen. Sie agiert in den auferlegten sozialen Normen, macht aber den Fehler, aus eigener Entscheidung zu handeln und nicht ihrem Mann zu vermitteln, dass er sie angeleitet hat. Als dieser das Geschehen herausfindet, beschimpft er Nora, klagt über ihre »weibliche« Einfältigkeit. Am Ende werden die Schulden erlassen, doch Nora, erschüttert über die fehlende Loyalität ihres Mannes, verlässt ihn. In der Hamburger Fassung aber bleibt sie, für die Kinder. Nicht nur für ihn, sondern für die Gesellschaft war sie nie mehr als eine Puppe.

Die gesellschaftlichen Konditionen, die einer Frau auferlegt werden, finden in den äußeren Erwartungen an die Mutterschaft ihren Höhepunkt, das ist auch heute noch so. Die *guten Familienväter* sind die *Gatekeeper* für die Einhaltung dieser Rolle. Wie in dem Märchen von Blaubart halten sie die Schlüssel fest in den Händen, und wenn sie das Haus verlassen, bekommt die Frau vielleicht den Schlüssel, darf aber nicht aus ihrer Rolle fallen, sonst droht ihr der Tod.

Rose Lamy entwickelt in ihrem Buch die Theorie des *guten Familienvaters*, auf die ich mich im Folgenden beziehen möchte. Sie erzählt von dem Tag, als sie einen Mietvertrag für eine Wohnung in Brüssel unterschrieb. In diesem Vertrag gab es einen Absatz, in dem der Mieter sich dazu verpflichtete, während seiner Mietzeit die Wohnung als »*guter Familienvater*«[194] zu nutzen. Rose Lamy hatte kurz zuvor erfahren, dass ihr Vater, der zwar früh verstorben war, von dem sie aber selbst als Kind ein positives Bild gehabt hatte, ihre Mutter regelmäßig gedemütigt hatte. Sie hatte von ihren Geschwistern lernen müssen, dass der Vater schrie, Terror und verbale Gewalt im Haushalt herrschen ließ, unter der alle litten. Zu Recht fragte sich Rose Lamy also, als sie im Jahr 2022 diesen Mietvertrag unterschrieb, was das heißt, die Wohnung wie ein *guter Familienvater* zu bewohnen?

Patriarchen

Indem sie sich dieser Figur des *guten Familienvaters* oder auch Patriarchen widmet, entlarvt Rose Lamy ein perfides System männlicher Herrschaft: Die Monster sind zwar die Anderen, aber es sind die guten Familienväter, die das patriarchale System schützen und erhalten. Für marginalisierte Männer gilt dabei noch eine andere Messlatte als für gute »französische« oder »deutsche« Familienväter. Diesen werden Ausrutscher und Übergriffe leichter vergeben. Während marginalisierte Männer für bestimmte Handlungen stigmatisiert und bestraft werden, kommen die guten Familienväter für dieselben Handlungen oft ungeschoren davon. Ein Beispiel aus ihrem Buch ist die öffentliche Verteidigung und Unterstützung des Regisseurs Roman Polanski durch den französischen Philosophen Alain Finkielkraut. 2009 wurde Polanski aufgrund eines seit 1978 bestehenden internationalen Haftbefehls wegen der Vergewaltigung der damals 13-jährigen Samantha Gailey in der Schweiz festgenommen. Finkielkraut sagte daraufhin: Mit 13 Jahren sei eine Frau doch kein Kind mehr. Immerhin habe auch Gauguin mit 13-Jährigen sexuelle Beziehungen gehabt und dessen Bilder finden sich heute in Museen. Außerdem sei Polanski doch nicht dieser Vergewaltiger aus der Essonne![195] Damit meinte Finkielkraut Aïssa Zerouati, der 2015 verhaftet und 2021 für fünfunddreißig Vergewaltigungen zu zwanzig Jahren Haft verurteilt wurde.[196] Polanski wurde nicht nur von Finkielkraut verteidigt, sondern auch von dem damaligen französischen Kultusminister Frédéric Mitterrand oder den amerikanischen Regisseuren Woody Allen und Martin Scorsese. Indem das abweichende und übergriffige Verhalten von einem Mann aus den eigenen Reihen verteidigt wird, wird das Patriarchat an sich aufrechterhalten. Die guten Familienväter, so Rose Lamy, messen mit zweierlei Maß: Es gibt sie und ihre Freunde, die sich mal einen Ausrutscher leisten können, und es gibt die Anderen, die Monster, die, die Frauen massenweise vergewaltigen, misshandeln, schlagen und vielleicht sogar töten. Dabei wäre es grundsätzlich wichtig, die Gewalttat an sich zu verurteilen und sie nicht mit anderen, schlimmeren Taten zu vergleichen, um sie zu verharmlosen – denn Nein ist immer Nein! Oft werden mit der Verurteilung der Anderen nicht in erster Linie Sexismus oder Frauenfeindlichkeit bekämpft, sondern vor allem die Anderen selbst. In ihrem Artikel »Cologne, ou de la banalité du sexisme et du racisme«[197] (»Köln oder Die Banalität des Sexismus und des Rassismus«) kritisiert die französische Soziologin Hanane Karimi, dass die Silvesternacht 2015/16 in Köln von rechten Stimmen vereinnahmt wurde, die, statt sich grundsätzlich gegen den Sexismus zu äußern, auf die Herkunft und Identität der Täter pochten und so Sexismus banalisierten. Kein Wunder also, dass in Frankreich gerade Alain Finkielkraut als *guter Familienvater* in der Presse betonte, dass die Silvesternacht in Köln die Konsequenz von Deutschlands Flüchtlingspolitik sei.[198]

Die Verteidigung der guten Familienväter ist gut aufgestellt und bis heute kaum zu durchbrechen. In ihrem Buch *50 Ways to Leave Your Ehemann* beschreibt Jacinta Nandi, wie der Prozess zwischen Johnny Depp und der Schauspielerin Amber Heard diese so sehr erniedrigt hat, dass sie heute völlig isoliert lebt. Der Grund dafür? Sie hatte sich öffentlich über die von ihr in der Ehe erfahrene Gewalt geäußert und ihr Ex-Mann wollte sie nun zum Schweigen bringen – was ihm gelang.[199] Auch in Deutschland haben die *guten Familienväter* ihre eigene erfolgreiche Lobby. Die öffentliche Berichterstattung ist dabei immer auch ein Vehikel der Unterstützung von ihresgleichen durch die guten Patriarchen und damit ein wichtiges Hilfsmittel zur Aufrechterhaltung des Patriarchats.

Der Pianist, Musikwissenschaftler und frühere Rektor des Mozarteums, Siegfried Mauser, war einer der ersten Verurteilten im Kontext von #MeToo in der deutschen Kulturszene. Auch Mauser präsentiert sich als *guter Familienvater* und wird auch von seiner Frau bis heute unterstützt.[200] Doch bereits 2016, also vor #MeToo, war Mauser wegen sexueller Nötigung verurteilt worden. Ein Jahr später wurden weitere Anklagen gegen ihn erhoben, er wurde 2019 vom Amtsgericht München verurteilt. Damit ist der Künstler ein »verurteilter Sexualstraftäter«[201], wie Carolina Schwarz im selben Jahr in der *taz* schrieb. In ihrem Artikel weist die Journalistin auch darauf hin, dass im Umgang mit *Cancel Culture* immer wieder dazu aufgerufen wird, die Rechtsprechung machen zu lassen und nicht vorab medial zu verurteilen, wer nicht schon rechtskräftig verurteilt ist. Dass Mauser gerichtlich schuldig gesprochen und verurteilt wurde, hat »höchst renommierte Musiker und Komponisten, Wolfgang Rihm, Helmut Lachenmann, Jörg Widmann«[202] oder auch den Germanisten Dieter Borchmeyer nicht davon abgehalten, ihm eine Festschrift zu widmen. Die Autorin Birgit Müller-Wieland sagte ihre Teilnahme am 30-jährigen Jubiläum des Lyrik-Kabinetts in einem öffentlichen Brief aus Protest gegen die Würdigung eines Sexualstraftäters ab, was Empörung und Unverständnis in der Kulturszene hervorrief. Michael Krüger, Dichter und ehemaliger Verlagsleiter, hatte Mauser zwei Gedichte gewidmet und somit, so Müller-Wieland, sexuelle Gewalt beschönigt.[203] In den Zeilen des Gedichts »Wie alles zusammenhängt«, das Krüger für Mauser geschrieben hat, ist die

Rede von »Schafen ... auf ihren dünnen zitternden Beinchen«, von denen das lyrische Ich nicht lassen kann und aus deren »dunkle[m] Fell [...] Soutanen geschneidert« werden.[204] Die massiven Abwehrreaktionen motivierten Müller-Wieland dazu, das Ereignis literarisch als Roman zu verarbeiten.[205]

Die *guten Familienväter* halten das patriarchale System aufrecht. Dadurch entsteht ein Druck, auch auf Männer, dazuzugehören, der *Norm* zu entsprechen. Auch mein Vater war zu seinen Lebzeiten bemüht, dem Modell des *guten Familienvaters* zu entsprechen, und scheiterte daran.

Ich erlebe Sie als einen Menschen, der voller Neid und Wut sieht, wie andere Menschen zurechtkommen ..., hatte der Therapeut in seinem Brief geschrieben, und dass er dies auch in seinem Verhältnis zu ihm selbst erleben würde, von Mann zu Mann sozusagen. Auch der Therapeut war ein guter Familienvater. Der Neid und die Wut meines Vaters, oder anders gesagt, sein Versagen, war in der Therapie omnipräsent, immerhin, so der Therapeut, standen doch Ehe und Familie auf dem Spiel. Die Therapie manifestierte das Scheitern meines Vaters als *guter Familienvater.*

Sie sollten versuchen zu verstehen, welchen Platz Ihr Partner einnehmen kann, an Ihrer Seite, in seiner Rolle als Vater ..., sagte mir meine Therapeutin.

Mein Kopf war in diesem Moment voller *Aber.* Aber warum durfte er sich so einfach aus der Verantwortung stehlen? Aber warum sollte ich das akzeptieren? Aber die *mental load*, die ganzen Aufgaben im Haushalt und für die Familie, die Taxifahrten für die Kinder, die kranken Kinder, die wütenden Kinder, die tobenden Kinder, die Freunde der Kinder, nicht zu sprechen von den Bedürfnissen des Hauses, seine defekte Klospülung, die ausgefallene Heizung, der Schimmel an der Wand des Schlafzimmers ... Warum sollte ich den Platz einnehmen, mich um das alles zu kümmern, warum musste ich allein diese Rolle spielen? Laut

§ 1631 BGB ist es doch Pflicht beider Eltern, das Kind zu versorgen und zu erziehen. Und dann gibt es da auch noch die Ehepflichten. In § 1353 Absatz 1 Satz 2 BGB heißt es: »Die Ehegatten sind einander zur ehelichen Lebensgemeinschaft verpflichtet; sie tragen füreinander Verantwortung.« Dazu gehören die gemeinsame Haushaltsführung, die gegenseitige Verantwortung, eventuelle Unterhaltsverpflichtungen sowie die gemeinsame Kindererziehung. Und mit Artikel 6 Absatz 1 des Grundgesetzes werden Ehe und Familie unter den besonderen Schutz der staatlichen Ordnung gestellt.

Wenn ich in meinem Kopf all diese Gesetze addierte, so kam doch immer nur eine Gleichung heraus: Beide Partner sind zwar gemeinsam, aber nicht gleichwertig verantwortlich für das Wohl der Familie. War es das, was die Therapeutin meinte, dass ein Paar die Rollen aufteilen kann, wie es will? Dass einer das Geld verdient und der andere zu Hause bleibt? Nur, warum habe ich dann keinen Anspruch auf Rente für meine Arbeit im Haus? Wie konnte von mir erwartet werden, den Erwartungen der gesellschaftlichen Rolle als Mutter und Partnerin vollkommen zu entsprechen, während der Mann an meiner Seite anscheinend mehr oder weniger die freie Wahl hatte?

Vielleicht hatte meine Therapeutin recht, als sie dafür plädierte, dem Vater meiner Kinder die Möglichkeit zu geben, sich seinen Platz im Familiengefüge selbst auszusuchen. Aber dann sollte es diese Möglichkeit eben für alle geben, nicht nur für Männer.

In der Zeit, als mein Vater darum rang, ein *guter Familienvater* zu sein, war die Gleichberechtigung in Deutschland noch deutlich weniger gesetzlich verankert. Als er mit meiner Mutter den Bund der Ehe einging, lag die Verantwortung für Haushalt und Kindererziehung noch allein bei der Frau. Sein Therapeut hatte also Recht gehabt, seine Ehe und Familie standen auf dem Spiel, ihm gelang es nicht, der Rolle zu entsprechen, die von ihm gesellschaftlich erwartet wurde, und er wählte die Gewalt. Und die Gewalt richtete er am Ende gegen sich selbst, denn sie muss ihm als die einzige Möglichkeit erschienen sein, um seine Verzweiflung, sein Leiden und seinen Frust darüber zu zeigen, dass es ihm nicht gelang, ein *guter Familienvater* zu sein.

Medienväter

Der Skandal um den Rammstein-Sänger Till Lindemann ist ein weiteres Beispiel patriarchaler Verteidigungsstrategien der *guten Familienväter.* In seinem Buch *Der gekränkte Mann*[206] verteidigt Tobias Haberl die Position, Männlichkeit nicht genuin zu verdammen, sondern diese gesellschaftlich neu zu verhandeln. Er verweist auf die Angst vieler Männer, plötzlich und unerwartet zum bösen Mann zu werden, indem sie für eine Tat angeprangert werden, die doch vor nicht allzu langer Zeit als tolerabel galt. So kann selbst das übergriffige Verhalten, das Till Lindemann vorgeworfen wird, mit der Berufung auf herkömmliche gesellschaftliche Verhältnisse erklärt werden.[207] Während bei mächtigen Männern grenzüberschreitende Verhaltensweisen entschuldigt werden, werden Frauen dafür als verrückt bezeichnet und ihrer Autonomie beraubt, wie beispielsweise Britney Spears, die noch als Erwachsene dreizehn Jahre lang unter der Vormundschaft ihres Vaters stand. Spears wollte sich 2007 aus Frust über ihre Scheidung und den daraus folgenden Sorgerechtsstreit um ihre Kinder in einem Friseursalon die Haare abrasieren lassen. Da die Geschäftsführerin dies ablehnte, griff Britney Spears selbst zum Rasierer und ließ sich danach auch noch tätowieren. Niemand solle mehr über ihre Haare entscheiden, erklärte sie. Nachdem sie in eine Psychiatrie eingewiesen wurde, erhielt ihr arbeitsloser Vater die Vormundschaft über sie. Das System der guten Familienväter schafft und erhält Strukturen, die Frauen wie Britney Spears unter dem Vorwand, sie seien »verrückt«, ausbeuten, und zwar von klein auf. Bis zum Kontrollverlust über den eigenen Körper, denn durch die Vormundschaft verlor sie nicht nur die Kontrolle über den eigenen Haarschnitt, sondern wurde auch verpflichtet, eine Spirale zu tragen. Der Körper ist das Haus, das das Selbst bewohnt, schreibt Hélène Frappat in ihrem Buch über »Gaslighting oder die Kunst, Frauen zum Schweigen zu bringen«.[208] Solange die guten Familienväter im privaten oder im öffentlichen Diskurs die Deutungshoheit über den Körper der Frau haben und diktieren können, wie sich Frauen kleiden, wie sie aussehen sollen, was sie zeigen dürfen und was nicht oder wie ihre Körperformen sein sollen, dominieren Männer Frauen und üben Gewalt auf sie aus.

Auch in der literarischen Öffentlichkeit existiert eine Debatte zu grenzüberschreitendem männlichen Verhalten. Hier hat vor kurzem das eigene Tätersein einen ganz anderen Eklat in der Kulturwelt hervorgerufen. Die Anthologie *Oh Boy*[209] über kritische Männlichkeit wurde hoch gelobt, bis herauskam, dass der kritische Blick auf die eigene Täterschaft des Autors Valentin Moritz einen weiteren Akt der Übergriffigkeit darstellte: Die betroffene Frau hatte einer Veröffentlichung des Textes, der den Übergriff literarisch verarbeitete, vorher ausdrücklich widersprochen, er wurde trotzdem mit in den Band aufgenommen. Unter dem öffentlichen Druck wurde der in Frage kommende Text in der nächsten Auflage entfernt. Mit dem Eklat entspann sich eine Diskussion über die Dimension dichterischer Freiheit.[210] Das Genie sei vom Mann zu trennen, so lautet oft die Entschuldigung, auf die auch Rose Lamy im Kontext des Falls des Sängers Bertrand Cantat hinweist.[211] Marie Trintignant war 41 Jahre alt, als Cantat sie 2003 ermordete.

Die erfolgreiche französische Schauspielerin war fünfmal für den César nominiert. Sie und Cantat, der Sänger der Gruppe Noir Désir, waren ein Paar. Er, der für die Beziehung mit Trintignant seine Frau Krisztina Rády und die gemeinsamen Kinder verlassen hatte, besuchte sie an ihrem Drehort Vilnius in Litauen. In einer Nacht kam es zu einem Streit, bei dem Cantat zuschlug und bei Trintignant ein Schädel-Hirn-Trauma verursachte, an dem sie wenige Tage später starb. Bertrand Cantat wurde zu acht Jahren Gefängnis verurteilt, wegen guter Führung aber 2007 frühzeitig entlassen. Er kehrte zurück zu Frau und Kindern. Krisztina Rády, die ihren Mann immer unterstützt und verteidigt hatte, die vor Gericht ausgesagt hatte, dass er ihr gegenüber niemals gewalttätig gewesen sei, und so die These unterstützte, es sei ein Unfall gewesen, nahm sich sieben Jahre nach Marie Trintignants Ermordung das Leben. Einige Monate vor ihrem Tod hatte sie eine Nachricht auf dem Anrufbeantworter ihrer Eltern hinterlassen, mit der diese später, nach dem Selbstmord ihrer Tochter, an die Öffentlichkeit gingen: »Bertrand ist verrückt. Gestern hätte es mich fast einen Zahn gekostet. Mein Ellbogen ist völlig blau ... Wenn es nicht zu spät wäre, würde ich ins Ausland gehen und einfach verschwinden, denn ich muss verschwinden.«

Die Anwältin Yael Mellul erzählt in ihrem Buch *Mon combat contre l'emprise et le suicide forcé*[212] (»Mein Kampf gegen den beherrschenden Einfluss und den erzwungenen Selbstmord«) von ihren Bemühungen, den Fall von Krisztina Rády als erzwungenen Selbstmord und diese damit als Opfer häuslicher Gewalt anerkennen zu lassen, sie scheiterte aber an dem Widerstand des Narrativs, dass Krisztina ihrem Leben aus Schwäche ein Ende setzte. Bertrand Cantats Bruder hat in einem Interview betont, dass bei Marie Trintignant nach ihrer Einlieferung ins Krankenhaus in Vilnius kurz der Verdacht auf Vergiftung durch die

Einnahme von Drogen oder Tabletten bestand. Wie man wohl darauf kam? Sicher nicht, wie der Bruder andeuten will, weil die Frau einen geschwollenem Schädel hatte, sondern durch die Hinweise des Mannes, mit dem sie die Nacht verbracht hatte, Bertrand Cantat.[213] Frauen werden im medialen Diskurs schnell verurteilt und so zum Schweigen gebracht. Sie sind zu schwach, wie Krisztina, oder zu provozierend und aggressiv, wie Marie.

Da das Opfer und der Täter beide berühmte Persönlichkeiten waren, wurde über den Femi(ni)zid in Vilnius in der französischen Presse viel geschrieben. Oft wurde der Mord als tragische Folge einer leidenschaftlichen Liebe dargestellt. Es war von einer Beziehungstat aus Eifersucht die Rede, einem Streit, der außer Kontrolle geraten sei, um eine Nachricht an Maries Ex-Mann. »Worte schmerzen mehr als Schläge«[214], zitiert Rose Lamy den Journalisten Jacques Lanzmann der Zeitung *Libération*, der dem Autor der Schläge zugestand, er habe doch nur die Worte zum Schweigen bringen wollen, Worte, die diesen so unglaublich verletzt hätten. Das Zum-Schweigen-Bringen der Frau ist ein gängiges Argument, um Gewalt zu rechtfertigen. Auch Jonathan Daval, der seine Ehefrau Alexia 2017 vier Minuten lang zu Tode würgte und ihren Körper daraufhin im Wald verscharrte, wollte sie nur »zum Schweigen bringen«[215]. Das Patriarchat ist darauf spezialisiert, Frauen zum Schweigen zu bringen. Das Schweigen über die Gewalt, und sei es nur über die Gewalt des eigenen Vaters, der von der Mutter verlangt hat, ihre Karriere für die Kinder aufzugeben, oder der abwinkt, wenn sie etwas sagen will, schon allein das Schweigen über diese Gewalt reicht, um alle weitere Gewalt, größere als diese, am Leben zu erhalten. Während die Öffentlichkeit das Drama der verschwundenen Joggerin Alexia Duval betrauerte, stand für die ermittelnde Polizei schon wenige Stunden nach der Vermisstenmeldung ihr Ehemann im Zentrum der Ermittlungen. Polizei und Justiz kennen die Statistiken genau, Öffentlichkeit und Medien aber ignorieren sie weiterhin und reproduzieren die Erzählung des bösen Anderen, der Täter ist der Fremde, das böse Monster. So konnte Jonathan Daval nicht nur die Öffentlichkeit zunächst erfolgreich von der Theorie des Monsters überzeugen, sondern sogar die Familie des Opfers.[216] Das Narrativ des Monsters, das in der Dunkelheit Frauen überfällt, sie misshandelt, vergewaltigt und ermordet, ist ein mächtiges Mittel, um Frauen im Haus zu halten. Dabei überdeckt der Diskurs des Fremden, des gefährlichen Unbekannten konstant den der Gewalt im Haus.

Die äußere Bedrohung hindert Frauen daran, das Haus allein zu verlassen. Frauen reisen weniger allein, sie gehen seltener allein aus als Männer, sie sind in ihrer Bewegungsfreiheit ständig durch die potentielle Gefahr sexualisierter Gewalt eingeschränkt. Welche Frau hat nicht Angst, nachts allein in den Park oder durch die Stadt zu gehen? Der böse Andere ist immer dabei und oft gelingt es Männern perfiderweise gerade damit, Frauen in gewaltvollen Beziehungen zu halten: Immerhin bietet er ihr Schutz und Sicherheit, seiner Gewalt zum Trotz. Das aber, was draußen auf sie wartet, ist monströs, gefährlich und schlimmer als seine Dominanz im Haus. Dabei ist die Wahrscheinlichkeit, Opfer einer Gewalttat durch einen Fremden zu werden, für Frauen deutlich geringer, als Opfer des eigenen Partners zu werden.[217]

Spinnenmütter

WhatsApp-Gruppen sind der Wahnsinn des sozialen Alltags. Besonders für Eltern. Mit ihnen werden nicht nur Kindergeburtstage geplant, sondern auch Arbeitsgruppen für Elterninitiativen geformt, um zum Beispiel einen Weihnachtsmarkt an der Schule zu organisieren. Meist bestehen diese Gruppen nur aus Frauen, aber es kommt immer wieder vor, dass auch mal Männer dabei sind. Sie sind in diesen Gruppen ein bisschen wie die Weißblechdose im Altpapier oder ein Wellensittich unter Kanarienvögeln. Sie fallen auf. Vielleicht sind sie in der Gruppe, da sie einer von diesen neuen Vätern sein wollen oder sich ernsthaft für den Nachwuchs interessieren, oder weil die Mutter krank ist oder keine Zeit hat, oder weil sie sich überhaupt endlich auch mal einbringen wollen in den Schul- oder Kitaalltag, kurzum, ihrem Kind nahe sein und teilhaben an der Care-Arbeit.

Aber ich musste immer wieder feststellen, dass die wenigsten kommen, um zu bleiben. Während Mütter oft dauerhafte Freundschaften über Elterninitiativen schließen, bleiben Männer in diesem Geschehen meist nur Zaungäste. Und wenn sich Freundschaften zwischen Vätern entwickeln, dann schlagen diese schnell eine andere Richtung ein, in der nicht mehr die Interessen der Kinder und ihrer Erziehung im Vordergrund stehen, sondern die der Männer, die sich dann zum Sport oder zum Gang in die Kneipe treffen.

Sie bleiben der wilde Mann, von dem Knausgård in seiner musikalischen Krabbelgruppe geschrieben hat, einer, der sich allein unter Müttern nicht an seinem Platz fühlt und der durch das ihn umgebende weibliche Ambiente immer wieder darauf gestoßen wird, dass er doch eigentlich einen anderen Platz in dieser Gesellschaft hat, dass er eine Ausnahme ist. In seiner männlich geprägten Suche nach einer neuen Vaterschaft stößt ein Mann doch immer wieder an die gesellschaftlichen Grenzen, indem er beispielsweise daran erinnert wird, dass er sich in einem Ausnahmezustand befindet, selbst wenn er für seine Ambitionen laut beklatscht wird. Denn in unserer Gesellschaft ist es leider immer noch nicht normal, dass ein Mann als Vater andere, neue Wege geht.

Bei der Organisation des letzten Weihnachtsmarkts tauchte einer von diesen Vätern in unserer WhatsApp-Gruppe auf, und ich wunderte mich schon, was diesen Mann dazu trieb, seine Zeit auf diesem Forum zu verschleudern, auf dem sonst nur Frauen rumlungern, die ja sowieso die *mental load* allein zu stemmen haben. Die Gruppe hatte ambitionierte Projekte, außer dem Programm für die Weihnachtszeit sollte das Schulleben überhaupt verbessert werden. Ziemlich schnell wurde klar, dass dieser Mann besondere Kontakte hatte, er kannte die lokalen Politiker im Amt und bot an, sich bei diesen für unsere Sache einzusetzen. Der große Tag des Marktes rückte näher und normalerweise schreibt eine, wenn sie bei einem Einsatz verhindert ist, in die Gruppe, entschuldigt sich und bittet jemanden, sie zu vertreten. Irgendwann zirkulierte die Nachricht in der Gruppe, ob jemand von uns für Ben den Einsatz übernehmen könnte. Ich wusste genau, wer Ben war, konnte mir aber nicht verkneifen zu fragen, ob es sich um einen Schüler handelte.

Ben ließ sich auch bei weiteren Aktionen entschuldigen und war irgendwann ganz weg. Sein Auftritt war kurz und schrill und sein Abgang unauffällig. Als einziger Mann in der Gruppe zog er nicht nur die Aufmerksamkeit auf sich, indem er glänzte, sondern er brachte auch die Frauen der Gruppe dazu, für ihn zu sorgen – für ihn nicht nur zu kommunizieren, sondern auch eine Vertretung zu suchen. Er war der Hahn im Korb und genauso wurde er auch von uns Frauen behandelt.

Wieder einmal wurde das alte Narrativ reproduziert – von uns selbst. Von uns Müttern. Dabei verhalten wir uns der gesellschaftlichen Vorlage entsprechend, wir versuchen, in diese Form zu passen, die uns vorgibt, wie sich eine Frau als Mutter zu verhalten hat. Während bei Freud die reale Mutter im Mittelpunkt stand, war diese für den Psychologen Carl Gustav Jung einer der wichtigsten Archetypen der seelischen Struktur, die jeder Mensch, unabhängig von seinem Geschlecht, in sich trägt.[218] Die Mutter wird nicht nur als gütig repräsentiert, sondern auch als ambivalentes und bedrohliches Wesen wie etwa eine Hexe oder eine Spinne. Für Freud repräsentierte die Spinne im Traum, oder auch die Phobie vor diesen Tieren, die böse, vom Kind und später vom erwachsenen Mann gefürchtete Übermutter. Der gesellschaftliche Blick auf die Figur der Mutter hat sich bis heute nicht von der körperlichen Repräsentation der Frau lösen können. Diese Zuschreibung wird von uns Frauen in unserem Handeln oft übernommen. Unbewusst sicherlich, denn wir begegnen damit sozialen Strukturen, mit denen wir aufgewachsen sind, die wir erlernt und die uns geprägt haben. Als Frauen sind wir dafür belohnt worden, aufmerksam zu sein, andere zu pflegen und für sie zu sorgen, indem wir Netze spinnen, immer dicht bei unseren Kindern sind. Wie die Spinne ihre Eier am Körper trägt, sind auch wir auf unseren Nachwuchs und die sich daraus ergebenden Beziehungen konzentriert. Wir sind zu Expertinnen unserer Mutterschaft erzogen worden und machen die Fürsorge zu einem hart umkämpften Terrain, bei dem das Kuchenbacken zum Schulfest Wettkampfcharakter gewinnt, die Abschluss- oder Choraufführungen des Nachwuchses einen Stress auslösen, als würde dieser bei »Deutschland sucht den Superstar« teilnehmen. Kurzum, Spinnenmütter müssen ihre Position hart verteidigen und das vor allem, weil die gesellschaftlichen Strukturen einem die Vereinbarkeit von Beruf und Mutterschaft immer noch so schwer machen. Egal wie sie es machen, sie machen es falsch. Einerseits wird Frauen ein unglaublicher Druck gemacht, als perfekte Mutter aufzutreten, andererseits wird die Verantwortung für jegliche Fehlleistungen des Nachwuchses meist den Müttern zugeschoben. Sie haben ja die Kinder ausgetragen.

Die Künstlerin Louise Bourgeois hat mit ihrer Spinnenskulptur *Maman* die Mutter positiv gestaltet. Ihre Mutterspinne steht für Schutz, Sorge und Empathie.

Wollen wir die bestehenden Strukturen ändern, verlangt das von uns allen viel Aufmerksamkeit und Achtsamkeit im Alltag. Wie an jenem Nachmittag, als ich mich mit einer Freundin am Kölner Südbahnhof zum Kaffee getroffen habe. Sie wollte danach die Bahn vom Barbarossaplatz nehmen, ich dort noch was im Rewe einkaufen. Während wir gingen und weiter quatschten, fiel mir auf, dass meine Freundin immer weiter leicht nach rechts steuerte. Ich hingegen steuerte nach links, denn ich wollte sie erst zur Haltestelle begleiten und dann ins Geschäft gehen. Mir wurde klar, dass wir beide damit beschäftigt waren, für die jeweils andere den kürzesten Weg zu suchen, und dabei das eigene Ziel zurückstellten. Es war uns offensichtlich beiden ein Bedürfnis, die andere so weit wie möglich zu begleiten und ihr den Weg zu verkürzen, und so folgte ich ihr nach rechts. Im gegenseitigen Einverständnis füreinander Sorge zu tragen, das sollte unser Kompass werden und nicht die soziale Rolle im Haus, die wir als Frauen von klein auf gelernt haben. Lasst uns als Spinnenmütter den öffentlichen Raum erobern und aufhören, die Frau im Haus zu sein.

Unser kulturelles Gedächtnis ist voller Vorbilder bekannter und berühmter Männer, die Frauen gegenüber gewalttätig waren: Picasso, Gauguin, Polanski oder Cantat. Es gibt aber keine Monster, es gibt nur unsere Gesellschaft. Unsere Freunde, unsere Männer, unsere Brüder, unsere Väter und unsere Söhne. Das müssen wir erkennen. Wir können sie nicht ignorieren, wir können sie nicht verbannen und verdammen, aber wir können von ihnen verlangen, ihr Verhalten uns Frauen gegenüber zu ändern. Und sie müssen nicht dominieren, nicht kämpfen, nicht ihre Emotionen verdrängen, sie können sich verändern, sie können unsere Verbündeten sein.

Versprechen

Wichtige Unterlagen und Dokumente bewahre ich in einem Aktenordner auf. Geburtsurkunden, Zeugnisse, Gutachten und Verträge sammele ich darin. In einem dieser Ordner befindet sich ein Brief meines Partners, den er mir nach einer Krise geschrieben hat. Es sind nur wenige Zeilen, mit denen er sich entschuldigt und Besserung verspricht. Wie die anderen Papiere und Unterlagen in dem Ordner ist dieses Versprechen von mir sorgsam aufbewahrt worden.

Mein Partner hat mich in all dieser Zeit, in all diesen Jahren vielleicht nicht absichtlich verletzt. Aus seiner Sicht hat er sich nur selbst verteidigt, selbst geschützt. Es war für ihn so, wie Simone de Beauvoir schon vor so vielen Jahren geschrieben hat: »Niemand ist Frauen gegenüber überheblicher und herablassender als ein Mann in Sorge um seine Virilität.«[219] Und diese Virilität ist so wichtig und existentiell, dass beispielsweise mein Partner zu jedem Kampf bereit war, nur um mir gegenüber nicht sein Gesicht, seine Virilität zu verlieren. Doch diese Logik habe ich lange nicht verstanden. Über viele Jahre habe ich mir die Schuld gegeben oder die Gründe woanders gesucht, im Stress, der Anspannung, dem Druck auf der Arbeit. Ich habe Ereignisse und Umstände zusammengezählt und eine Rechnung aufgestellt, die seine toxischen Reaktionen mir gegenüber erklären sollte. Bis ich zuletzt verstand, dass alle Rechnungen dasselbe Ergebnis haben: Es geht um Männlichkeit, um eine bestimmte Form der Männlichkeit, es geht um Virilität.

Ein Versprechen ist selten von Dauer, es wird manchmal vielleicht nur gemacht, um es zu brechen, denn es ist ja nur wichtig für den, der es empfängt, nicht für den, der es ausspricht. *Versprochen ist versprochen und wird auch nicht gebrochen.* Das ist ein Glaubenssatz aus meiner Kindheit, ein Spruch vom Schulhof. *Ich glaube an die Magie der Worte*, habe ich irgendwann in mein Tagebuch geschrieben.

Wenn es geschrieben stand, war es wahr, hatte Gültigkeit, war wie ein Vertrag, wogegen all die Worte, die nur ausgesprochen wurden, wie Bälle waren, die man in die Luft warf, sie fielen herunter, rollten weg und verschwanden aus dem Blickfeld. Solange sein Versprechen in meinem Aktenordner lag, war es mehr wert als all die Beschimpfungen und Beleidigungen, die in Wut von ihm ausgesprochen worden waren. Das aufgeschriebene Versprechen meines Partners war etwas, an dem ich mich lange mental festhielt, Hoffnung schöpfte.

Aber die Wiederholung, das immer wieder erneute Auftreten der Gewalt, sei sie physisch, psychisch oder auch ökonomisch, bleibt eben Gewalt, und sie zog mich immer wieder herunter, zerstörte die Hoffnung, bis diese wieder mit einem erneuten Versprechen aufkeimte.

Jetzt sind wir über den Berg, dieser Gedanke ist mir in der Partnerschaft oft gekommen. Immer, wenn es lange Phasen der Ruhe und Harmonie, des Honeymoons zwischen uns gab, glaubte ich, jetzt würde alles gut werden. Nicht selten waren die Krisen davor besonders heftig gewesen, er mal wieder zu weit gegangen mit Beleidigungen, Beschimpfungen, verbalen Angriffen. So dass es viel aufzuholen, viel wiedergutzumachen gab. Und die schönen Zeiten fingen immer mit dem Versprechen an, dass es niemals wieder passieren würde. Und es passierte doch.

Sehr lange habe ich mich nicht gefragt, warum ich überhaupt noch an ein Versprechen glaubte. Das Versprechen allein gab mir überhaupt nur die Kraft, die Beziehung, die Familie, das Leben im Haus aufrechtzuhalten. Das Versprechen auf eine glückliche gemeinsame Zukunft wurde der

Sauerstoff unserer toxischen Beziehung. Dazu gehörte die Bereitschaft, Abstriche zu machen, Einschränkungen zu akzeptieren, Konflikten aus dem Weg zu gehen, um die Einlösung des Versprechens nicht zu gefährden.

Asha Hedayati beschreibt, wie die strukturelle Gewalt mit der individuellen von Seiten des Partners Hand in Hand geht, wenn Frauen mehr Gleichberechtigung bei der Hausarbeit oder Betreuung wünschen.[220] Somit verdoppelt sich der Widerstand, dem Frauen bei der Rückkehr ins Berufsleben begegnen: Auf der einen Seite der Widerstand des Partners, auf der anderen die strukturelle Benachteiligung des Arbeitsmarktes. Das Ernährermodell, bei dem die familiäre Arbeitsteilung in der Ehe auf der Erwerbstätigkeit einer Person, in der Regel der männlichen, beruht, entspricht dem *Golden Age of Marriage* und war Grundlage des deutschen Familienmodells bis zur Ehereform 1977. Beim Zuverdienermodell sind zwar beide Partner berufstätig, einer von beiden, und dies ist meistens die Frau, aber nur geringfügig beschäftigt. Somit kommen wirtschaftliche Vorteile ins Spiel, wie das Ehegattensplitting bei der Einkommenssteuer, die beitragsfreie Mitversicherung in der Krankenkasse oder aber auch das Einsparen von Kosten für Kinderbetreuung, Nachhilfe oder Haushaltshilfe. Wie beim Ernährermodell ist hiermit vor allem die wirtschaftliche Existenz einer Person gesichert, während die andere mit dem Risiko leben muss, dass ihr bei Trennung, Scheidung oder Tod des Partners Armut oder mindestens finanzielle Schwierigkeiten drohen. Diese daraus resultierende Abhängigkeit und Dominanz lässt sich nur durch ein Doppelverdienermodell verhindern, in dem beide Partner egalitär einem Beruf nachgehen.

Dabei ist auch der emotionale Aspekt nicht zu übersehen, wirtschaftliche und psychische Gewalt gehen Hand in Hand. Ich erinnere mich an einen der vielen Momente, als ich mittags meinen Partner anrief, um ihn um Unterstützung zu bitten. Die Grundschullehrerin hatte angekündigt, die Kinder sollten für den nächsten Tag bitte ein Musikheft mit Notenlinien mitbringen. Die Nachricht war zwar schon vor längerer Zeit an die Eltern rausgegangen, aber ich hatte es nicht auf die Reihe bekommen, das Heft rechtzeitig zu besorgen. Mittags kamen die Kinder zum Essen nach Hause, so wurde ich an das Heft erinnert. Zu einer Tageszeit also, zu der ich nicht am Schreibtisch sitzen und arbeiten konnte und mich also beim Kochen mit Planung und Organisation beschäftigte. Ich rief also meinen Partner an, um ihn zu bitten, das Heft schnell auf dem Heimweg zu besorgen. Während ich den Kochlöffel für die Kinder schwang, ließ ich es mehrfach klingeln. Klingeln lassen ist einfacher als tippen, mit Kochlöffel in der Hand. Nur ging er nicht ans Telefon. Ich schickte eine Nachricht mit Bitte um Bestätigung, denn am nächsten Tag musste das Heft da sein. Die Lehrerin entließ die Kinder am Nachmittag immer persönlich aus ihrer Obhut und ich hatte keine Lust, dann wieder ihren verkniffenen Blick oder sogar eine Bemerkung zu ernten, weil ich als Mutter nicht meiner Versorgungspflicht nachgekommen war und das Heft nicht rechtzeitig besorgt hatte. Nicht dass ich die Reaktion der Lehrerin nicht verstehen konnte, immerhin würde das fehlende Heft ihre geplante Aktivität stören, das Heft nicht zu besorgen hieße also nicht nur, eventuell einen strafenden Blick der Lehrerin einzufangen, sondern auch das Berufsleben dieser Lehrerin zu erschweren. Dazu kämen noch die Blicke der anderen Kinder auf mein Kind, das ja ohne Heft dasitzen würde, während die anderen alle ihre Hefte auspacken und darin herummalen würden. Das Heft nicht zu besorgen, war also ein No-Go für mich.

Nur antwortete mein Partner nicht, er hatte die Nachricht nicht mal gelesen. Ich konnte also nicht sicher sein, ob er das Heft besorgen würde. Als die Kinder wieder in der Schule in ihrem Nachmittagsunterricht waren, wusste ich, mir blieben noch zweieinhalb Stunden, bis ich wieder vorm Schultor stehen musste. Das waren kostbare Stunden, wenn man sonst keine Zeit zum Arbeiten hat. Trotzdem fuhr ich erst ins Geschäft, um das Heft zu besorgen. Wieder zurück am Schreibtisch, klingelte mein Telefon:

Schatz, ich habe deine Nachrichten gar nicht gesehen, was gibt es denn?

Das Heft!

Welches Heft?

Für die Schule, für morgen!

Ach ja, tut mir leid.

Wieso hast du nicht geantwortet? Du könntest doch wenigstens antworten?

Die Kollegen lachen schon über mich, wenn du anrufst.

Was?

Ja, da essen wir zusammen in der Kantine. Das nervt, wenn jemand telefoniert.

Weißt du, wie ich esse?

Wieso? Du bist doch zu Hause.

Ich bin zu Hause, aber ich arbeite auch zu Hause. Außerdem hättest du nach deinem Mittagessen antworten können, oder war es dann der Nachtisch, der dich daran gehindert hat?

Nein, da hatten wir eine wichtige Besprechung.

Ich habe auch wichtige Dinge und jetzt keine Zeit mehr, denn nun muss ich schon wieder die Kinder holen. Vielen Dank dafür!

Weißt du, wie viel die Firma für eine Arbeitsstunde für mich zahlt? Da kann ich mich doch nicht um deine Hefte kümmern!

Plötzlich waren es *meine* Hefte. Ich brauchte sie – nicht das Kind, nicht die Schule. Es waren meine Hefte, die *ich* brauchte, um eine gute Mutter zu sein, um als Monstermama den Erwartungen der Lehrerin und den Ansprüchen der Gesellschaft gerecht zu werden, um mein Kind zu schützen und meinem Partner den Rücken freizuhalten. Der wiederum der Gesellschaft diente und dafür auch bezahlt wurde, mit einem Gehalt, Krankenversicherung, Recht auf Arbeitslosengeld im Falle einer Kündigung und Aussicht auf Rente, während ich kein eigenes Einkommen hatte.

Das System der familiären Arbeitsteilung kann so schnell aus dem Gleichgewicht geraten. Die Gleichberechtigung ist eine Illusion, solange Fürsorge eine weibliche Domäne bleibt. Und solange die daran gebundenen Bedürfnisse als übertrieben oder sogar hysterisch eingestuft werden. Wer vergeudet schon seine Zeit mit Zärtlichkeiten, wenn es darum geht, die Grundversorgung und damit das Überleben der Familie zu sichern?

Illusion

Das Musikheft war, wie die Schaukel im Garten, der Kinderwagen oder viele andere Beispiele, nur ein Tropfen, der das Fass immer wieder zum Überlaufen gebracht hat. Es war das Steinchen, das die Waage zum Kippen brachte, der Funken, der die Bombe zündete. Es war eine lange Aneinanderreihung an Ereignissen, die uns als Paar wie zwei Kontinentalplatten auseinanderdriften ließ. Bis am Ende nichts blieb als Einsamkeit und Gewalt.

Care-Arbeit ist nicht optional, wie Jo Lücke schreibt, dafür aber ist sie entwertete Arbeit.[221] Diese Arbeit, für die es kein Gehalt, keine Rente, keine Anerkennung und kaum Respekt gibt, habe auch ich natürlich versucht auszulagern. Manchmal haben Frauen Glück, und für die Sorgearbeit steht ihnen ein älteres, in der Regel auch weibliches Familienmitglied zur Verfügung. Aber dies war bei mir nicht so. Niemand in meiner Familie konnte kommen oder hätte Zeit gehabt, mich bei der Care-Arbeit zu unterstützen. Also brauchte ich Hilfe von außerhalb, ich brauchte Betreuungsplätze, Haushaltshilfen, Lieferungen, kurzum, ich musste den Haushalt wie ein Unternehmen führen, dann konnte ich zwischendurch zu Atem kommen, konnte mich um andere Dinge kümmern als nur Care-Arbeit und Putzen, konnte Luft holen und vielleicht sogar Selfcare betreiben. Ich musste delegieren. Diese Hilfen, die ich in Anspruch nahm, waren nicht nur eine Erleichterung, sie waren auch Privilegien. Um die Ungleichheit, unter der ich selbst litt, zu verringern, musste ich selbst Strukturen der Ungleichheit nutzen. In ihrem Buch *Dekolonialisiert Selfcare*[222] beschreiben Alyson K. Spurgas und Zoë C. Meleo-Erwin, wie die Auslagerung der (Selbst-)fürsorge zur Ausbeutung anderer werden kann. Während ich selbst mit meinem eigenen Schicksal kämpfte und haderte, begegneten mir in diesem Kontext immer wieder Frauen aus anderen Klassen, Milieus oder mit einer anderen Herkunft, deren Schwierigkeiten im Alltag noch belastender waren als meine. Da war die Mutter von fünf Kindern, deren Mann immer allein in den Urlaub fuhr und sie zu Hause ließ. Da war die Mutter, deren beide Kinder im Heim lebten, weil der Vater gewalttätig gewesen war und sie keine andere Wohnung gefunden hatte. Da war die junge Frau, deren Kind beim gewalttätigen Vater lebte, denn weil sie aus dem Ausland kam und sich nur schlecht verständigen konnte, hatte er den Sorgerechtsstreit gewonnen. All diese Menschen haben in ihrem Leben wahrscheinlich mehr strukturelle und partnerschaftliche Gewalt erlebt als ich. Aber auch meine Privilegien an Bildung und Herkunft haben mich nicht vor der Gewalt im Haus geschützt. Wir alle sitzen wie Frösche im Kochtopf und warten darauf, dass die Temperatur ansteigt. Bei den einen kocht das Wasser schneller auf als bei den anderen, aber allen ist gemeinsam, dass sie verheizt werden. Und mein Schweigen über die von mir erlebte Gewalt hat mich zur Komplizin all der Gewalt gemacht, die andere Frauen erlebten und erleben und die noch schlimmer ist als die von mir erlebte Gewalt.

Schutz

Der israelische Journalist Amir Tibon hat in seinem Artikel, der einen Tag nach den Anschlägen der Hamas in Israel erschien, erzählt, wie sein Vater, ein früherer General, seine Familie und auch andere Menschen rettete, während der Staat kurzzeitig im Chaos versank.[223] Amir Tibon erzählt vom Morgen des Angriffs, erzählt, wie er und seine Frau sich mit den Kindern in den Schutzraum ihres Hauses im Kibbuz zurückziehen, wie sie denken, es wäre wie immer, eine Zeit im Schutzraum, so lange, bis die Gefahr vorbei ist, und dann ein Ausflug in die Umgebung. An diesem Morgen aber, dem 7. Oktober 2023, kommt die Gefahr zu ihnen. Sie sind Gefangene in ihrem Schutzraum, sie können nicht weg, die Kämpfer der Hamas befinden sich vor ihren Türen und schießen auf alles, was sich bewegt. In diesem Moment bekommt Amir Tibon eine Nachricht seines Vaters, des Generals im Ruhestand Noam Tibon, dass er auf dem Weg zu ihm sei. Und in diesem Moment weiß der Sohn, dass sein Schicksal vom Handeln seines Vaters abhängt und vertraut sich ihm an, bleibt ruhig und wartet, wie vom Vater vorgegeben, und genauso bleiben seine Töchter ruhig und warten, obwohl sie erst so klein sind, aber sie vertrauen ihm, wie er seinem Vater vertraut. Und Noam Tibon rettete an diesem Tag, als die Welt einmal mehr im Grauen der Gewalt versank, nicht nur das Leben seines Sohnes und dessen Frau und Kinder, sondern sogar noch das anderer Menschen, Menschen, die vom angegriffenen Festival kamen, oder Soldaten, die auf Anweisungen warteten und keine erhielten. Er übernahm mit Erfolg die Führung, da, wo er hinkam, um die Mitglieder seines Haushalts zu retten. Wer würde sich nicht einen solchen Vater wünschen? Ich schon! Einen, der sich ins Auto setzt und den nichts aufhalten kann, bis er mich gerettet hat.

Denn genau das sagte Noam Tibon auch im Interview später, dass nichts auf der Welt ihn hätte aufhalten können, bevor er seinen Sohn und seine Familie gerettet hätte.

Es ist das klassische Bild der Männlichkeit, ein Mann, ein Vater, ein Wort. Nur leider ist mir im wirklichen Leben bisher kein Mann begegnet, der diesen Schneid gehabt hätte. Dafür muss man wohl ein General sein. Man muss eine Ausbildung haben, die passende Ausrüstung und ein Abzeichen und einen Status und vor allem die Erfahrung.

Aber trotzdem bleibt dieses Bild des starken, schützenden Mannes in unserem sozialen Narrativ dominant. Da ist er wieder, der männliche Krieger aus dem Kapitel *Traumpfade*, der Held aus dem Film *Avatar*, der *Gatekeeper*, der dem schwachen Geschlecht einen Platz in der Gesellschaft sichert. Aber auch mein Vater aus meiner Erinnerung, der erneut aufbrach, um mich nach Hause zu holen, als ich nicht mehr die Katze wollte, sondern Heimweh hatte.

Das Schützen ist die väterliche Mission, seine Existenzberechtigung, seine Lebensaufgabe. In der existentiellen Psychotherapie wird davon ausgegangen, dass sich menschliches Verhalten als Reaktion auf Lebensängste interpretieren lässt. Der Mensch, mit existentiellen Ängsten konfrontiert, versucht diese also zu kompensieren, indem er seinem Leben einen Sinn gibt oder diesen Sinn von den angebotenen Rollenmodellen der Gesellschaft übernimmt. Als selbstbestimmtes Leben gilt in diesem Kontext eine erfolgreiche Kompensation der Ängste, wogegen mangelnde Autonomie, Kontrollverlust oder auch eine extrem angepasste Haltung als eine Dysfunktion gesehen werden. Reagiert also ein Individuum den dominierenden Normen entsprechend und bemüht sich, innerhalb dieser autonom und selbstbestimmt zu handeln, kompensiert es, gemäß der existentiellen Psychotherapie, seine grundlegenden Lebensängste.[224] Eine wesentliche Rolle spielt dabei die Erziehung. In seiner Persönlichkeitsentwicklung wird ein Kind mit existentiellen Ängsten, Angst um sein Leben und vor dem Tod, konfrontiert und lernt über die Erziehung, mit diesen umzugehen und sie in seine Persönlichkeit zu integrieren. Wenn kleine Jungs nun lernen, dass sie ihre existentiellen Ängste bewältigen können, indem sie schwache Mädchen beschützen und anderen Jungs zeigen, wer der Stärkere ist, werden sie in dieser Weise konditioniert. Oft führt die Trennung in toxischen Beziehungen zur Eskalation von Gewalt. Männer versuchen verzweifelt, die Kontrolle über die Partnerin und vielleicht auch die Kinder zurückzugewinnen und potentielle neue Partner auszuschalten. Gelingt ihnen dies nicht, sind die Frauen oft extremer Gewalt ausgesetzt, die nicht selten tödlich ist. Fast 40% der Opfer partnerschaftlicher Gewalt erfahren diese von ihrem Ex-Partner. Man kann nicht oft genug betonen: Es ist eine Gewalt, die im Patriarchat, in unserer von toxischer Männlichkeit geprägten Gesellschaft, nicht verschwinden wird, solange sich nicht grundlegend etwas ändert. Wenn Jungs dazu erzogen werden, sich ständig beweisen zu müssen, mit anderen zu konkurrieren, sie zu übertrumpfen, ist es dann verwunderlich, dass sie ein dysfunktionales Verhalten entwickeln, wenn sie an ihre Grenzen stoßen und es ihnen vielleicht nicht gelingt, die eigenen existentiellen Ängste zu kompensieren?

Auch ich hätte mir einen Vater gewünscht, der mich beschützt, und lange, viel zu lange blieb mir von dem Beschützerbild nichts als diese eine Erinnerung an den Moment, als er sich ins Auto setzte und losbrauste, um mich zu retten und nach Hause zu holen. Aber das war nur ein Moment, denn der Mensch, der mein Vater war, hatte nicht die Möglichkeit, mich dauerhaft zu beschützen. Überhaupt ist ja gerade diese Funktion des väterlichen Beschützens, wenn wir an die *guten Familienväter* oder *Gatekeeper* denken, auch nur eine Form der Unterdrückung. Es wäre besser gewesen, mir wäre beigebracht worden, mich selbst zu beschützen, anstatt mir weiter zu vermitteln, ich bräuchte in meinem Leben einen Mann an meiner Seite. Denn wir können und dürfen trotz des Idealbilds vom schützenden Mann nicht davon ausgehen, dass jeder männlich gelesene Mensch in der Lage ist oder Lust hat, andere zu schützen, genauso wie wir nicht davon ausgehen können, dass jeder weiblich gelesene Mensch in der Lage ist oder Lust hat, eine unendliche Menge von Liebe bis zur Selbstaufgabe zu geben.

Liebe

Die Mutterliebe, so beschreibt es Mareice Kaiser in ihrem Buch *Das Unwohlsein der modernen Mutter*[225], liegt in einer Schale auf einer Waage, auf deren anderer Seite sich in Opposition dazu das Wohlbefinden der Frau befindet. Das Wohlergehen des Kindes scheint nur auf Kosten der Mutter garantiert werden zu können, ohne dieses existentielle Opfer der Frau ist Zukunft nicht möglich. So jedenfalls ist unsere Gesellschaft bis heute organisiert: Die Frau opfert sich in ihrer Mutterliebe auf, um das Wohlergehen der zukünftigen Generation zu garantieren. Eine herkömmliche heteronormative Beziehung, wie sie unter dem Postulat des gemeinsamen Haushalts steht, hat zwei Seiten. Sie besteht auf der einen aus Schutz und Liebe, auf der anderen aus Dominanz und Unterwerfung.

Doch die Ehe als explizit wirtschaftliche Gemeinschaft, wie sie beispielsweise im alten Rom oder anderen traditionellen Gesellschaften existierte, ist längst von der Liebesbeziehung als einer Gemeinschaft unter Gleichen ersetzt worden. In dieser Konstellation übernimmt die Frau die

Rolle der sich aufopfernden Liebenden, auch als Mutter, und der Mann die des schützenden Vaters.

Und so bleibt die Hoffnung auf bedingungslose Liebe in einer Beziehung eine für beide Partner unerfüllte. Das Versprechen einer Liebe als Grundlage für einen gemeinsamen Haushalt ist strukturell immer noch an das Konzept männlicher Dominanz gebunden. Viel zu schnell und viel zu leicht werden beide Geschlechter in die einander ausschließenden Rollen der Sorgenden und des Versorgers gedrängt, aus denen sie sich nur schwer befreien können. Dieser Versuch der Befreiung generiert Gewalt.

Das Versprechen hat eine giftige, eine gespaltene Zunge, es verheißt Geborgenheit und Gemeinschaft, bedeutet aber oft Leid und Verzweiflung. Papier ist geduldig, heißt es so schön, und so ist es auch mit dem Versprechen, das in meinem Aktenordner noch heute liegt. Das Versprechen, dass alles gut wird, dass ich, wenn ich meine Rolle als Fürsorgende nur gut spiele, im Gegenzug geschützt und geliebt werde. Das Versprechen gab den Takt der Melodie vor, die die Hoffnung in meinem Herzen spielte, weiter und immer weiter.

Hoffnung

Er wird es wieder tun.

Diesen Satz hatte unser erster Paartherapeut in einer Sitzung zu mir gesagt und mich damit unglaublich wütend gemacht. Mein Partner widersprach nicht. *Er wird es wieder tun,* hatte der Therapeut gesagt, als ich erklärte, dass ich es nicht mehr ertragen konnte, auf diese Weise beschimpft zu werden. *Aber er wird es wieder tun.* Er sagte das ganz ruhig und gelassen, so wie ein Richter vielleicht sagt, Sie müssen jetzt für fünf Jahre ins Gefängnis, oder wie ein Polizist sagt, Sie müssen jetzt ein Bußgeld von mehreren hundert Euro zahlen. *Aber er wird es wieder tun,* und mein Partner schwieg.

Danach wollte ich nicht mehr zu dem Therapeuten gehen. Ich glaubte, er wäre für meinen Partner eingenommen und gegen mich. Ich hatte das Gefühl, er würde mir nicht helfen wollen, da er den nächsten Gewaltzyklus in unserer Beziehung prophezeite. Er war geschieden und ich glaubte, er würde etwas auf mich, auf uns projizieren, denn sein Sohn trug denselben Vornamen wie mein Partner, das hatte er uns gleich am Anfang erzählt. Außerdem hatte er uns mit einem anderen Paar aus seiner Therapie verglichen, eines, mit dem er besser arbeiten konnte, und ich hasste Therapeut*innen, die ihre Patient*innen vergleichen, und ich hasse sie noch. Das war schon mit dem Therapeuten meines Vaters so, der meinen Vater auch mit anderen verglich, vielleicht war es gut gemeint, vielleicht wollte er ihn nur antreiben, weiterbringen, wie dieser Paartherapeut uns antreiben und motivieren wollte. Aber das half nicht. Vergleiche anzustellen ist therapeutisches Schummeln. So wie Eltern schummeln, wenn sie ihre Kinder miteinander vergleichen.

Therapeut*innen, vergleicht eure Patient*innen nicht! Sie sind wie Kinder, wenn sie in eure Praxis kommen, kommen sie, damit ihnen geholfen wird. Vergleiche verletzen, Vergleiche sagen, du könntest das auch besser machen, schaffst es aber nicht. Vergleiche sind gemein.

Aber noch schlimmer ist, wenn ihr euren Patient*innen die Hoffnung nehmt, denn deswegen kommen sie ja zu euch, wegen der Hoffnung. Besonders die Frauen, diese verrückten Frauen, wie man sie früher nannte, als man sie noch wegsperrte, und denen Mediziner heute Pillen verschreiben oder Therapien. Diese Frauen wie ich, die sich vor der Gewalt des Patriarchats in eure Praxen flüchten. Die vor der toxischen Männlichkeit flüchten. Wir Frauen, die der häuslichen Gewalt entkommen wollen, egal ob sie physisch, psychisch, ökonomisch, verbal oder nur strukturell ist. Wir kommen, damit ihr uns Hoffnung gebt, nehmt sie uns nicht. Denn wenn wir keine Hoffnung mehr haben, auch nicht mehr die klitzekleinste Hoffnung, dass der Mann, unser Angreifer, Peiniger, Henker, sich noch ändern kann, dann nehmt ihr uns alle Kraft. Dann nehmt ihr uns die Kraft, die wir brauchen, um den nächsten Tag zu überstehen. Dann nehmt ihr uns die Kraft, die wir brauchen, um uns schützend vor die Kinder zu stellen. Dann nehmt ihr uns die Kraft, die wir brauchen, um den Kindern zuzulächeln, sie glauben zu lassen, alles wird gut. Dann nehmt ihr uns die Kraft für den nächsten Atemzug. Dann bleibt uns nur noch die Angst.

Er wird es wieder tun. Hatte der Paartherapeut gesagt und mein Partner hatte geschwiegen. Schweigen bedeutet, nicht zu widersprechen. Schweigen ist Zustimmung. Wer schweigt, gibt dem anderen recht, denn sonst könnte er ja den Mund aufmachen, er könnte sprechen, er könnte widersprechen. Aber mein Partner schwieg. Und ich war wütend auf den Therapeuten. Er hatte mir alle Hoffnung genommen und ich ging nicht mehr hin.

Ich sagte zu meinem Partner, der Therapeut ist nicht gut, er projiziert seine eigene Scheidung auf uns, ich werde uns einen neuen Paartherapeuten oder eine neue Paartherapeutin suchen. Und mein Partner schwieg. Schweigen ist Zustimmung. Schweigen ist Ja-Sagen, denn sonst könnte man ja auch Nein sagen, laut und deutlich. Mein Partner schwieg, weil es ihm egal war, zu welchem Therapeuten oder zu welcher Therapeutin wir gingen. Denn er wollte ja auch die Hoffnung nicht verlieren. Doch seine Hoffnung war nicht, dass er sich ändern könnte, sondern dass sich nichts ändern würde. Dass ich zur Vernunft kommen würde, aufhören würde, an ihm rumzuziehen, rumzuzerren, dass ich nicht weiter nerven und dass ich mich in die Ecke scheren würde, mich unterwerfen würde, das ich endlich aufhörte zu klagen, er wusste ja gar nicht worüber, er verstand gar nicht warum, ich hatte doch ihn, warum war ich nicht glücklich, er war doch Glück genug. Er bot mir doch alles. Er erfüllte meine Wünsche. Er sagte nie Nein, wenn ich etwas wollte, das er nachvollziehen konnte. Klar bekam er Wutanfälle, wenn er fand, dass ich übertrieb, wie bei der Schaukel im Garten oder auch dem Kinderwagen, das hatte er als nicht dringend empfunden. Der Kinderwagen zum Beispiel, hatte er gemeint, könnte noch warten, das müsste ja nicht vor der Geburt sein. Er machte seine Meinung halt deutlich, er war ja der Mann im Haus, und da wurde es manchmal laut. Irgendwann, so dachte er, würde ich das einsehen und meinen Widerstand aufgeben, er dominierte mich ja nicht, sondern er sorgte für mich, weil ich das selbst nicht konnte. Ich war ja nur eine Hausfrau.

Er fand, er war ein guter Mann. Ich übertrieb. Er war so viel großzügiger mit mir als sein eigener Vater mit seiner Mutter gewesen war. Den hätte ich mal sehen sollen.

Einmal war der mit einem großen Stück Fleisch zum Wochenende nach Hause gekommen. Fleisch für ein Gericht, das besonders viel Arbeit machte. Und weil seine

Frau motzte, stöhnte, weil sie meinte, das sei aber viel Arbeit, rannte er in den Garten mit dem Fleisch und warf es in den Dreck, rollte es in der Erde, trat darauf herum, damit es niemand mehr anrühren oder gar essen konnte, nicht er und schon gar nicht seine Frau, die so undankbar gewesen war.

Er hatte auch geschlagen, sein Vater, er schlug ihn mit dem Gürtel, er bestrafte ihn, er war ein harter, aber ein gerechter Vater, erklärte mein Partner. Sicher war er der Vater, der er selbst auch gerne gewesen wäre. Wie auch nicht? Als Kind, als Sohn hatte er zu ihm aufgesehen, ihn bewundert und verehrt. Er war ihm gefolgt, blind, hatte seine Entscheidungen und Befehle nicht hinterfragt, denn das war verboten. Das Alter hatte Recht. Und er zeigte auch nie Wut oder Zweifel am Handeln des Vaters, der sicher ein Patriarch gewesen war, der die Macht im Haus hatte, dessen Dominanz niemand hinterfragt hatte, bis zum Schluss. Und als er krank wurde, sagte er es niemandem, ließ sich auch nicht behandeln, er wollte ja nicht zur Last fallen, er starb schnell und leise und keiner hatte von der schlimmen Diagnose gewusst und seiner Frau blieb nichts als ihre Ehre und die Söhne, die nun für ihren Unterhalt sorgen mussten. Er war ein guter, ein gerechter Vater gewesen, der sich sehr bemüht hatte, seine Virilität im Kampf des Alltags zu erhalten. Er war an den Umständen gescheitert. Er war ein Opfer toxischer Männlichkeit.

Und wenn mich diese Geschichten einmal beeindruckt haben, dann weil ich sie falsch verstanden habe. Weil sie für mich das Narrativ einer Familie waren, die eng zusammensteht, einer Familie, von der ich träumte. Ich erkannte nicht das Muster von der Ehefrau, die ihrem Mann und seinen Entscheidungen ausgeliefert war, um sich nach seinem Tod dem Willen ihrer Söhne zu unterwerfen. Meine Hoffnung auf einen Partner, der sich für seine Familie investiert, war so groß, dass ich das Narrativ falsch las.

Oder besser gesagt, ich war nicht in der Lage, das Kleingedruckte zu entziffern: Du bekommst einen Mann ins Haus, der für die Familie sorgt, wenn du dich ihm unterwirfst als seine Frau und dich ihm vor allem nicht in den Weg stellst. Nein heißt nein, das weißt du doch.

Aber unser erster Paartherapeut war nicht der Einzige, der mir die Hoffnung nahm. *Fliehen Sie*, hatte die Therapeutin, die mir den Honeymoon erklärte, irgendwann gesagt, *fliehen Sie. Er wird Sie immer unterwerfen wollen, die Kämpfe werden nicht aufhören, im Gegenteil, und irgendwann werden auch die Kinder Schwierigkeiten haben. Sie werden Ihre Wahrnehmung in Frage stellen, wie ihr Vater Ihre Wahrnehmung, Ihr Urteil und Ihre Einschätzungen ständig in Frage stellt. Sie werden mit Ihnen abwertend und abschätzig reden, wie ihr Vater mit Ihnen spricht. Sie werden Sie kritisieren, wie ihr Vater Sie kritisiert. Gehen Sie, fliehen Sie, solange dazu noch Zeit ist.*

Wenn Gewalt im Haus ist, führt der Verlust der Hoffnung unter Umständen zu noch mehr Gewalt. Wenn die Verzweiflung des Opfers auf die Wut des Angreifers prallt, dann kann es zu einer gefährlichen Eskalation kommen. Das hatte ich als Kind erlebt. Und genau dieses Trauma paralysierte mich als Erwachsene. Ich fühlte mich nicht in der Lage, zu gehen. Dabei überhörte ich, dass die Therapeutin mich auch nicht zum Gehen aufforderte, sondern zum Fliehen. Eine Flucht kann spontan erfolgen, wenn die Krise da ist und die Gewalt eskaliert. Ein Opfer kann aber auch seine Flucht genau planen und organisieren. Für beides braucht es Hoffnung. Die Hoffnung muss also umgeleitet werden, indem Betroffene sich schrittweise die Vision einer selbstbestimmten Zukunft entwerfen.

Eine Freundin, die als Rettungssanitäterin arbeitet, erzählte mir einmal, dass sie bei einer Trauma-Fortbildung gelernt hätte, dass man Menschen, die die Kontrolle über ihr Leben verloren haben, die beispielsweise einen Unfall erlebten, am besten hilft, wenn man ihnen die Möglichkeit zu schrittweisen eigenen Entscheidungen gibt, bis sie die Kontrolle wiedergefunden haben. Es wird beispielsweise dazu geraten, eine Person am Unfallort zu fragen, ob sie mitkommen möchte oder lieber noch ein wenig sitzen bleiben, wenn nicht Gefahr in Verzug ist, anstatt diese autoritär aufzufordern, aufzustehen und mitzukommen.

Lange war ich nicht bereit aufzustehen, und lange ging ich auch nicht mehr zu der Therapeutin zurück, nachdem sie mich zur Flucht aufgefordert hatte.

Einfluss

Als ich mit dem Schreiben dieses Textes anfing, konnte ich mir nicht vorstellen, dass ich das Haus würde verlassen müssen, um Frieden zu finden. Ich konnte, wie gesagt, die Hoffnung nicht aufgeben.

Sie haben noch unter beherrschendem Einfluss gestanden zu der Zeit. Diese Antwort erhielt ich oft von der Therapeutin, als ich mich später fragte, warum ich nicht früher gegangen war. Warum war ich geblieben? Warum hatte ich nicht auf die Therapeuten hören wollen?

Der beherrschende Einfluss, erklärte mir die Therapeutin, *trennt die Verbindung zwischen Ihren Gefühlen und Ihrem Handeln, Sie reagieren nur noch, aber agieren nicht.* Ich hatte ihr von einer gemeinsamen Therapiesitzung erzählt, die anstand, bei der ich Sorge hatte, wieder nicht gehört zu werden, denn immer, wenn ich eine Krise ansprach, stritt mein Partner diese ab, oder behauptete, sie hätte sich ganz anders zugetragen. Mein geschwollener Finger beispielsweise war meine eigene Schuld gewesen. Warum hatte ich die Duschtür genau in dem Moment geöffnet, als er sich mit Gewalt Zugang zu mir ins Bad verschaffen wollte? Die Paartherapeuten reagierten oft sprachlos, vielleicht sogar hilflos, es war nicht ihre Aufgabe, Schiedsrichter zu spielen, sie wollten nicht verurteilen, sondern vermitteln. Es gab keinen Raum für meine Angst vor dieser Gewalt, denn sie wurde schlichtweg geleugnet oder es wurde behauptet, ich hätte sie selbst provoziert.

Über den *beherrschenden Einfluss* schreibt Marie Hirigoyen: »Eine psychoanalytische Vereinfachung besteht darin, den Partner als Komplizen oder sogar als verantwortlich für die perverse Beziehung hinzustellen. Das heißt, das Ausmaß des beherrschenden Einflusses zu leugnen, der das Opfer lähmt und es hindert, sich zur Wehr zu setzen: das heißt ferner, die Gewalt der Angriffe und das Gewicht der psychologischen Auswirkung des Quälens auf das Opfer zu leugnen.«[226] Dabei betont sie, dass die Angriffe nicht unbedingt für Außenstehende nachvollziehbar sind. *Gaslighting* spielt dabei eine wichtige Rolle, ich komme im Kapitel *Verrückt* noch ausführlich dazu.

In ihrem Buch *See What You Made Me Do*[227] entschlüsselt Jess Hill die Mechanismen des beherrschenden Einflusses, indem sie sich auf Albert Bidermanns Diagramm des Zwangs bezieht. Mit diesem hatte der Sozialwissenschaftler der U.S. Air Force psychologische Foltermethoden wie Isolation, *Gaslighting*, Erschöpfung, Bedrohung und systematische Abwertung untersucht. Beherrschender Einfluss ist eine Art der subtilen Gehirnwäsche, die beim anderen gar nicht viel voraussetzt, außer die Hoffnung darauf, über die Anpassung doch auch gesellschaftliche Anerkennung zu gewinnen. Denn ohne das entsprechende soziale Setting wäre ein *beherrschender Einfluss* auf die Betroffenen gar nicht möglich. So erzählt beispielsweise Judith Chemla, wie sie sich von ihrer Mutter bewusst distanzierte, da diese ihren Partner und seine auf sie ausgeübte Kontrolle kritisierte.[228] Meine Mutter befand sich lange selbst in Gewaltbeziehungen, in denen die Partner auf sie Kontrolle ausübten, und konnte mir so keine Hilfe bieten oder mich dazu ermutigen, mich zu befreien, denn es gelang ihr selbst erst spät. Doch es ist nicht verwunderlich, dass vielen Menschen, die sich unter *Einfluss* befinden, kaum geholfen wird, oder ihre Situation falsch gedeutet wird. Die Gesellschaft tut sich überhaupt schwer damit, sich von dem System der männlichen Dominanz zu verabschieden.

»Ich wollte mir die Hoheit über meine Geschichte erobern«[229], erklärte die Schauspielerin Judith Godrèche in einem Interview. Sie war als Jugendliche von den Regisseuren Benoît Jacquot und Jacques Doillon vergewaltigt worden und hatte lange unter dem *beherrschenden Einfluss* von Jacquot gestanden. Im Januar 2024 hat sie erst in einem Post auf Instagram angefangen, ihre eigene Geschichte zu erzählen, und schließlich beide Regisseure angezeigt. Die Widerstände, auf die sie dabei gestoßen ist, zeigen, wie sehr die Form der intimen Dominanz in unserer Gesellschaft unterstützt ist, immer noch. Diese Unterstützung wird durch den aktuellen Rechtsruck noch verstärkt: Die von Judith Godrèche initiierte Untersuchungskommission zu sexuellem Missbrauch in der Filmbranche fiel der Auflösung des Parlaments als Folge des Siegs der Rechtspopulisten bei der Europawahl 2024 zum Opfer.[230]

Als ich anfing, diese meine Geschichte aufzuschreiben, wusste ich noch nicht, dass ich damit einen Faden aufgriff, der mich durch ein Labyrinth hinaus in eine Gegenwart führen würde, in der ich mich nicht mehr fremdbeherrschen und beeinflussen lasse, und dass ich erst mit dem Erzählen nicht nur die Deutungshoheit über meine eigene Geschichte zurückgewann, sondern auch die über mein Leben und meine Zeit. Denn als ich mit dem Erzählen begann, stand auch ich noch unter dem *beherrschenden Einfluss* meines Partners und erst das Aufschreiben dieses Textes erlaubte mir, mich daraus zu befreien.

Prügel

Es tut mir leid, hatte ich am Nachmittag am Telefon zu meinem Partner gesagt, *ich werde heute Abend keine Zeit haben, mit euch lange am Telefon zu bleiben, um den Kindern Gute Nacht zu sagen.* Der Übergang von der täglichen Unruhe in die nächtliche Stille war noch nie sein Favorit. Wie bei so vielen Aufgaben im Haus hatte ich, um Konflikte zu vermeiden, auch diese zu meiner gemacht. Oft verbrachte ich, wenn ich beruflich unterwegs war, viel Zeit am Telefon, musste mich entschuldigen, um kurz rauszugehen. Aus kurz wurde dann oft eine halbe Stunde oder mehr. Ich kann heute gar nicht mehr sagen, wie viele Straßenecken ich schon genau kennengelernt habe, Parkplätze oder Treppenhäuser. Meist waren sie dunkel. Unauffällige Ecken wurden zu meiner Spezialität. Ich lernte sie auswendig, um auch aus der Ferne mit seinen Spannungen im Haus zu jonglieren, um die Kinder zu schützen. Denn seine Anspannung vor der Krise konnte ich nach Jahren der Beziehung auch durch das Telefon spüren, dann war ich bemüht, den Kindern gut zuzureden, machte Versprechungen für Mitbringsel oder Ausflüge, aus Sorge, sie würden keine Ruhe geben, ihm keine Ruhe lassen, es würde sich seine Unruhe in Wut verwandeln. Meist entschuldigte ich mich mit den Worten, bei uns zu Haus sei alles über App gesteuert, und die App bediente eben ich, auch wenn der Mann allein im Hause war. Meist wurde dann gelacht. Mir aber blieb das Lachen oft im Hals stecken. So wie an jenem Abend, als ich eine Lesung hatte. Da würde ich, wie angekündigt, nicht telefonieren können, und danach hätte ich hoffentlich Zeit, um Bücher zu signieren und mit Menschen zu sprechen. Gerade noch schaffte ich es nach der

Lesung kurz anzurufen, es war schon spät, aber nicht zu spät, die Kinder sollten schon in den Betten liegen. Als sie den Facetime-Call annahmen, konnte ich sofort sehen, dass sie noch vor dem Fernseher saßen. Morgen ist Schule, sagte ich, ihr müsst ins Bett. Ich konnte ihn im Hintergrund brummeln hören, das war seine Art von Widerstand, erst alles fertig aufräumen, um nachher, wenn die Kids endlich schlafen, Ruhe zu haben. Nur sah ich das eben anders, er hatte doch schon seine Ruhe, wenn ich da war und die Kinder meist allein versorgte, warum brauchte er sie jetzt?

Damit ich Zeit gewann, versprach ich, in einer Viertelstunde wieder anzurufen, dann sollten die Kinder im Bett sein. Fünfzehn Minuten später zeigte sich ein extrem aufgedrehtes Kind im Call. Es hüpfte wie ein Gummiball, das andere sang laut und schrill. Ich konnte das bevorstehende Beben spüren und rief ihnen zu, sie sollten Ruhe geben, sich jetzt sofort hinlegen, ihr Vater, das wüssten sie doch, würde das nicht aushalten können, wenn sie so aufgedreht waren.

Als ich aufgelegt hatte, war ich unruhig, es war ein antrainierter Reflex, wie ein Hund, der genau weiß, wann er von seinem Herrchen geprügelt wird. Die Schläge kamen kurz darauf. Ich weiß nicht mehr, warum ich das WhatsApp-Konto von einem der Kinder checkte, aber sofort sah ich, dass es online war. Ich rief an, aber niemand nahm ab. Dann kamen die Nachrichten. Eine nach der anderen. Es ging alles so schnell. *Hilf mir. Papa ist verrückt geworden. Er will mich schlagen. Ruf an. Bitte. Schnell.* Mein Herz schlug bis zum Hals, ich sprang auf, lief hinaus, rannte auf die Straße nur mit meinem Handy in der Hand, meine Tasche, mein Geld, alles ließ ich liegen. Kurz überlegte ich, doch erst die Polizei zu rufen, sie ins Haus zu schicken, dorthin, wo ich nicht war und wo die Kinder jetzt seine Wut und seinen Hass abbekamen, seinen Hass darauf, dass nicht alles so lief wie er wollte. Aber dann rief schon wieder ein Kind an, ich konnte die Schreie hören, ich meinte, innerlich zusammenzubrechen. Sie müssen schlafen, dachte ich, aber ich sagte, *es tut mir leid, es tut mir so leid, dass ich nicht da bin, nicht bei euch bin.* Ich wusste, das ist seine Strafe dafür, dass ich nicht im Haus bin, nicht da bin, um die Kinder und ihn zu versorgen, nicht meine Rolle der Frau erfülle, so wie er es sich wünscht, und ich glaube, das sagte ich sogar an diesem Abend, aber wie immer versteckte er sich hinter einer vorgeschobenen Unfähigkeit, einer fehlenden Autorität. *Sie hören nicht auf mich*, sagte er. Und manchmal sagte er dann auch, sie würden meinetwegen nicht hören, weil ich ja seine Autorität untergrabe oder gegenüber den Kindern irgendwas geäußert hatte, was sie an ihm zweifeln ließ. Aber da hatte ich schon gelernt, dass es auch nur eine weitere Form häuslicher Gewalt ist, den anderen für das eigene Versagen verantwortlich zu machen. Also ging ich gar nicht auf ihn ein. Stattdessen redete ich auf die Kinder und auch auf ihn ein, alles würde wieder gut werden, morgen wäre ich zurück, würde mich um sie kümmern, ich machte Versprechungen, meine Stimme klang bettelnd und flehend, obwohl ich mich bemühte, sie fest klingen zu lassen. Es war schon sehr spät, viel zu spät für Kinder in ihrem Alter. Ich wusste, außer mir hatten sie keinen Halt, ich musste aufrecht stehen, musste durchhalten. Dann, endlich, waren die Kinder still. Ich sagte ihm, ich würde ihn in einer Stunde anrufen, dann wäre ich im Hotel. Kurz war ich seiner Kontrolle entkommen, aber jetzt hatte er sie wieder.

Das war nicht schlimm, redete ich mir ein, der Abend war sowieso gelaufen, die meisten Leute hatten sowieso schon das Lokal verlassen. Ich wollte doch dein Buch kaufen, schrieb mir ein Freund am nächsten Tag als Antwort auf meine Entschuldigung, dass ich mich nicht verabschiedet hatte.

Später im Hotel fand ich keinen Schlaf, ich war wütend, ich sagte mir, das mache ich nicht mehr mit, es ist kaum zu ertragen, diese Angst immer, sobald ich mich nur ein paar Schritte vom Haus entferne, die Angst vor seiner Wut, die er an den Kindern auslässt.

Aber Sie können ihm die Kinder nicht wegnehmen, hatte die Therapeutin gesagt, *er hat ein Recht auf Umgang.* Auch diesen Gedanken hatte ich schon oft gehabt. Was, wenn er einmal einfach durchdreht und sie umbringt? Sie im Schlaf absticht, erwürgt, oder Feuer legt? Wenn er tut, was mein Vater so oft angedroht hatte, nicht nur sich, sondern auch die Kinder zu töten?

Und in diesen Momenten wusste ich, wie schon so oft, ich würde wieder nicht gehen, ich könnte nicht gehen, das Risiko der sogenannten Trennungsgewalt und die Angst davor waren zu groß. Lieber ließ ich mich weiter von seinen Launen drangsalieren, als zu riskieren, dass er ihnen etwas antat. In jenem Augenblick verstand ich so viele Frauen, denen es nicht gelingt oder gelang zu gehen, denn diese Hölle kennen sie, sie haben sie geschmeckt und sie wissen, diese Hölle ist kaum auszuhalten, aber dies ist auch der Grund für sie zu bleiben, denn wenn sie die Tür öffnen und gehen, das wissen sie ganz genau, müssen sie durch eine noch viel größere Hölle, und sie sind in den meisten Fällen allein. Also ist es einfacher, in der eigenen kleinen Prügelhölle zu bleiben. Hier kennen wir wenigstens die Parameter, wir wissen, wie hoch die Wände sind, wir sind gewohnt uns zu ducken, den Schlägen auszuweichen, wir haben gelernt, mit der Drohung zu leben und uns bei Gefahr in Sicherheit zu bringen. Wir haben sogar Höhlen gebaut, in die wir flüchten, oder Schilde, um uns zu schützen. Doch wenn wir aufbrechen, müssen wir auch das hinter uns lassen, unseren Schutz, und dann ist die Wut, seine Wut, nicht mehr messbar, wir können sie nicht mehr einschätzen, nicht mehr mit ihr jonglieren, wir können nur noch rennen. Und wir wissen in den meisten Fällen nicht wohin, und wir haben schwer zu tragen, es sind unsere eigenen Traumata, es sind die Kinder, und wir wissen auch nicht, ob wir dann noch stark genug sein werden, dem nächsten Schlag auszuweichen.

Nur Tage später saßen wir gemeinsam am Tisch. Die Kinder waren schon aufgestanden und ich hatte das Bedürfnis, noch einmal über jenen Abend zu sprechen. Am Nachmittag davor, erfuhr ich, war es bei einer Veranstaltung in der Schule zu einem Zwischenfall gekommen.

Es war meine Idee gewesen, dass er mit den Kindern dorthin ging. *Ihr könnt ja mal kurz vorbeigehen*, hatte ich gesagt, *eine halbe Stunde oder so.*

Die Sache, der Zwischenfall, war eigentlich eine alte Geschichte, ein Streit zwischen Kindern gewesen. Aber die Eltern waren nachtragend, vor allem die Mutter. So ignorierte sie meinen Partner mit den Kindern und grüßte diese nicht.

Bei unserem Gespräch am Tisch erzählte er mir davon, meinte, der Vater wäre ja nett, aber die Mutter, überhaupt Mütter. Es folgten ein paar stereotype Äußerungen über Zickenkrieg und Stutenbissigkeit, die mich wütend machten. Es gelang mir nicht, die Wut zurückzuhalten, sie wollte raus und so sagte ich etwas zu Vorurteilen.

Darauf verteidigte er sich, er sei ja nur meinetwegen dort, weil ich es wollte, weil ich ihn geschickt hatte, er hätte eigentlich Wichtigeres zu tun gehabt, eigentlich sollte er, wie alle anderen Väter auch, durch Abwesenheit glänzen, nur ich würde ihn beruflich einschränken.

Die Wut war da und ich konnte sie nicht mehr runterschlucken oder wegdrücken. Sie war stärker als ich, größer als ich, sie warf sich über mich wie eine Sturzwelle. Ich hatte noch nicht mal ausführlich mit ihm darüber sprechen können, wie schwer das für mich bei der Lesung gewesen war, wie anstrengend, diese Angst um die Kinder, das Gesicht wahren zu müssen vor all den Leuten, dabei hätte ich am liebsten laut geschrien und wäre mit dem Telefon davongerannt, damit ich mich um die Familie kümmern könnte, so wie er es ja von mir erwartete. Seine Enttäuschung über meine Art und Weise, im Haus die weibliche Rolle zu spielen, war ja der Grund für seine Gewalt gegenüber den Kindern.

Ich sagte dann, dass ich auch ein Recht darauf hätte, einen Beruf auszuüben, und dann kam seine Antwort zurück, die saß, wie ein Schlag ins Gesicht. Ich würde doch nichts verdienen, das würde mir nie gelingen, und überhaupt seien ich und die Kinder ihm ein Klotz am Bein, ohne uns hätte er ja eine noch viel bessere und wichtigere Karriere machen können.

Aber ich kann doch auch gar nicht mehr erreichen, wenn du mich nicht lässt! Die Wut trieb mich weiter in den Streit, doch die Kinder waren da und wollten ins Bett gebracht werden und ich brachte sie ins Bett und danach stritten wir weiter. Ich war so verletzt, weil sie so wehtaten, seine Worte, sie waren wie Schläge, Worte, die mich abwerteten, er sagte mir, ich solle Tabletten nehmen, einen Arzt konsultieren, ich sei doch irre, ich sei verrückt, ich sei an allem schuld, ich würde ständig Probleme machen, ich sei ja nie zufrieden, er würde mich immerhin aushalten mit seinem Gehalt, das er hatte und ich nicht und das ihn dazu berechtigte, von mir zu verlangen, mich klein zu machen, im Haus zu bleiben, die Kinder zu versorgen, die Wäsche zu waschen, den Boden zu wischen. Und irgendwann sagte er dann doch wieder, es täte ihm leid, spätestens am nächsten Tag oder nach zwei Tagen, und ich antwortete: *Das sagst du jetzt, wie das alle gewalttätigen Männer sagen, du sagst es nur so, es täte dir leid, aber du wirst es doch wieder tun.*

Und mit dieser Erkenntnis hatte die Befreiung aus dem

beherrschenden Einfluss endlich für mich begonnen. Denn als ich diese Worte aussprach, war die Hoffnung darauf, dass die Gewalt je aufhören würde, endgültig vorbei.

In dem Bericht über ihre Befreiung aus dem Mechanismus der häuslichen Gewalt erzählt Judith Chemla von ihrer Abtreibung. Sie war schwanger und hatte, nachdem sie Anzeige gegen ihren Partner erstattet hatte, einen Termin bei einer Hebamme. Heulend berichtet Chemla ihr von ihrer Situation und der schwierigen Entscheidung gegen das Kind, die sie nun allein tragen muss. Darauf reichte ihr die Hebamme die Abtreibungspille mit folgenden Worten: »Jetzt ist Ihre Geburt.«[231]

Misshandlung

Erinnern wir uns nochmals an die französische Autorin und Feministin Titiou Lecoq aus dem Kapitel zur *Gabe*, die die schmutzigen Socken im Haus zur Kampfzone erklärt hat. Es können die Socken sein, erzählte sie in einem Video, oder aber auch der Spülschwamm, der nie richtig ausgewrungen wurde, oder einfach die Tatsache, dass sich immer die Mutter um die Arzttermine oder Schulsachen kümmern muss. In besagtem Video erzählte sie auch nochmals von der bereits erwähnten Situation, als sie ihr Kind nicht zum Arzt brachte, weil sie nicht damit an der Reihe war, und das Kind schließlich eine Trommelfellperforation erlitt. Die Kita rief sie an und bat sie, das Kind sofort abzuholen, da sein Ohr bereits eiterte, aber sie kam nicht. Lecoq war sich bewusst, so sagt sie auch im Video, dass es wirklich schrecklich war, was sie tat, aber wenn wir immer nachgeben würden, ändere sich nie etwas.

Jungs, so war ihr aufgefallen, suchen sich vor allem männliche Vorbilder, also eher den Vater und weniger sie als Mutter. Wenn obendrein immer sie die Kinder zum Aufräumen ermahnt und erzieht, ist es immer noch sie, die weiblich gelesene Person, die zuständig ist, die die Sorge für die Reinlichkeit trägt. Wenn sie die Putzfrau ist, bleibt sie in der Rolle der Gebenden.

Bei Lesungen und Diskussionen über französischen Feminismus im Rahmen des Podcasts *Medusa spricht*, den ich gemeinsam mit der Autorin Cécile Calla gründete, habe ich oft Titiou Lecoq zitiert.[232] Meist waren die Hörer*innen dann schockiert, immer wieder wurde ich auch darauf angesprochen, was ich denn dazu meinte, ob ich das können würde, meine Kinder praktisch zu vernachlässigen, um feministischen Idealen treu zu bleiben. Meine Antwort war: Ich konnte es nicht. Ich war bereit, den Bärenanteil der Care-Arbeit zu übernehmen.

Dafür stellte ich drei Bedingungen: Wenn ich erstens von ihm Anerkennung als Gegenleistung bekommen würde, würde ich es akzeptieren; wenn er zweitens nicht mehr motzte und herumschrie, sobald ihm etwas nicht passte, sobald ich ihn erinnern und ermahnen musste; und wenn ich drittens, sofern er die beiden ersten Bedingungen nicht einhielt, meine Verzweiflung darüber zum Ausdruck bringen dürfte. Er akzeptierte den Deal, wir hielten diese Hausregeln sogar schriftlich fest. Wir? Nein, ich tat das! Ich schrieb es auf! Mir war das wichtig, die Dinge und Abläufe zu regeln, nicht ihm, er würde ja gar nicht darüber sprechen, sondern mich einfach machen lassen. Für ihn war ich so frei wie kaum eine Frau, ich konnte alles machen und lassen und tun, wie ich wollte, Hauptsache, er hatte seine Ruhe.

Als wir darauf wieder bei der Paartherapeutin waren, erzählte ich von meinem Frust und meiner Verzweiflung, darüber, dass keine einzige der Abmachungen eingehalten wurde. Er bellte, immer wenn ihm etwas nicht passte, wenn er keine Lust hatte, mir mit den Aufgaben im Haus zu helfen, er vergaß die einfachsten Dinge, um die ich ihn gebeten hatte, wie beispielsweise einen Termin zum Röntgen für ein Kind abzumachen.

Aber mein Partner stritt alles ab, spielte es herunter und fand, ich übertriebe mal wieder. Die Paartherapeutin gab ihm Recht damit, dass er sich unter diesen Bedingungen von mir überfordert fühlte.

Sie gab ihm das Gefühl, ein entmachteter Mann zu sein, der zu Hause unter dem Pantoffel eines Drachen stand. *Hic sunt dracones.* Nur dass ich genau da war, wo er mich haben wollte, am Steuer des Haushalts, übersah sie oft. Auch Therapeuten oder Mitarbeiter des Jugendamtes, oder sogar auch Gutachter lassen sich manipulieren, lernte ich später.

Dass ich die Kinder nicht vernachlässigen oder misshandeln würde, wusste er, darauf konnte er zählen. Wie so viele Männer, die ihre Frauen im Stich lassen, die sich aus dem Staub machen, konnte er darauf zählen, dass die Frau sich schon kümmert. Wie mein Vater auch auf meine Mutter zählte, als er sich eine Kugel in den Kopf jagte. Auf Frauen ist Verlass, sie räumen die Trümmer zur Seite, bauen die Welt wieder auf, die Männer ihnen in Stücke geschlagen haben. Dies ist die Logik des Patriarchats.

Titiou Lecoq wurde aufgrund ihres ehrlichen Berichts wegen Kindesmisshandlung angezeigt, ihr, nicht ihrem Partner, wurde vorgeworfen, das Kind vernachlässigt zu haben. Nicht nur das, sie wurde auch von Youtubern angegriffen und Opfer eines Shitstorms auf Twitter.[233] Und obwohl ich nicht das Risiko eingegangen war, dass Titiou Lecoq damals einging, als sie ablehnte, das Kind zum Arzt zu bringen, da sie nicht an der Reihe war, eine Handlung, die ich konsequent und mutig finde, für die ich aber nicht das Herz oder den Mumm hatte, stand auch ich plötzlich wegen Kindeswohlgefährdung mit unter Verdacht. Denn die Mutter, so erklärte mir die Rechtsberatung, die ich kontaktierte, nachdem ich später von der Meldung beim Jugendamt erfahren hatte, hat die Pflicht, ihr Kind zu schützen, egal vor wem, auch vor dem eigenen Vater.

Diese Pflicht ist besonders komplex, denn einerseits wird von Müttern erwartet, ihre Kinder zu schützen, andererseits wird ihnen, worauf auch Asha Hedayati hinweist, in den Institutionen einfach nicht geglaubt.[234] Mir, die ich glaubte, ich hätte den sanften Widerstand gewählt, indem ich mich immer rechtzeitig und gewissenhaft um meine Kinder kümmerte, sie schützte und die gesamte *mental load* allein trug, meinen Frust, wenn überhaupt, nur an meinem Partner ausließ, nur mit ihm stritt, ihm widersprach, von ihm mehr Beteiligung forderte und seine Entschuldigungen nicht mehr gelten ließ, ja auch mir wurde vorgeworfen, meine Kinder misshandelt zu haben. Denn sie mussten ja den Streit mitansehen, und das ständige Geschrei besorgte und belastete sie, und irgendwann gelang es ihrem Vater ja auch nicht mehr, sich zu kontrollieren. Je älter die Kinder wurden, umso mehr bemühte ich mich um meine Karriere und parallel dazu wurden die Spannungen im Haus immer intensiver. Er flippte vor den Kindern aus, denn ich hatte mich selbst als Flipperkugel aus dem Spiel genommen, ich versuchte nicht mehr, alles unter Kontrolle zu halten in Zeiten der Krise, sondern ließ ihn praktisch gegen die Wand springen. Und er sprang, und bei seinem Sprung riss er die Kinder und mich mit in seinen Abgrund.

Schuld

An jenem Dienstag im Juni 2023, als der siebzehnjährige Nahel Merzouk in einem Pariser Vorort von einer Polizeikontrolle angehalten und beim Versuch zu fliehen erschossen wurde, erhielt ich eine Mail von der Therapeutin meines Kindes: Sie würde eine Behördenmeldung wegen Verdachts auf häusliche Gewalt machen, denn nach ihrer Einschätzung war das Wohl der Kinder in Gefahr. Frankreich stand plötzlich in Flammen und ich auch.

Eine Frau in einer Gewaltbeziehung weiß in den meisten Fällen nicht wohin, es gibt nicht viele Türen, die ihr offenstehen, dafür aber viele Fallen. Sie balanciert als schlafwandelnde Seiltänzerin über einem steilen Abgrund. Erschöpft durch die dauerhafte emotionale Belastung, bedrängt von den Einschüchterungen, den verletzenden Worten, den Schlägen, den Geldsorgen, tänzelt sie mit unsicheren Schritten auf dem Seil ihrer Liebe.

Das habe ich auch der Therapeutin des Kindes gesagt, nach jener Lesung, die mit dem verzweifelten Anruf der Kinder endete. Dass er meine Kinder schlug, war meine Strafe gewesen und ich hatte mich nicht gewehrt. Stattdessen war ich zu der Therapeutin gegangen, hatte mein Leid geklagt, mein Herz ausgeschüttet, und ich bereute es jetzt.

Die Strafe hörte nicht bei den Prügeln oder den Drohungen mit Prügeln auf, denn durch die Meldung der Therapeutin geriet ja auch ich als Mutter in die Scheinwerfer der Behörden. Die Therapeutin kannte mein Kind und mich seit vielen Jahren, denn sie hatte damals eine Behinderung diagnostiziert.

Schläge hatte es früher schon mal gegeben. Aber ich war nie direkte Zeugin gewesen. Er hatte dann immer behauptet, ihm sei nur die Hand ausgerutscht, er habe sich schützen wollen, denn das Kind habe wild um sich geschlagen. Ich war wütend, wenn die Kinder mir davon erzählten, ich sagte, er könne das nicht machen, ich drohte sogar mit der Polizei, immerhin, sagte ich ihm, bringe ich das Kind regelmäßig zu Therapeuten. Willst du, dass es dort erzählt, du prügelst oder dir sei die Hand nur ausgerutscht? Ich hatte also früher schon, vor der Meldung der Therapeutin, befürchtet, dass es zu dieser Situation kommen könnte. Vielleicht hatte ich es mir sogar manchmal gewünscht. Nun aber schockierte es mich und machte mir Angst.

Er hätte das Kind ja nie geschlagen, wenn es nicht den ganzen Stress mit mir gäbe, das könne ich ihm glauben, behauptete er, niemals hätte er gegen das Kind seine Hand erhoben.

Es war meine Schuld – nur war ich bei dem entscheidenden Schlag, der die Therapeutin des Kindes veranlasste, Meldung zu machen, gar nicht im Haus gewesen. Aber das zählte nicht, nicht für ihn und auch nicht für die Therapeutin.

Es ist eigentlich ungerecht, erklärte mir später meine Anwältin, *die Behörden am Hals zu haben ist mehr eine Strafe für die Frauen als für die Männer.* Kinder werden bei Gewalt, auch wenn es sich um partnerschaftliche und nicht familiäre Gewalt handelt, nicht mehr automatisch nur als Zeugen der Gewalt, sondern auch vermehrt als ihr Opfer wahrgenommen.[235] Was ja gut ist, aber den Müttern, die sowieso schon unter der Gewalt des Mannes gelitten haben, werden dann auch noch Vorwürfe gemacht, dass sie ihre Kinder nicht haben schützen können. Wer schon einmal geflogen ist, kennt die wichtige Notfallanweisung der Flugbegleiter*innen für Passagiere mit Kindern: Wenn Unterdruck in der Kabine herrscht, sollen sich die Erwachsenen zuerst selbst die Sauerstoffmaske aufsetzen und dann erst ihrem Kind. Das ist zunächst irritierend, aber lebenswichtig: Wie soll man anderen helfen, wenn man sich selbst nicht helfen kann?

»Der Sorgerechtsentzug hängt wie ein Damoklesschwert über allen meinen gewaltbetroffenen Mandantinnen«,[236] schreibt Asha Hedayati über ihre Tätigkeit als Anwältin. Bei den Worten meiner Anwältin spürte ich, wie so oft in jener Zeit, eine Kralle in der Brust.

Ja, antwortete ich, *es ist ja ein Prozess, der lange dauert, sich bewusst zu werden, dass man das nicht mehr ertragen möchte, kann und muss, und dann wird zwangsläufig Gewalt frei, weil man sich wehrt, wehren muss, bevor man überhaupt die Kraft finden kann, Wege zu gehen, um diese Beziehung zu verlassen.*

Die Anwältin nickte, und als ich ihr sagte, die Therapeutin meines Kindes hätte mir gesagt, die Behördenmeldung wäre eine Hilfe für mich, eine ausgestreckte Hand, schaute sie mich fragend an: *Wieso das denn? Wieso sollte es eine Hilfe sein, dass jemand Ihre Kompetenz als Mutter in Frage stellt und Sie kontrolliert? Bei einem Verdacht auf Kindesmisshandlungen müssen ja alle Erwachsenen im Umfeld geprüft werden, und da steht die Mutter auch mit im Scheinwerferlicht, das ist keine Hilfe.*

Ich hätte bei der Therapeutin des Kindes wohl geschwiegen, wenn ich den Druck und die Gewalt in der Beziehung noch hätte aushalten können. Aber das konnte ich nicht mehr.

Er hatte sich zwar bei meiner Rückkehr für den Vorfall entschuldigt, wie immer, er hatte gesagt, es tue ihm so leid. Es sollte nie wieder passieren. Aber es passierte doch immer wieder, all seinen Entschuldigungen zum Trotz tobte er im Haus und ich tobte auch innerlich, und je mehr er sagte, es tue ihm leid, umso wütender wurde ich. Ich war so erschöpft davon, mich um alles allein zu kümmern, für die Kinder zu kämpfen, mit ihm zu kämpfen, damit ich nur ein wenig, ein klein wenig Zeit zum Atmen hätte. Ich war seiner Entschuldigungen so müde.

Ich hatte nicht geschlafen, weil wir uns wie so oft die ganze Nacht gestritten hatten, ich konnte mich kaum auf den Beinen halten, aber mein Kind hatte einen Termin bei seiner Therapeutin. Mit der Therapeutin hatten wir immer wieder über die Streitereien und Spannungen im Haus geredet und ich hatte ihr versichert, ich würde mich bemühen, und wir würden ja eine Paartherapie machen. Aber diesmal konnte ich sie nicht beruhigen, im Gegenteil, ich stürmte in ihre Praxis und erzählte, ich würde das nicht mehr aushalten, ich hätte Angst, mein Partner würde den Kindern etwas antun, wenn ich abwesend wäre, und ich müsste doch weg für meine Karriere und ich könnte ihn nicht mehr kontrollieren.

Meine Zunge hatte sich gelöst, meine Stimme erhob sich und das machte meinem Kind wohl Mut, denn als es allein mit ihr war, hielt es sich auch nicht mehr zurück, erzählte seinen Schmerz.

Als die Therapeutin mich danach in den Raum bat, schickte sie mein Kind hinaus.

Ich halte es nicht mehr aus, brach es aus mir heraus, *wenn das so weitergeht, fahre ich gegen einen Baum.* Es war Jahre her, dass ich die Briefe an meine Familie geschrieben hatte. Briefe, in denen ich nicht geschrieben hatte, dass ich daran dachte, mich umzubringen, jetzt aber sagte ich es, endlich. Und ich wurde gehört.

Sie erklärte mir, sie müsse das dem Jugendamt melden, sie befürchte bleibende Schäden, Misshandlung, ich würde es ja auch nicht mehr schaffen, allein.

Ich sagte nichts, ich sagte, ich weiß nicht, ich stammelte, ich hätte Angst, meine Kinder kämen in ein Heim, man könnte mir das Sorgerecht entziehen.

Nein, sagte die Therapeutin, das werde nicht geschehen, aber uns würde geholfen, uns müsse geholfen werden. Ich war wütend, dass sie *uns* sagte, denn ich wollte mich als

Opfer sehen und nicht als Beteiligte. Ich bat sie noch zu warten, aber zwei Tage später schrieb sie meinem Partner und mir dann diese E-Mail, sie habe Sorge, die familiären Spannungen würden zu bleibenden Schäden bei den Kindern führen, Gefahr sei im Verzug, sie habe unseren Fall nun dem Jugendamt gemeldet.

Mir ging es noch nie schlechter, aber meine Angst kreiste nicht nur um die Kinder, sondern auch um meine Arbeit und ob mich die Gesellschaft nun wohl endgültig vor die Wahl stellen würde, Kinder oder Karriere, weil der Mann das ja nicht schaffte, auch mal im Haus zu bleiben, ohne zu toben wie ein Stier oder wie ein Knausgård in der Kleinkindergruppe. Am Anfang der Beziehung war mir nicht aufgefallen, dass mein Partner einen Unterschied machte zwischen seiner und meiner Karriere. Er war älter als ich, er war erfahrener als ich, er verdiente mehr als ich, ich war die Mutter, er *nur* der Vater.

Diesem Narrativ folgend, war es für mich lange selbstverständlich gewesen, dass ich beruflich mehr zurücksteckte und mich mehr um den Haushalt kümmerte als er. Aber dann war zeitgleich mit #MeToo eine neue feministische Bewegung aufgeflammt. Die feministischen Stimmen hatten auch mir die Augen geöffnet.

Ich wurde mir der Bürde bewusst, die ich schon so lange trug, die nicht nur schwer auf meinen Schultern lastete, sondern die Teil der Gewalt war, unter der ich schon so lange litt. Dagegen hatte ich mich gewehrt. Ich wollte nicht mehr akzeptieren, dass ich nicht nur die *mental load*, sondern auch die Erledigung der Hausarbeit allein trug und dabei nicht mal meine Rente ansparen konnte. Aber durch meinen Widerstand entstand nur noch mehr Gewalt im Haus. Das war meine Schuld. Es war auch meine Schuld, dass ich mit der Therapeutin des Kindes geredet, ihr meine Verzweiflung gezeigt, geweint hatte. Ich hatte schon lange die Kontrolle verloren.

In seinem Buch *Toxic Man* schreibt Frédéric Schwilden über seine Wut gegenüber seiner Mutter, die ihn nicht vor dem Missbrauch durch den Vaters geschützt hatte.[237] Damals, als ich Angst vor den Behörden hatte, hatte ich gleichzeitig Angst, dass meine Kinder mir irgendwann vorwerfen könnten, sie vor der Gewalt im Haus nicht genug geschützt zu haben. Ich hatte Angst, dass sich die Gewalt, wenn wir getrennt lebten, nur noch gegen sie wenden würde. Gleichzeitig war ich erschöpft und ausgelaugt davon, ständig aufpassen zu müssen, dass es nicht zu Konflikten kam, und Krisen aus dem Weg zu gehen. Egal ob ich mich wehrte oder duckte, die Gewalt wendete sich immer gegen mich und die Schuldgefühle fraßen mich auf.

Wenn Sie sich wehren, gehen Sie das Risiko ein, sich schuldig zu machen, wenn Sie sich scheiden lassen, machen Sie von Ihrem Recht Gebrauch, erklärte mir die Anwältin. Als Juristin ging sie davon aus, dass der Staat diese Aufgabe übernimmt: die Kinder und mich zu schützen, wenn ich die Scheidung einreichen würde. Berichte von Betroffenen wie Judith Chemla erzählen aber davon, wie schwer es ist, gehört zu werden.[238] Und deswegen ist es so wichtig, laut zu sprechen, deswegen ist es wichtig, diesen Text zu schreiben. Wir müssen endlich gehört werden.

Gespenster

Einen Monat vor der Behördenmeldung war es beim Besuch meiner Mutter in unserem Haus zu einem Zwischenfall gekommen. Ich hatte zwei Wochen Ferien mit den Kindern allein verbracht, diese dann vier Tage bei meinem Partner gelassen, um schließlich meine Mutter für einen Besuch zu uns zu holen. Er war gerade arbeitslos geworden, aber da ihm nur noch wenige Monate bis zum regulären Renteneintritt blieben, war die Arbeitslosigkeit für ihn zwar eine psychische Belastung, aber keine finanzielle Katastrophe.

Allerdings sorgte diese Veränderung dafür, dass die ökonomische Gewalt im Haus zwischen uns explodierte wie eine reife Frucht, die zu Boden fällt. Jahrelang war ich der Illusion nachgehangen, dass er, wenn sich seine Arbeitszeit aus Altersgründen reduzierte, mir mehr Raum geben würde, um meiner Karriere nachzugehen. Ich stellte mir das wie eine Wippe vor, während er jahrelang oben und ich unten im Haus gesessen hatte, wäre nun das Gegenteil der Fall. Der deutliche Altersunterschied würde einen späten Ausgleich schaffen. Doch obwohl die Kinder größer waren, die ältesten aus früheren Beziehungen sogar aus dem Haus, mein Partner weniger bis gar nicht mehr arbeiten musste, blieb mir immer weniger Raum. Gleichzeitig nahm die Gewalt zu, wie gesagt. Ich litt immer mehr an der Rolle, die mir von ihm aufgezwungen wurde. Die Hausfrau, der Drache im Haus war ich, und wenn er nicht zufrieden war, konnte er seine Launen an mir auslassen, denn, so behauptete er, auch ich ließ meine Launen an ihm aus, wenn er wieder etwas vergessen, übersehen oder nicht geschafft hatte, weil er ja jetzt schon zu alt war. Er brauchte seine Ruhe. Da konnten viele Dinge liegen bleiben. Und es war wie immer, ich kümmerte mich lieber selbst um alles, als mich mit ihm auseinanderzusetzen, denn dies endete in meinen Vorwürfen und seinen Beschimpfungen.

Je weniger Raum für meine Karriere ich hatte, umso größer wurde meine Angst. Ich sah das Gespenst der Altersarmut, von dem auch Colette Dowling in *Sterntaler. Wie Frauen mit Geld umgehen*[239] schreibt, nicht nur auf mich zuschweben, sondern mich direkt verschlingen. Während mein Partner seine Rente sicher hatte, war ich immer noch rentenlos. All die Jahre, die ich investiert hatte, um ihm für seine Arbeit den Rücken freizuhalten, auch als seine Kinder aus der früheren Beziehung bei uns gewohnt hatten, waren wie weggewischt. Diese Jahre an Arbeit und Schweiß zählten nicht, sie hatten sich aufgelöst, wie all der Staub, den ich in den Jahren aufgesaugt oder aufgewischt, den Schmutz, den ich aus der Wäsche, die Scheiße, die ich aus dem Klo geputzt hatte. Seine Rente sei ja jetzt nicht mehr so hoch wie erwartet, erklärte er und verwirrte mich damit nur noch mehr, denn er habe ja jetzt früher aufgehört als geplant, er hatte ja eigentlich noch über das Rentenalter hinaus ein paar Jahre arbeiten wollen, wenn er nicht gegangen worden wäre. Auch das gehört zum beherrschenden Einfluss, so Marie Hirigoyen: Verwirrung stiften, die andere durcheinanderbringen, damit sie nicht mehr weiß, wo oben oder unten ist, damit sie sich nicht wehrt.[240] Wenn ich das jetzt niederschreibe, muss ich wieder an das ältere Ehepaar aus dem Zug, an die Frau mit ihrem Stützgürtel und den Mann mit der Zeitung aus dem Kapitel *Honeymoon* denken. Einen Stützgürtel trug ich schon seit Jahren, denn die extreme körperliche Belastung hatte zu chronischen Rückenproblemen geführt. Die Frau im Zug wurde mein Gespenst, ich bekam Angst, so zu enden wie sie, gefügig, unterwürfig, misshandelt.

Während mein Partner mit seiner Kündigung, mit seiner Arbeitslosigkeit, seinem sang- und klanglosen Abschied nach jahrzehntelangem Schuften, seinem Rausschmiss, seiner Zukunft auf dem Abstellgleis, seiner gekränkten Männlichkeit haderte und damit sicher auch von seinen eigenen Gespenstern heimgesucht wurde, wuchs in mir die Angst vor dem Gespenst einer alten, abhängigen, armen Frau. Wir beide, mein Partner und ich, hatten uns in unseren Genderrollen verheddert, als wären diese die Schnüre für einen Seiltanz, den wir nicht beherrschten.

An dem Tag, als ich mit meiner Mutter ins Haus kam, antwortete mein Partner auf meinen Wunsch, nun mehr Zeit zu haben, um wenigstens noch ein wenig für die eigene Zukunft sorgen zu können, dass er diese Zeit selbst dringend brauchte, immerhin würde er wegen uns, also wegen der Kinder und mir, keine Arbeit finden. Ständig würde ich was von ihm wollen, von ihm Dinge verlangen, ihn hierhin und dorthin schicken, er käme einfach zu nichts. Ich verteidigte mich. Und er schrie. Er schrie mich an, er schrie, was er immer schrie, dass es nicht auszuhalten sei mit mir, dass niemand mich aushalten würde, nicht mal meine eigene Mutter, ob ich nicht aufhören könnte zu nerven, er würde sich noch die Kugel geben und so weiter. Ich bat ihn, leise zu sein, meine Mutter war da, die Kinder schliefen, aber das interessierte ihn nicht. Solange ich da war und den Mund aufmachte, musste er schreien, konnte er nur schreien, er schrie gegen meine Anwesenheit, er schrie, damit ich verschwand wie eine Maus in einem Loch. Sobald ich den Mund aufmachte, schrie er und hörte nicht auf zu brüllen, um mich nicht ausreden zu lassen, keinen Satz konnte ich zu Ende bringen, er hörte mir nicht zu, er wollte mich nicht hören, bis ich nachgab und ging, aber da ging auch schon die Sonne auf.

Meine Mutter hatte auch nicht schlafen können. Meine Mutter hatte sich gerade erst von dem letzten Tyrannen in ihrem Leben befreit; den letzten Mann, der ihr das Leben zur Hölle gemacht hatte, war sie endlich losgeworden und nun war sie hier und konnte sehen, dass ihre Tochter immer noch in dieser Hölle hockte. Sie war aufgewacht und nun riet mir meine Mutter, die so lange zu meinem Leid geschwiegen hatte, weil auch sie das Gespenst der alleinstehenden Frau gefürchtet hatte, mich zu befreien. Sie sprach von den Kindern, wie sie dasaßen, still und leise, mit eingezogenen Köpfen saßen sie in ihren Zimmern, allein. Wir waren alle allein. Die Rollen, die wir spielen mussten, hatten uns einsam gemacht, es gab kaum Berührungspunkte, es gab nichts zu verhandeln, jeder musste an seinem Platz bleiben, sonst schlug der Blitz ein.

Ich muss aber auch für meine Zukunft sorgen, versuchte ich es nochmals.

Wenn ich nicht mehr bin, verkaufst du das Haus.

Das ist doch eine Milchmädchenrechnung.

Dann arbeite doch, ich halte dich nicht davon ab.

Aber die Kinder halten mich ab.

Dann hättest du eben keine Kinder kriegen sollen.

Touchée.

Gemeinsame Kinder hatte vor allem ich gewollt. Oder nicht? Er war nicht abgeneigt gewesen, aber als es nicht gleich klappte, als wir uns einer Fruchtbarkeitsbehandlung unterziehen mussten, war ich es, die die *mental load* dafür trug. Schließlich meinte er, wir hätten ja schon Kinder, wenn auch keine gemeinsamen. Wie bereits erwähnt, hatte ich das Alleinerziehendsein als sozial ausgrenzend, als beschämend erlebt. Während mein Partner nur eine Frau im Haus brauchte, eine, die kochte, putzte, plante, aufräumte, und auch die Kinder erzog, wollte ich einfach nur einen Vater für meine Kinder, der blieb.

Viele Jahre zuvor, als ich anfing, für meine Doktorarbeit zu forschen, hatte ich den Vater meines erstgeborenen Kindes gefragt, ob er nicht das Kind für eine Weile zu sich nehmen könnte, und er hatte geantwortet: *Da brauche ich aber erst eine Frau.* Das wollte ich natürlich nicht, damals. Meine Doktorarbeit abzuschließen, schaffte ich, diese Hürde konnte ich allein nehmen, was ich nicht schaffte, war, die Scham zu überwinden, dem gesellschaftlichen Blick auf mich als nicht nur alleinstehende, sondern auch noch alleinerziehende Frau, dieser strukturellen Gewalt wollte ich unbedingt aus dem Weg gehen, und ich war bereit, sehr viel dafür auf mich zu nehmen, auch die Gewalt im Haus.

In der Zeit, als die Kinder noch klein waren, empfand ich das Gespenst der alleinerziehenden Mutter als bedrohlicher als das der armen und alleinstehenden Frau, denn ich hing der gesellschaftlichen Illusion des Ernährermodells nach. Ohne es zu wissen, war ich überzeugte Anhängerin von Gary Beckers ökonomischer Theorie der Familie, für die er 1992 den Nobelpreis erhielt. In *A Treatise on the Family*[241] wendet Becker die Grundlagen der Mikroökonomie auf den privaten Haushalt an. Dabei geht es um rationale Entscheidungen und Nutzenoptimierung. Aufgrund biologischer Merkmale und Unterschiede zwischen Mann und Frau sah Becker komparative Produktionsvorteile, die er als *intrinsisch* definierte. Aufgrund ihrer Fähigkeit des Gebärens und Stillens eigne sich die Frau zur Kinderbetreuung und zu komplementären Haushaltstätigkeiten, wogegen für den Mann die Aktivität auf dem freien Markt passend sei. Wir setzten also im Haus nur das ökonomische Modell eines Nobelpreisträgers um, der zwar darauf hingewiesen hatte, dass dieses Modell Scheidungen verringere, aber keine Anleitung gegeben hat, wie dabei vor Gewalt im Haus geschützt wird. Schlimmer noch, Becker scheint völlig ignoriert zu haben, dass dieses gesellschaftliche Modell strukturelle Gewalt gegen Frauen produziert. Was, frage ich mich nun beim Schreiben, kann das Gespenst eines Mannes sein, das ihn antreibt, in eine toxische Beziehung zu geraten, wenn meines das der alleinstehenden, altersarmen Frau war? Was war das Gespenst meines Partners? Und war dies vielleicht dasselbe Gespenst, das meinen Vater am Ende seines Lebens verfolgt hatte? War es das Gespenst des Machtverlustes? Das Gespenst des Lebensbankrotts? Das Gespenst des Nicht-Mann-Seins?

Und hielt nicht der Glaube meines Partners, er würde jeden Moment wieder auf den Arbeitsmarkt zurückkehren können, sein eigenes Gespenst auf Abstand? Denn während ich weiterhin den als genuin weiblich bezeichneten Tätigkeiten wie Kinderbetreuung und Putzen und vor allem der weiblichen *mental load* nachging, konnte mein

Partner, seiner erzwungenen Unproduktivität zum Trotz, doch noch die Illusion aufrechterhalten, er würde weiter die Kontrolle behalten, er war weiter für den freien Markt verfügbar; sobald der wieder nach ihm rufen würde, wäre er bereit.

Gefängnis

Einige Jahre zuvor wehte mir ein leichter Wind entgegen, als ich mit der Salatschüssel auf die Terrasse trat. Vor mir breitete sich die Landschaft des Languedoc aus. Die Sonne wollte gerade hinter den Weinbergen untergehen, ihr Licht ließ den Himmel rot strahlen. Am Tisch saß meine Familie. Die Kinder sahen fröhlich dem Abendessen entgegen, sie schabten mit den Gabeln auf der Tischdecke. Grillen zirpten, die Luft war von Lavendel erfüllt. Wir waren gerade erst angekommen, die Koffer noch nicht ausgepackt, die Betten noch nicht bezogen. Vor uns lagen gemeinsame Ferien in einer friedlichen Landschaft. Der heraneilende Abend kühlte die von der Hitze des Tages aufgeheizten Mauern ab. Es war ein weitläufiges Anwesen, auf dem wir für eine Woche ein kleines Häuschen gemietet hatten. Gleich nebenan stand ein kleiner Turm, dessen Zimmer man für eine Person mieten konnte. Ich war schon vorbeigeschlichen, um durchs Fenster hineinzuschauen, und hatte mir vorgestellt, wie es wäre, allein an diesem wunderbaren Ort zu sein. In dem kleinen Turmzimmer stand ein Schreibtisch mit Blick auf die Ebene, die Weinberge hinunter. Wie herrlich ich in diesem Zimmer doch würde schreiben können, wenn ich frei wäre! Aber ich war ja nicht zum Schreiben hier, hatte nicht mal meinen Laptop mitgenommen, ich war mit der Familie hier. Geschrieben hatte ich damals schon lange nicht mehr, die Kinder waren noch klein, mein Partner arbeitete Vollzeit, ich nicht mal Halbzeit. An angefangenen Manuskripten fehlte es mir nicht, aber an Zeit. Stattdessen hatte ich den Urlaub organisiert, geplant und gebucht. Ich hatte ihn auch bezahlt, von meinem kleinen Gehalt, warum auch nicht, immerhin zahlte mein Partner die großen Sachen. Er besaß das Auto, ich den Urlaub. Nur behielt das Auto auf Dauer einen gewissen Wert, ein Urlaub löste sich in Wohlgefallen auf, meistens. Außer den Gebäuden aus Stein mitten zwischen den Weinreben hatte das Anwesen auch einen Pool.

Sie können baden, wann Sie wollen, vergessen Sie nur nicht, den Alarm vorher auszuschalten, hatte uns die Besitzerin bei der Ankunft erklärt.

Es war eine lange Fahrt hierher in den Süden gewesen, anstrengend, doch jetzt am Abend fühlte ich mich leicht, die spanische Grenze war nur einen Steinwurf entfernt.

Nachher gehe ich erstmal schwimmen, sagte ich und stellte die Salatschüssel auf den Terrassentisch. Die Grillen zirpten im Rhythmus meiner Vorfreude.

Wer passt dann auf die Kinder auf? Mein Partner blickte bei den Worten nicht mal von seinem Teller hoch, denn er war gerade damit beschäftigt, sich das wohlverdiente Essen darauf zu schaufeln.

Wenn die Schüssel nicht schon auf dem Tisch gestanden hätte, hätte ich sie nun am liebsten draufgeknallt.

Aber die Salatschüssel stand und ich ließ mich auf den Stuhl fallen.

Was denn, antwortete ich, *habe ich kein Recht, mir eine Freude zu machen?* Ich schaufelte ein paar Kartoffeln auf meinen Teller, am liebsten hätte ich ihm damit den Mund gestopft, den er jetzt öffnete, um sich zu verteidigen, ich könnte ja nicht die Kinder vergessen, wenn ich mich amüsieren wollte.

Du bist doch da, gab ich zurück. Ich wollte nicht einknicken, nicht schon wieder, ich steckte doch immer zurück; seit wir Kinder im Haus hatten, die gemeinsamen und die getrennten, ich schob immer andere Bedürfnisse vor meine Karriere, meine Ambitionen damit in eine Ecke, schloss sie in eine große schwarze Kiste und versuchte sogar, nicht mehr daran zu denken. Ich war zu Hause geblieben, er hatte nicht mal Elternzeit genommen. *Das macht man in unserer Firma nicht,* behauptete er. In dem Unternehmen, in dem er angestellt war, waren mehrheitlich Männer in Führungspositionen, Frauen die Sekretärinnen, und von den Chefs, wie er einer war, hatte niemand Elternzeit genommen, da ging auch keiner mal früher nach Hause, obwohl der Gesetzgeber das vorsah, aber da war ja der Blick der anderen, das Urteil der Kollegen schwebte über ihm wie ein Damoklesschwert.

Im Alltag akzeptierte ich das, war verständig, gefügig, immerhin war er der Versorger, ich die gebärfähige Frau mit meinen weiblichen Fähigkeiten. Im Alltag ordnete ich mich unter. Aber jetzt, in den Ferien, da sah das anders aus, da gab es keine Kollegen, sondern nur uns, die Familie, und bei der Frage, seiner Frage, *Wer passt dann auf die Kinder auf*, sah ich rot.

Wir allein unter Weinbergen in der schwindenden Sonne, der Mond stand schon am Himmel und dieses leere Becken lag in schrittweiter Entfernung mit seinem klaren Wasser, in das ich so gerne springen würde.

So hatte ich mir das vorgestellt, ich würde ein paar Runden schwimmen, während er schon mal die Kinder ins Bett brachte und dann zu mir ins Wasser käme, wir würden uns küssen, berühren, vielleicht wäre es dunkel genug, dass wir uns lieben könnten, irgendwo draußen in der Weite des Südens, in der Nähe der Grenze, wo nur noch wir waren, er und ich, und später dann würden wir in das kleine Häuschen schleichen, unsere nassen Füße würden Spuren auf den roten Kacheln hinterlassen, wir würden erst dann den Tisch abräumen, uns noch gegenseitig eine Kartoffel in den Mund schieben, uns wieder küssen, übereinander herfallen, uns weiter lieben. Ja, so hatte ich mir das vorgestellt, wenn ich ehrlich war, aber jetzt, nach seiner Frage, wer sich denn um die Kinder kümmern würde, wenn ich mich im Pool vergnügte, hatte ich plötzlich keine Lust mehr, diesen Moment mit ihm zu teilen, denn ich fühlte mich gefangen und eingesperrt.

Wahrscheinlich hätte ich ihm meine Vorstellung, meinen Traum von einer aufregenden sexuellen Begegnung zwischen uns mitteilen sollen. Ich hätte etwas sagen sollen wie: ob er nicht nachkommen wollte, ob es nicht schön wäre, zusammen zu schwimmen. Vielleicht hatte er das auch eigentlich erwartet, dass ich ihm dies anböte, das gemeinsame Schwimmen, den Sex, die Romantik, und er war deswegen so sauer geworden, weil ich nur an mich gedacht hatte, an meinen Spaß. Denn ich war für das Planen zuständig, ich hatte den gesamten Urlaub organisiert, also war es doch nur selbstverständlich, dass er von mir erwartete, nicht nur meinen, sondern auch seinen Spaß gleich mit zu programmieren, oder nicht?

Ich saß in einem Gefängnis aus hohen Mauern. Die Höhe dieser Mauern bestimmte er, durch seine Launen, seine Arbeit, seine Bedürfnisse. Ich hatte das Gefühl, überhaupt nicht mehr zu existieren, sondern nur noch nach seinem *beherrschenden Einfluss* zu funktionieren.

Die Mauern meines Gefängnisses waren hoch. Ihr Zement war aus dem beherrschenden Einfluss meines Partners, der Mörtel aus den Schuldgefühlen, die mir die Gesellschaft als Mutter auferlegte. Ich wollte die Mauern einreißen, wenigstens im Urlaub, und so gab ich nicht nach, sondern nahm die mit seiner Frage ausgesprochene Einladung zum Streiten an. Die Zeit schritt voran, die Kinder waren müde, der Tisch mittlerweile von mir in Wut abgeräumt. Ich brachte noch die Kinder ins Bett, während er wütend hinter mir brüllte, und schlich mich dann hinaus zum Pool. Als ich ins Wasser stieg, ging der Alarm an, ich hatte in meinem Ärger und meiner Verzweiflung natürlich vergessen, ihn auszustellen – die Mauern waren einfach zu hoch.

In seinem Text »Krieger oder Loser« verweist Jayrôme C. Robinet auf die männliche *mental load*, auf »Brotverdiener-, Beschützer-, Krieger-sein-Müssen«[242]. Dabei muss ich wieder an die Sorgearbeit der Virilität denken, über die schon Simone de Beauvoir geschrieben hat. Es ist schwer, es liegt ein großer Druck auf dem Mann, er muss Mann sein, das ist klar, und es ist gut, dass mit Büchern wie *Oh Boy*[243] zu Männlichkeiten Stellung bezogen wird, aber in diesen und den meisten Büchern wird über Männlichkeit reflektiert, ohne dabei über die Care-Arbeit zu schreiben. Es wird viel über den Vater geschrieben, aber wenig über das Kinderkriegen, in Bezug auf Männlichkeit. Vielleicht ist es so, wie Florian Werner geschrieben hat, dass dem Vater nach dem Ende des Patriarchats die Existenzberechtigung entzogen wird? *Wer kümmert sich* ist eine Frage, die kei-nen Platz zu haben scheint in der kritischen Reflexion über Männlichkeit. Und vielleicht ist auch das ein Gefängnis. Aber es wäre sicher die erste Frage, die es zu beantworten gilt. Ein Brotverdiener passt nicht auf die Kinder auf, er geht arbeiten. Ein Beschützer auch nicht, er muss Wache halten, und ein Krieger schon gar nicht. Der kämpft, zur Not mit allen und jedem, nur um seine Rolle zu behalten. Ein Buch, das mich in meiner Zeit als alleinerziehende Mutter sehr beschäftigt hat, war *Durst*[244] von Michael Kumpfmüller. Der Titel steht für zweierlei Formen des Durstes: der Durst einer jungen, alleinerziehenden Mutter nach Unabhängigkeit und einem anderen Leben und der Durst ihrer beiden Kinder, die sie in der Wohnung alleingelassen hat und die dort verdursten. Die Handlung beruht auf einem wahren Fall, über den Aelrun Goette den aufsehenerregenden Dokumentarfilm *Die Kinder sind tot* gedreht hat. Häusliche und patriarchale Gewalt spielt in dem Kontext eine große Rolle. Im Film erzählt Liane S., frühere Freundin von Daniela J., der Mutter zweier Kinder, im Interview deren persönliche Geschichte: Der Vater ihrer

Kinder hat sie geschlagen, vergewaltigt, sich vor den Augen der Kinder selbst die Pulsadern aufgeschnitten. Sie erzählt auch, dass sich alle in Daniela J.s Umfeld bewusst darüber waren, dass sie und ihre Kinder Hilfe brauchen. Aber dass niemand reagiert hat, sie selbst, Liane, eingeschlossen, und sie das nicht versteht. Daniela J.s Pflichtverteidigerin berichtet, wie groß die Anfeindung gegen ihre Mandantin war, sogar die Todesstrafe wurde gefordert. Und tatsächlich erhielt sie eine der höchsten Strafen, die in Deutschland je für einen vergleichbaren Fall verhängt wurden: lebenslänglich. In Goettes Film erzählt Daniela J., wie sie als Kind von ihrem Vater missbraucht wurde; die Mutter hat ihr nie geglaubt und auch im Film sagt diese, sie glaube ihrer Tochter nicht. Die Schuldzuweisungen treffen die Mutter der zwei Kinder allein, ohne Partner erfährt auch sie Gewalt und wird isoliert.

In seinem Roman hat Michael Kumpfmüller das In-die-Enge-getrieben-Sein dargestellt: »Ich liege wie ein Tier in dieser Steppe, es geht mir nicht gut, du hast den Schlüssel, kümmere du dich. Durchs Telefon hörte sie einen Schlüssel im Schloss, wie der Vater mit der Kohle kam, vor dem Vater konnte die Mutter nicht reden.«[245] Während sich die Frauen um die Frage der Sorgearbeit zerfleischen, kreist über ihnen der Patriarch wie ein Geier. Aber niemand klagt das an, es wird kaum zur Sprache gebracht, weder im Film noch im Roman. Die Väter der Kinder, der Vater der Mutter werden zwar erwähnt, kommen aber nicht selbst zur Sprache, als wären sie nur Zuschauer des Geschehens. Dabei sind sie es, die sich *nicht* sorgen, die überhaupt erst Gewalt walten lassen.

Michael Kumpfmüllers Buch erschien 2003 und in diesem Jahr habe ich es auch gelesen, mein Exemplar gehört noch zur ersten Auflage. Ich war damals selbst allein mit meinem ersten Kind, so allein wie Daniela J., und ich konnte sie gut verstehen. Sie hatte sich erlaubt, sich die Freiheit zu nehmen, nach der auch ich mich sehnte, sie hatte das Haus verlassen und ihre Kinder waren daran gestorben. Ich war damals als Alleinerziehende beim Lesen wütend auf den Text, der sie nur als »die Frau« bezeichnete, so als hätte sie keine andere Identität als die der Frau, die aus der Reihe tanzte, indem sie sich weigerte, den Nachwuchs zu versorgen.

»Die griechische Tragödie hat die Sozialwohnung erreicht«[246], hieß es in der ZEIT-Kritik über *Durst*. Bis heute dürfen vor allem Männer über den Absturz von Frauen schreiben, die nicht der Norm entsprechen, und wir anderen Frauen schweigen dazu, wir schweigen, weil wir wissen, dass es nicht nur die anderen sind, nicht nur die aus der Sozialwohnung, die am Rand des Wahnsinns leben, die an den Wänden ihres Gefängnisses kratzen und daran verzweifeln. Wir auch, wir, die privilegierten Frauen, wir tragen unsere Sorgearbeit genauso allein auf dem Buckel, vielleicht haben wir ein wenig mehr Ressourcen, so dass wir also mit gutem Beispiel vorangehen, aber das alles macht es nicht wett, es macht die Einsamkeit nicht wett und nicht die Verzweiflung. Wir halten trotzdem weiter die Klappe. Die Mauern der Geschlechterrollen, die Frauen ins Haus zwängen, sind hoch. Sie sind auch hoch für Männer, für männlich gelesene Körper, die in der Öffentlichkeit unter hohem Einsatz von Kräften und Aufgabe ihrer Emotionen ständig um ihre Virilität pokern müssen, aber sie sind um so vieles höher für Frauen, die hinter den hohen Mauern des Hauses praktisch lebendig begraben werden. Vielleicht gelingt es ihnen, über die Mauern zu blicken oder sogar darauf zu tanzen, wenn sie einen Partner haben, der sie unterstützt, oder, wie Alice Coffin, gleich auf einen männlichen Partner verzichten. Sie sind erdrückend, diese Mauern, sie lassen sich nicht verschieben, wer an ihnen rüttelt, riskiert einen Einsturz, riskiert, unter ihren Trümmern begraben zu werden. Und das Schlimme ist, dass meistens

Kinder mit im Spiel sind, denn Kinderhaben sorgt dafür, dass die Rollen enger geschnallt, die Wände höher gezogen werden müssen.

Das Fundament meiner Mauern war die Ungerechtigkeit des Prinzips *mental load.* Erst als ich dies entschlüsseln lernte, verstand ich, dass mein Partner sich hinter den Wänden seiner Virilität verbarrikadierte, dass er nicht mehr in der Lage war, dahinter hervorzukommen, so sehr ich mich auch anstrengen und bemühen würde. Das Machtgefälle der Dominanz würde zwischen uns bleiben, damit er als Mann vor sich selbst weiterbestehen konnte. Ich hatte gesehen, unter welchen Anstrengungen sich meine Mutter als schon alte Frau aus der häuslichen Gewalt befreite, und ich wusste, nach der Meldung beim Jugendamt gab es kein Zurück mehr. Und so begann auch ich, Löcher in mein Gefängnis zu schlagen, indem ich die Scheidung beantragte. Mein Meißel für diese Durchbrüche wurden die Gespräche und die Unterstützung der Therapeutin, die, die ich verlassen hatte und zu der ich nach der Meldung beim Jugendamt wieder zurückkehrte. Mein Hammer sind die Worte dieses Textes.

Wie wäre es, wenn wir überhaupt aufhören würden, Wände durch Geschlechterrollen zu bauen?

Wie wäre es, wenn wir uns erlaubten, frei zu atmen, die Mauern niederzureißen und endlich das Konzept des Hauses aufzulösen?

Scham

Hinter jedem erfolgreichen Mann steht eine starke Frau, heißt es im Volksmund. Damit ist eine Frau gemeint, die Haushalt und Kinder versorgt und damit dem Mann den Rücken freihält. Sie sorgt für den nötigen Raum, damit er als *Big Man, Gatekeeper* oder auch *guter Familienvater* auftreten kann.

Diese Mehrarbeit und die damit weitaus stärker reduzierte freie oder selbstbestimmte Zeit von Frauen wird, wie Teresa Bücker[247] schreibt, oft ignoriert. Care braucht Zeit, und wenn Care nach dem alten Muster im Haus der Rolle der Frau zugeschrieben wird, dann entsteht nicht nur ein Ungleichgewicht in der Beziehung, sondern auch eine strukturelle Ungleichheit, die sich schnell in eine weitere Form der Gewalt transformieren kann. Das generelle Unwohlsein der Frau in diesem Kontext ist eine Sache, aber auch für Männer kann eine Leidenssituation entstehen, wenn sie an den alten Mustern festhalten und den Eindruck haben, es wird etwas von ihnen gefordert, was nicht ihrer Rolle entspricht: Zeit in das Haus, in die Haushaltsführung oder die Kinderbetreuung oder beides zu investieren. Simone de Beauvoir hat es bereits vor vielen Jahrzehnten geschrieben: Niemand ist überheblicher und herablassender als ein Mann in Sorge um seine Virilität.

Sehr oft, wenn ich mir von meinem Partner Entlastung wünschte und dies äußerte, kam es zu Geschrei und Gebrüll, manchmal sagte er dann, ich sei einfach nur *down.*

Ich weiß noch, dass der Gedanke, der mich am Tag darauf beherrschte, meist ein sehr dunkler Gedanke war, genauer noch, viele Gedanken. Und alle diese Gedanken richteten sich gegen niemanden anderen als mich selbst. Sie sagten mir, dass ich Schluss machen sollte, dass es genug sei. Ich lief am Fluss entlang und weinte und dachte daran, wie es für mich gewesen war, als mein Vater mit seinem Leben Schluss machte, und dass ich das den Kindern nicht zumuten durfte. Ich versuchte, beim Laufen Mut zu sammeln, ich versuchte, mich selbst wieder zu sammeln.

Aber ich war schon längst nicht mehr ich selbst, ich war schon lange nur noch ein Puzzle meiner selbst, aus dem manchmal das Ich aufblitzte, ansonsten aber hatte ein Automatismus die Führung übernommen. Ich funktionierte im Haus, ich lief wie eine gute Miele-Waschmaschine, ich war betriebsbereit, auch wenn ich manchmal stotterte, ich gab mir doch Mühe, alles richtig zu machen.

Einmal hatte ich nach dem Schwamm gegriffen, als er gerade die Küche aufräumte: Während ich die Kinder ins Bett brachte, half er mir, dabei hatte er schon den ganzen Tag im Büro geschuftet und ich war doch nur zu Hause gewesen. Diese Geste brachte das Fass zum Überlaufen, aber nicht das Greifen an sich war falsch gewesen, sondern das Dazwischengehen provozierend. Wenn er in unserer Partnerschaft schon im Haushalt »helfen« sollte, dann wenigstens das, wenigstens nicht dazwischengehen, nicht nochmal nachwischen wollen, schnell was wegmachen, als wollte ich es besser machen, als wüsste ich es besser als er. Eine gute Frau sollte ihrem Mann nicht das Gefühl geben, dass sie etwas besser kann als er. Sie sollte ihm nicht vermitteln, dass er Fehler macht. Eine Frau sollte an ihrem Platz bleiben, sonst gibt's was, wenigstens Geschrei.

Und dieses Geschrei ist eine Form der psychischen Gewalt. Frauen müssen darum bitten, Hilfe im Haushalt zu bekommen, und werden als hysterische Weiber dargestellt, die ihre Partner rumkommandieren, sie unter dem Pantoffel halten, wenn sie dabei an ihre Grenzen kommen.

TikTok, Instagram oder Facebook laufen über von Videos, bei denen sich junge Männer mit Handtüchern oder T-Shirts auf den Köpfen als Muttis oder Partnerinnen in Szene setzen, um in kurzen Sketchen stereotypes Geschlechterverhalten zu reproduzieren. Wir sehen Muttis auf dem Spielplatz, Frauen beim Autofahren und Freundinnen, die sich beschweren, dass er mal wieder nicht die Waschmaschine ausgeräumt hat, und obwohl dies der Realität entspricht, lachen wir, anstatt zu weinen.

In ihrem Ratgeber zur Selbstverteidigung gegen die *mental load* hat Coline Charpentier ein Barometer eingefügt, das die Spannung zeigt, die entsteht, wenn die mentale Belastung zu einseitig verteilt ist. Krisen sind dann programmiert.[248] Krisen, in denen Frauen von ihren Partnern leicht als hysterisch oder als verrückt bezeichnet werden. Worte, die genauso hart treffen wie Schläge, werden gesprochen, um Frauen zum Schweigen zu bringen, um Frauen zu demütigen, damit sie den Mund halten und ihre Arbeit machen, sich hinter die Männer stellen und diese erfolgreich sein lassen. Frauen müssen stark sein im Schläge-Einstecken, sei es verbal oder real, die Verletzungen, die ihnen zugefügt werden, bleiben ein Leben lang. Jede neue Krise schlägt neue Wunden und hinterlässt ihre Spuren. Es reicht nicht, wenn wir uns als Gesellschaft im Kontext der Prävention häuslicher Gewalt auf die zyklische Gewalt konzentrieren, die als Kreislauf auftritt, denn wenn es so weit gekommen ist, dass die Gewalt zyklisch ist, ist es fast schon zu spät. Nicht nur die Frau, meist auch ihre Kinder sind dann schon traumatisiert und die Folgen nachhaltig. Die gesellschaftlichen Strukturen müssen sich dringend grundsätzlich ändern, um häusliche Gewalt zu verhindern. Damit es keine Gewalt im Haus mehr gibt, müssen heteronormative Geschlechterrollen abgeschafft werden. Begriffe wie Mutter und Vater, Frau und Mann, Freund und Freundin, Geliebte und Geliebter dürfen nicht mehr an starre Muster gebunden sein, die mit Erwartungen überhäuft werden, die das Individuum unfrei machen und im schlimmsten Fall sogar zerstören.

In Frankreich wurde von der Regierung 2019 ein runder Tisch einberufen, der sich mit der Gewalt gegen Frauen auseinandersetzte. Damit gab der französische Präsident Emmanuel Macron dem durch Proteste ausgeübten Druck der Zivilgesellschaft nach. Als Ergebnis wurden mit einem Aktionsplan dreißig unterschiedliche Maßnahmen umgesetzt.[249] Eine davon war die Aufhebung ärztlicher Schweigepflicht, die auch Psychologen und andere therapeutisch arbeitende Berufe miteinschloss. Des Weiteren werden Kinder deutlich mehr als zuvor als Opfer häuslicher Gewalt gesehen und in diesem Kontext auch geschützt. Diese Gesetzesänderungen führten in unserem Fall zu der bereits genannten Behördenmeldung durch die Therapeutin meines Kindes. Es war diese Meldung, die mir endgültig die Hoffnung nahm, dass sich noch etwas ändern würde, dass der Zyklus der Gewalt irgendwann doch noch durchbrochen werden und unser Zusammensein ein glückliches Ende nehmen könnte. Es war ebenso diese Meldung, die mir sagte, dass die Situation für die Kinder schon längst zu gefährlich war, dass es so nicht weitergehen konnte. Worauf wollte ich noch warten – dass die Polizei kam und die Kinder mitnahm, damit sie keine Gewalt, und wenn auch *nur* verbale Gewalt, erleben mussten? Oder dass ein Sozialarbeiter zu uns ins Haus kam, um uns davon abzuhalten, uns vor den Kindern anzuschreien? War das Haus nicht schon Gefängnis genug für mich? Wie tief wollte ich noch sinken und wie tief sollten meine Kinder sinken? Und es war diese Meldung, die mir half, die Scham zu überwinden und bei Beratungsstellen, Anwält*innen, Therapeut*innen offener über unsere Situation der häuslichen Gewalt zu sprechen.

Plötzlich öffneten sich Türen. Ich konnte mich von der

Polizei und Beratungsstellen verstanden fühlen und stellte fest, dass die Folgen des runden Tisches in Frankreich durchaus positiv waren, denn die Menschen im öffentlichen Dienst zeigten sich verständig, offen und gut ausgebildet. Ich erinnere mich an einen Termin bei einer juristischen Beratungsstelle, bei der ein Polizist zu Schulungszwecken anwesend war. Als ich im Gespräch zu weinen anfing, nickte er unauffällig, und obwohl er doch die ganze Zeit geschwiegen hatte, fühlte sich diese Geste an, als wollte er mir Mut machen.

Die Journalistinnen Julia Cruschwitz und Carolin Haentjes stellen in ihrem Buch *Femizide. Frauenmorde in Deutschland*[250] das Hochrisikomanagement als wichtige Strategie dar, um Gewalt gegen Frauen zu verhindern. Es hat zum Ziel, Fälle von häuslicher Gewalt, in denen die konkrete Gefahr einer Tötung oder schwerer Gewalt besteht, durch die Verzahnung von Prozessen beispielsweise der Behörden und der Polizei zu verhindern. Mit Sicherheit ist das Hochrisikomanagement ein wichtiges Element, um Leben zu retten, aber es betrifft nur die Spitze des Eisbergs und damit die sichtbaren Fälle, es hilft nicht denen, die im Verborgenen leben, die schweigen, die erdulden und sich schämen. Das Hochrisikomanagement kann Frauen und ihre Kinder retten, aber wir brauchen als Gesellschaft viel mehr als das.

Zu den Ergebnissen des runden Tisches in Frankreich gehört auch die Täterprävention in dafür vorgesehenen Zentren. Eine weitere wichtige Errungenschaft ist eine Gesetzesänderung, nach der psychische Gewalt in der Beziehung härter bestraft wird. Hier wurde ein Zusatz eingefügt, mit dem erzwungener Selbstmord oder Selbstmordversuch mit Geld- und Freiheitsstrafe bestraft wird. Das tragische Schicksal von Krisztina Rády, der Ehefrau des Sängers Bertrand Cantat, gab für diesen Gesetzesentwurf den Impuls. Die Anwältin Yael Mellul hat sich, wie bereits erwähnt, intensiv mit dem Fall Rády beschäftigt und war auch selbst Opfer häuslicher Gewalt. Sie schreibt, dass sie zwar nicht ihr Kind vor dem schrecklichen Erlebnis hat schützen können, seine Mutter unter dem *beherrschenden Einfluss* eines toxischen Mannes zu sehen, aber wenigstens dafür sorgen konnte, dass andere Kinder mehr Schutz bekommen.[251] In Deutschland greift das Gewaltschutzgesetz bei Verletzung oder angedrohter Verletzung des Körpers, der Freiheit oder Gesundheit einer Person. Psychische Gewalt ist strafbar, wenn es sich um Bedrohung, Beleidigung, Erpressung, Stalking oder üble Nachrede handelt. Es gibt aber kein Gesetz, das konkret die psychischen Übergriffe in Form von verbalen Angriffen oder Mobbing innerhalb der Beziehung bestraft – und damit Menschen schützt. Der Therapeutin meines Kindes, die die Meldung bei den Behörden zum Schutz der Kinder machte, hatte ich auch gesagt, dass ich mir immer wieder ausmalte, gegen einen Baum zu fahren, mir das Leben zu nehmen.

Als Betroffene konnte ich erleben, dass der runde Tisch von 2019 zur Prävention von Gewalt gegen Frauen in Frankreich gesellschaftlich etwas bewegt hat, dass die Maßnahmen Frauen und Kinder besser schützen und vor allem helfen konnten, die Scham zu überwinden, um in die Öffentlichkeit zu treten. Diese Hilfe für Betroffene kommt meiner Erfahrung nach nicht in erster Linie von den frei arbeitenden Therapeut*innen im Bereich der Psychologie oder Psychiatrie, sondern von denen, die im öffentlichen Dienst arbeiten. Jenen, die bei staatlichen Beratungsstellen tätig sind, die Anlaufstellen für Betroffene bieten.

Die Scham ist ein schlechter Ratgeber, sagte die Therapeutin, als ich nach langer Zeit wieder zu ihr in eine Sitzung kam.

Das letzte Mal, als wir uns davor sahen, riet sie mir zur Flucht. Und ich ging und kam jahrelang nicht zurück, da ich mich so schämte, dass ich ihren deutlichen Worten zum

Trotz die Hoffnung auf ein gutes Ende unserer Beziehung nicht aufgeben wollte.

Damals hatte ich ihr von der Sache mit dem Schwamm erzählt, von den langen Stunden danach, in denen mein Partner mich anschrie.

Sie sind ständig damit beschäftigt, es Ihrem Mann recht zu machen, und wenn Sie auch nur versuchen, alles für die Kinder selbst zu machen, so dass er nicht belangt wird, weil er es nicht kann oder will. Sie sind im Zustand dauerhafter Aufmerksamkeit und das ist ein Zeichen von häuslicher Gewalt, hatte sie gesagt. Sie konnte das erkennen, da sie regelmäßig an Schulungen teilgenommen hatte, die Teil des Aktionsplans von 2019 waren. Sie war es auch, die mir das Barometer der Gewalt, das »violentomètre« gezeigt hatte.

Sich selbst als Opfer häuslicher Gewalt zu sehen, erfüllt mit Scham. Lange konnte ich das nicht. Lange war die Scham eine Spiegelwand, die mich umgab. Indem ich meine ganze Energie daran setzte, ein Spiegelbild vom perfekten Familienleben zu schaffen, belog ich mich selbst und ertränkte so meinen Schmerz.

Wenn Frauen sich gegen die Care-Arbeit wehren, wenn sie aufmüpfig werden, dann werden sie meist von ihrem Partner oder der Gesellschaft beschämt und zum Schweigen gebracht.

Denn nicht in jedem Fall muss der Partner die Gewalt anwenden; die Gesellschaft, in Form von Freund*innen und Nachbar*innen, kann das auch sehr gut: *Kein Wunder, dass er sich eine andere sucht, wenn du dein Aussehen so vernachlässigst ... Willst du nicht selbst bei den Kindern sein? Ja, wenn er es nicht macht, dann solltest doch wenigstens du, du bist doch die Mutter ... Findest du nicht, dass das viel von ihm verlangt ist, er muss doch so viel arbeiten ...*

Lange hatte ich aus Scham geschwiegen, mich geduckt und bemüht, die perfekte Partnerin, Hausfrau und Mutter zu spielen, Streitigkeiten waren nur eine Beziehungskrise, mehr nicht.

Morgen scheint die Sonne wieder, sagte ich mir.

Aber irgendwann hatte ich alte Fotoalben durchgeblättert und mich erinnert, dass da der Urlaub war, in dem er mich im Flugzeug so laut angeschrien hatte, weil ich ihn gebeten hatte, seinem Kind eine Geschichte vorzulesen, so laut, dass sogar einer der Mitpassagiere ihn bat, leiser zu sein. Und es kam der Moment, da fragte ich mich: Wieso habe ich damals überhaupt noch lachen können? Woher nahm ich die Kraft, am nächsten Tag wieder aufzustehen und so zu tun, als sei nichts gewesen?

Eine seltsame Logik war, dass mir die eigene Betroffenheit erst viel später bewusst wurde, als ich endlich angefangen hatte, mich durch Trennung aus meiner Opferrolle zu befreien. So lange ich mittendrin steckte, mich unter *beherrschendem Einfluss* in der Beziehung befand, war es nahezu unmöglich, das Geschehen aus der Distanz zu sehen. In diesem Zustand befand ich mich wie in einem Nebel aus Schuldgefühlen, Verzweiflung und Wut. Erst als ich später die Scheidung eingereicht hatte, als wir nicht mehr zusammenlebten und so mein Partner zu meinem Ex-Partner wurde, fiel es mir leichter, mir selbst einzugestehen, was ich erlebt hatte.

Die Therapeutin hatte mir deutlich gemacht, dass in unserem Haus Gewalt herrschte, dass wir uns in einem Kampf um die Formen intimer Dominanz befanden und dass ich etwas unternehmen musste. Ich musste aufhören, diese Realität sowie die Angst und die Scham zu ignorieren. Ich musste endlich fliehen.

Als die Frau an der Seite meines Partners war ich das Barometer seiner Virilität gewesen. In meinem Blick auf ihn spiegelte sich der Wert seines männlichen Prestiges. Wenn ich von unten zu ihm aufschaute, stand seine Männlichkeit hoch im Kurs, blickte ich auf ihn herab, sank diese gegen Null. Genauso hatte mein Vater meine Mutter gesehen und wie bei ihm waren die Arbeitslosigkeit und das Versagen in der Rolle des Versorgers ein Trigger für die Depression. Auch er schämte sich.

Und auch ich fühlte diese Scham. Ich hätte ihm gerne geholfen, alle meine Kraft aufgebracht, damit er in der Gesellschaft einen Platz einnehmen, als *Big Man, Gatekeeper* oder auch *guter Familienvater* auftreten könnte, aber das wäre nur gegangen, indem ich mich unterordnete, mich selbst aufgab, die Klappe hielt, und weiter ein selbstzerstörendes Spiel spielte, wenn ich mich weiter selbst sabotierte.

Sabotage

Oh ja, er hatte es wieder getan und immer wieder. Er war wieder gewalttätig geworden. Er hatte mir wieder gesagt, er würde meine Bitten, die er als Klagen und Jammern empfand, nicht mehr aushalten, sich irgendwann noch eine Kugel in den Kopf jagen, wie mein Vater. Aber jedes Mal, jedes einzelne Mal, wenn er es wieder tat, fragte ich mich, wie es so weit kommen konnte, warum er mich nun doch wieder anbrüllte, obwohl er versprochen hatte, es nicht wieder zu tun, nie wieder.

Dann irgendwann war da der Tag, an dem mein Partner ein Messer nahm. Mitten im Streit. Ich weiß nicht mehr, worum es ging, aber da es ein Wochenende war, wahrscheinlich um die Frage, wer sich ausruhen durfte und wer sich kümmern musste. Ich weiß noch, dass mich seine Entschlossenheit, mit der er zur Küchenschublade ging, um das Messer herauszunehmen, so sehr erschreckte, dass ich sofort die Kinder packte und den Raum verließ. Aber es war zu spät. Minuten später brüllte er nach mir, ich solle kommen und ihm helfen, die Blutung zu stoppen. Er hätte ja nicht gedacht, dass das so bluten würde. Er hatte das ja gar nicht gewollt, sondern geglaubt, Pulsadern müsse man quer aufschneiden, nicht längs. Ich ging zu ihm und überlegte nur kurz, ob ich lieber den Notarzt rufen sollte. Es war eine dünne Stichwunde an seinem Unterarm. Aber die Kinder waren ja da. Also fuhr ich ihn in die Klinik. Er wollte mir ja nur Angst machen. Es war meine Schuld.

Gehen Sie, hatten die Therapeuten und Ärzte meiner Mutter geraten, aber sie war nicht gegangen. Als Kind war ich meiner Mutter für jeden Tag dankbar, den ich mit meinem Vater haben konnte. Ich war ihr dankbar für jeden

Augenblick, an dem sie die Gewalt im Haus aus- und von uns Kindern fernhielt, denn nur dies erlaubte mir das Gefühl, eine Familie zu haben, wie alle sie haben, auch wenn das eine Illusion war. Und so hatte auch ich mir Mühe gegeben, für meine Kinder so lange wie möglich die Gewalt im Haus auszuhalten, obwohl es nicht unbedingt logisch, obwohl es nicht verständlich war, obwohl es mit Sicherheit eine Form der Selbstsabotage war und ein Risiko für die physische und psychische Gesundheit.

Doch die glückliche Kleinfamilie ist ja nicht nur dann eine Illusion, wenn die Gewalt im Haus ist, sondern sie ist ganz allgemein eine Illusion. Durch dieses Dogma der »normalen« Familie wird immer wieder Leid produziert und auch Gewalt gefördert.

Die Herbstsonne ließ die im Wind tanzenden Blätter leuchten, als wir an jenem Nachmittag über den Flohmarkt liefen. Während ich mühsam meinen dicken Bauch durch die Menge schob, war mir mein Partner immer ein paar Schritte voraus. Ein paar Bodys und Strampler hatte ich schon im Gepäck, als ich an einer Ecke auf genau den Kinderwagen stieß, den ich schon seit Wochen suchte. Einer, in dem zwei Kinder Platz hatten und der mir so den Alltag mit Sicherheit erleichtern würde. Auch der Preis, den mir seine Besitzerin angab, stimmte für mich. Nur hatte ich nicht mehr genug Bargeld dabei, um den Wagen zu kaufen. Ich rief nach meinem Partner, aber der war schon so weit voraus, dass er mich nicht mehr hörte, und er drehte sich auch nicht um, um mein Winken zu sehen. Schnell sagte ich der Frau Bescheid, ich sei in wenigen Minuten zurück, um ihr das Gefährt abzukaufen. Nur widerwillig begleitete mich mein Partner Sekunden später zum Stand zurück, wir waren schon länger unterwegs, er wollte gerne gehen. Als wir wieder bei dem Kinderwagen ankamen, stand ein anderes Paar davor. Die Frau war so schwanger wie ich, sie hatten auch ein kleines Kind dabei. Schnell sagte ich, dass ich den Wagen eigentlich schon reserviert hatte. Noch bevor die Verkäuferin den Mund aufmachen konnte, widersprach mir der Partner der anderen Schwangeren, sie hätten gerade den Preis ausgehandelt. Er zückte seine Geldbörse und hielt der Besitzerin die Geldscheine hin. Die schaute mich und meinen Partner entschuldigend, aber schulterzuckend, an und nahm das ihr angebotene Geld. Eine kalte Welle der Wut überkam mich. Wut auf dieses fremde Paar, das sich einfach vorgedrängelt und mir die Aussicht auf Erleichterung, auf eine erledigte Aufgabe, auf weniger *mental load* genommen hatte. Ich war aber auch wütend auf die Verkäuferin, der ich mein Vertrauen geschenkt hatte, die mich hatte abblitzen lassen wie bei einem nicht eingehaltenen Date. Aber vor allem war ich voller Wut auf meinen Partner, der nur unbeteiligt danebenstand, während ein anderer Mann sich für seine Frau und Kinder in die Schlacht warf. Der zuließ, dass uns dieser Kinderwagen für zwei Kinder, den wir dringend brauchten, praktisch aus den Händen gerissen wurde. Aber das stimmte ja nicht. Denn nicht wir brauchten den Wagen, sondern nur ich. Das verstand ich später, als wir im Auto saßen.

Du übertreibst, warf mir mein Partner vor, *du hast ja noch ein paar Wochen bis zur Geburt, und dann ist es schon bald Winter, du kannst dann ja eh nicht rausgehen.*

Aber irgendwann werde ich rausgehen, wandte ich ein. Ich wollte keinen Streit, ich war hochschwanger, wir erwarteten ein Kind, zwei sogar, wir waren eine Familie, wir sollten glücklich sein.

Dann können wir ja immer noch nach einem Kinderwagen schauen, mein Partner startete das Auto. Ich drehte mich um, schaute auf den Rücksitz, eine Babyschale hatten wir schon. Als ich den Kinderwagen später neu kaufen wollte, lehnte mein Partner ab.

Der Kinderwagen war für meinen Partner ein Zubehör,

das ich brauchte, um durch die Gegend zu laufen wie mit einer Handtasche, die man sich über den Arm hängt, es war für ihn nur ein Accessoire für meinen Auftritt als Mutter mit Neugeborenen, kein Bedarfsgegenstand für die Pflege unseres Nachwuchses. Erziehung war allein meine Sache, das Geldverdienen seine. Aus seiner Sicht hatte er nur einen Antrag auf Ausgaben abgelehnt, wie etwa eine Behörde einen Antrag auf Förderung einer kulturellen Veranstaltung ablehnt, weil das Budget fehlt. In seiner Logik war ich die Haushaltsfee und er die Geldquelle, die ich anzapfen konnte. Er musste mir nicht für alles den Hahn aufdrehen, sondern konnte auch mal Einspruch erheben, wenn es ihm zu viel oder eben zu teuer erschien.

Genderrollen sabotieren die individuelle Persönlichkeitsentwicklung. Wenn wir hingegen die Geschlechterrollen im Haus ablehnen, wenn wir uns weigern, Mutter oder Vater nach den gängigen heteronormativen Vorlagen, Hausfrau oder Hauptverdiener zu sein, dann werden wir zu Streikenden und sabotieren das System.

Feminismus, könnte man meinen, ist in unserer europäischen Gesellschaft eine feste Errungenschaft. Aber das stimmt nicht. Wir haben in Deutschland immer noch ein Gesetz, das Abtreibungen theoretisch grundsätzlich unter Strafe[252] stellt, auch in den ersten Wochen der Schwangerschaft. In ihrem Buch *Das ist Krieg* zitiert Klementyna Suchanow die Erfahrung der Feministin Elif Shafak, der eine Amerikanerin mitteilte, sie könne verstehen, dass Shafak als Türkin Feministin sei, worauf diese antwortete, dass sie nicht verstehen könne, dass sie als Amerikanerin keine Feministin sei. Suchanow verweist mit diesem Beispiel auf eine imaginäre Landkarte, nach der die westlichen Länder sich durch Gleichberechtigung auszeichnen würden und nur arme, instabile Länder noch Feminismus nötig hätten.[253] Die sogenannten Entwicklungsländer brauchen

Feminismus nicht mehr oder weniger als die Länder des Westens. Wir alle haben Feminismus nötig, Frauen wie Männer, heute wie morgen. Frauen machen die Hälfte der Menschheit aus, sie bevölkern diese unsere Welt zur Hälfte, und wenn Frauen nicht gleichberechtigt sind, so ist die Hälfte der Menschheit benachteiligt. Wir können niemals ganz werden ohne Feminismus. Und wir sind noch weit davon entfernt. Ob in Polen oder in Brasilien, in Argentinien oder dem Iran, nirgendwo sind Frauenrechte garantiert, und auch in Deutschland oder Frankreich sind es Frauen, die am meisten arbeiten, denn sie müssen beides stemmen, Haushalt und Karriere, und die am wenigsten verdienen, wie uns der Gender-Pay-Gap zeigt.

Männer haben lange eine Freikarte für übergriffiges Verhalten gehabt. Während unsere Gesellschaften langsam beginnen, solches Verhalten im öffentlichen Raum zu benennen und einzugrenzen, hält es sich im Privaten hartnäckig. Die männliche Dominanz im Haus wird noch immer nicht ausreichend hinterfragt.

Noch als ich anfing, dieses Buch zu schreiben, glaubte ich, dass ich Verständnis für diese männlichen Verhaltensweisen aufbringen könnte. Ich war überzeugt, dass ich nur die männlichen Mechanismen entschlüsseln müsste, die mich immer wieder so tief verletzten. Ich hoffte, wenn ich meinem Partner beispielsweise den Zyklus der Gewalt verständlich machte, würde er sich und damit auch mich daraus befreien können. Ich wünschte uns, dass die Gewalt aus unserem Haus schließlich verschwinden würde und wir zusammen darin friedlich leben könnten. Ich glaubte fest daran. Wenn ich nicht überzeugt gewesen wäre, dass die Gewalt erklärt und auch aufgehoben werden könnte, hätte ich niemals angefangen, darüber zu schreiben.

Ich war mir sicher, ich würde die Geschichte meines Vaters erzählen und damit das Paar im Haus heilen können.

Ich glaubte, wenn ich darüber schriebe, könnte ich mit Worten die Gewalt erklären und sie so aufheben.

Aber dem war nicht so.

Was ich nicht verstanden hatte, war, dass das System des Hauses, in dem Körpern geschlechtsspezifische Rollen zugeschrieben werden, selbst Gewalt ist.

Die Gewalt war da, und sie blieb. Sie sabotierte mein Vorhaben. Sie ließ sich nicht weg- oder abschreiben. Sie wuchs. Sie wurde stärker. Sie richtete sich gegen mich und schließlich gegen die Kinder.

Da begriff ich, dass die Gewalt gekommen war, um zu bleiben. Sie würde nicht gehen, denn sie war in mir und in ihm. Sie gehörte zu den Rollen, die wir im Haus verkörperten.

In seinem Essay *Gewalt* schreibt Jo Frank:

Gehe um den Sarg und sehe A und sehe nicht A. Das ist nicht A.

»Ich will sehen, dass er mir nicht mehr wehtun kann«, höre ich meine Stimme von vor einigen Tagen, weiß: Das ist nicht A. A in mir. Seine Gewalt in mir. Die wird nicht liegen in einem Sechseck Holz, niemals. Sie lebt weiter. A lebt weiter. Wird liegen mit mir im Sechseck Holz. Erst wenn ich tot bin, ist A tot.[254]

Die Gewalt folgte mir durch das Haus der Kindheit in das Haus der Zukunft. Als wäre es sein Leichentuch, war ich eingehüllt in das Schweigen um den Tod meines Vaters. Dies erlaubte mir nicht, die Gewalt zu betrachten und zu begreifen. Die Gewalt war ins Haus gekommen, um zu bleiben. Also musste ich das Haus verlassen, um sie zu beenden.

Sucht

Noch bevor ich sprechen lernte, begann ich zu tanzen. Ich tanzte stundenlang, und später, als ich Ballettunterricht haben durfte, tanzte ich ganze Nachmittage im Wohnzimmer, bis ich meine eigene Choreografie gefunden hatte und meine Mutter kommen musste, um mir zuzuschauen. Irgendwann, vor noch nicht allzu langer Zeit, hatte ich Lust, meiner Mutter ein Tanzvideo aufzunehmen. Intuitiv wählte ich dafür das Lied »N'insiste pas«, in dem die Sängerin Camille Lellouche ihre eigene Erfahrung mit häuslicher Gewalt schildert. Dabei entdeckte ich, dass die Tänzerin Julie Rivat und der Tänzer Adel Adiouni bereits ein Video zu dem Lied gemacht hatten, in dem die Gewalt über eine Tanzchoreografie in Szene gesetzt wird. Es ist schockierend zu sehen, wie sich aus einem für alle Beteiligten traumatisierenden Ereignis ein harmonischer Tanz entwickeln lässt. Die Leidenschaft ist omnipräsent, auch wenn sie in vielen Passagen einseitig ist. In dem Video wehrt sich die Frau. Sie schlägt zurück und kann sich erst aus der Beziehung befreien, als der Mann besiegt am Boden liegt.

Dieser Tanz, in dem mit dem Partner gerungen wird, stellt die zyklischen Phasen der Zuwendung (*Honeymoon*), des Umkreisens (*Spannungsaufbau*) und der *Krise*, in der sich die Spannung entlädt, in schmerzhafter und treffender Weise dar.

Lange habe ich mich gefragt, was meine Rolle in diesem Zyklus war, wieso ich diesen nicht stoppen konnte, sondern mitmachte, immer und immer wieder.

Die folgenden Ausführungen beschreiben meine persönliche Erfahrung. Ich möchte damit nicht sagen, dass die Erfahrung häuslicher Gewalt mit einer Sucht gleichzusetzen ist, im Gegenteil. Die Psychologin Marie-France Hirigoyen weist deutlich darauf hin, dass Menschen in einer Partnerschaft mit perversen Narzissten zu Opfern gemacht werden.[255] Um sich aus dieser Position des Opfers zu befreien, erklärt sie, müssen diese Menschen selbst begreifen, dass es keinen Sinn hat, auf eine Änderung oder Besserung zu hoffen, sie müssen aufgeben und gehen. Es ist nicht so einfach zu gehen, auch wenn einem Therapeut*innen dazu raten. *Denn Ratschläge*, so hat mir meine Therapeutin gesagt, *können auch Schläge sein*. Die Betroffenen müssen selbst die Kontrolle über ihr Leben zurückgewinnen. Therapeut*innen sind Rettungssanitäter*innen der Seele.

Es ist nicht leicht, seine Träume aufzugeben, und wenn man zusammen Kinder oder andere Verbindungen über die Beziehung geschaffen hat, kann man zwar Abstand suchen, aber nie wirklich ganz weggehen. Frau hat sich wieder mal in den Falschen verliebt und wird dafür vom Leben zu lebenslänglich verurteilt. Selbst wenn es so ist, sagte ich mir, muss es etwas anderes geben, etwas, das mir hilft zu verstehen – wenn schon nicht, mich zu befreien. Dann ist es auch so, dass die Gewalt meist ihren Höhepunkt im Moment der Trennung erreicht. In der Netflix-Serie *The Crown* führt Diana kurz vor ihrem tragischen Tod ein Telefongespräch mit ihrer Therapeutin, die ihr dazu rät, die Beziehung zu Dodi Al-Fayed zu beenden. Es sei wie eine Sucht, eine Sucht nach starken Gefühlen, nach Adrenalin, um den Schmerz, der so tief sitzt, zu überdecken.

Welchen Schmerz wollte ich überdecken, der so tief saß, dass ich lange die Gewalt im Haus akzeptierte? Dass ich im Haus blieb, in Eltern- oder Teilzeit ging, obwohl ich lieber arbeiten wollte?

Jede Sucht beginnt mit einem Bedürfnis, das gestillt werden will. Zum Beispiel dem Bedürfnis, eine Rolle zu füllen und dafür Anerkennung zu bekommen, beispielsweise eine gute Mutter, eine liebende Partnerin zu sein. Um diese Rolle einzuhalten, werden Kompromisse gemacht, es werden Zustände und Verletzungen hingenommen oder Verhältnisse eingegangen, bei denen das Unwohlsein weggedrückt wird, um eben dieser einen Aufgabe doch noch zu entsprechen, eine liebende Mutter, eine gute Partnerin zu sein.

Und so beginnt der Tanz, der *codependency dance* des Narzissmus, und man tanzt, obwohl die Schuhe drücken, obwohl das Blut herausläuft, denn man möchte doch so gerne die Prinzessin sein.

Und alle haben gedacht, ich sei glücklich, ich sei zufrieden, weil ich das so gerne sein wollte, glücklich und zufrieden. Also habe ich es vorgespielt. Und auch das Spiel wird zur Sucht. Es schmerzt zu wissen, dass es nur ein Spiel ist. Dass die Partnerschaft nicht glücklich ist, schlimmer noch, dass ich sogar Angst davor habe, mit meinem Partner allein zu sein. Dass ich mich bemühe, Konflikte aus dem Weg zu räumen, damit die Spannung nicht eskaliert. Dass ich die Luft anhalte, wenn wir in einem Restaurant essen gehen, aus Sorge, das Fleisch auf seinem Teller könnte kalt serviert werden und ich dann seine Wut abbekommen.

Aber der Schmerz darüber wächst in mir wie ein Geschwür, immer wieder wird der Druck so groß, dass ich nachgebe und mich dem Konflikt hingebe, dass ich mittanze, wenn die Spannung steigt, bis wir beide explodieren.

Auch Ablenkung ist eine Rettung, wenn ich, wieder und wieder, dem Partner zur Hilfe komme, sobald er Reue zeigt, wenn er sich entschuldigt, wenn er sagt, er weiß nicht, wie das passieren konnte, er wollte das doch gar nicht. Dann kann ich meine eigenen Verletzungen mit Mitleid überdecken und ihn retten.

Ich opfere mich mit vollkommener Loyalität für meinen

Partner auf. Dazu wurde ich erzogen. Wenn eine Frau mit einem Mann leben will, muss sie ihn auch befriedigen können, nicht nur sexuell. Aber doch ganz besonders sexuell. Das weiß ich, das habe ich gelernt. Das hat man mir oft genug gesagt. *Pass auf, sonst ist er weg. Sonst sieht er sich nach einer anderen um. So wird das nichts. Kein Mann hat Lust auf …*

Während er seine Bedürfnisse befriedigt haben muss, um mich lieben zu können, finde ich meine Befriedigung darin, ihn zu befriedigen. Denn ich bin eine Frau. Und eine Frau ist eher frigide, sie denkt nicht so oft an Sex und geht darin auf, für andere da zu sein. So will es das soziale Narrativ.

Und so tanzte ich mit ihm, aber vor allem um ihn herum. Wenn er an seinem Arbeitsplatz Scherereien hatte, ließ ich ihn in Ruhe. Wenn er familiäre Verpflichtungen hatte, nahm ich sie ihm ab. Ich löste mich in bedingungsloser Hingabe auf. Ich motzte zwar, wenn er keine Zeit hatte, um mich im Haushalt oder bei der Betreuung der Kinder zu entlasten, aber ich streikte nicht wie Titiou Lecoq. Ich ging nicht nur mit den kranken Kindern zum Arzt, um mein Gewissen zu beruhigen, sondern ich suchte auch nach Heilmitteln, die schneller wirkten, nach weiteren Therapien, kurzum, ich kämpfte nicht nur darum, von meinem Partner respektiert und anerkannt zu werden, sondern auch um Selbstoptimierung, darum, die beste Mutter, die perfekte Partnerin zu sein. Auch im Haus suchte ich nach Möglichkeiten, beim kapitalistischen Ringelreihen mitzumachen, teilzuhaben, wie alle. Ich war süchtig nach gesellschaftlicher Anerkennung, und zwar so sehr, dass ich bereit war, meine eigenen, meine eigentlichen Bedürfnisse in den Hintergrund zu drängen. Niemand kann behaupten, ich hätte es nicht gewollt. Ich wollte als Frau gesehen werden, ich wollte den gesellschaftlichen Erwartungen entsprechen, ich wollte nicht einfach nur Mutter sein, sondern eine richtig gute Mutter. Ich wollte nicht nur eine Frau sein, sondern auch eine attraktive Frau, eine *Mom I'd like to fuck*, dafür war ich sogar bereit, mehr zu geben, als ich zurückbekam, und auch noch stolz darauf.

All meinen Anstrengungen zum Trotz fehlte aber immer etwas. Ich erinnere mich noch an den Wochenendtrip nach Prag, bei dem ich die Restaurants schon im Vorhinein reserviert hatte, aber das Lokal dann doch nicht gehalten hatte, was es versprach. Die Laune sank auf unter null, und statt uns im Hotelzimmer leidenschaftlich zu lieben, stritten wir die ganze Nacht. Doch auch das demotivierte mich nicht, sondern befeuerte nur meine Entschlossenheit, um mich noch mehr anzustrengen, mich weiter zu bemühen, eine bessere Partnerin, eine fleißigere Hausfrau, eine noch bessere Mutter zu werden.

Jedes Mal glaubte ich, nun endlich mein Ziel erreicht und endgültig bewiesen zu haben, dass ich die Richtige, die Beste, die Einzige war. Ich erwartete etwas, das einem Ritterschlag glich, oder der Übergabe eines Diploms. Die Familie reiste in die von mir geplanten und gebuchten Ferien und entdeckte dort eine traumhafte Unterkunft, das perfekte Setting, um glücklichen Urlaub zu verbringen, so wie in den Weinbergen in den Pyrenäen. Dann war Gelegenheit, um meine Perfektion als Frau und Mutter unter Beweis zu stellen, doch Anerkennung zeigte mein Partner nicht.

Es war, wie allein auf der Tanzfläche zu stehen, auf den nächsten Song zu warten und zu hoffen, nun endlich aufgefordert zu werden, endlich einmal zu den Glücklichen zu gehören, die auserwählt sind, denen der Geliebte in die Augen schaut und sagt: Du bist es.

Da war dieser Abend nach den großen Ferien, als eine der befreundeten Mütter aus der WhatsApp-Gruppe von ihrer zweitägigen Autoreise nach Portugal erzählte. Sie hatte die Tage vor der Abreise damit verbracht, die Möbel zu reinigen und abzudecken, damit diese bei ihrer Rückkehr staubfrei wären, außerdem hatte sie Gerichte vorgekocht und in Tupperdosen gefüllt, so dass die Familie diese an Raststätten nur noch in der dortigen Mikrowelle aufwärmen musste.

Du überraschst mich nach zehn Jahren immer noch, habe ihr Partner gesagt, erzählte sie stolz. Ich kann mich noch sehr gut an den Stich in meinem Herzen erinnern, den ich bei ihrer Erzählung verspürte. Eine Mischung aus Neid, Wut und Verzweiflung. Vor allem Verzweiflung, denn ich wusste ja längst, dass ich einen ähnlichen Satz nie zu hören bekommen würde. Mir war klar, ich könnte mich anstrengen, wie ich wollte, und trotzdem würde es statt Rosen weiter verbale Prügel regnen. Ich lachte nur noch für Fotos. Denn nichts, was ich tat, wurde von ihm als ein Geschenk gesehen, sondern alles als eine natürliche Opfergabe, die zu meinem Wesen, meinem Frausein gehörte. Ich hielt das Haus sauber, damit ich mich als Frau darin wohlfühlte, und wenn es nicht sauber war, dann war ich nicht erschöpft, sondern keine gute Hausfrau. Ich sorgte für die Kinder, weil ich gelernt hatte, dass ich als Frau über einen angeborenen Mutterinstinkt verfügte, und wenn ich vergaß, den Kindern ein Fieberzäpfchen zu geben, obwohl sie krank waren, dann war ich nicht überfordert, sondern mir fehlte der richtige Instinkt. Wenn ich in einer der Frauendomänen versagte, wäre ich artfremd, hätte nicht die richtige DNA, wäre als weibliches Wesen dysfunktional und das wollte ich nicht sein. Also funktionierte ich als sozial gut konditionierte Mutter und Frau. Ich strengte mich an, um meinem Partner, der Gesellschaft, mir selbst vor allem zu beweisen, dass ich eine *richtige Frau und Mutter* war.

Es war wie eine Sucht. Es war, als würde ich mich täglich darauf vorbereiten, endlich die Prinzessin zu sein, um dann am Abend doch wieder als Aschenputtel dazusitzen. Ich war das Dornröschen, das nicht aus seinem Schlaf erwachte, war das Schneewittchen, das an seinem Apfel erstickte, aber ich versuchte es doch immer wieder. Denn ich war süchtig nach dem Glanz der Anerkennung, die mir die Gesellschaft und er versprachen, wenn ich nur endlich, endlich perfekt wäre.

Schlimmer noch, das Spielen dieser sozialen Rolle als Mutter und Frau überdeckte auch den Schmerz, der durch die Gewalt im Haus entstanden war und weiter entstand: Ich war noch nicht gut genug, hatte meine Rolle nicht perfekt genug gespielt und jeder neue Ausbruch von Gewalt war die Strafe für mein Versagen als Frau.

Es war eine Sucht.

Ich fügte mich damit nahezu widerstandslos in das gesellschaftliche Narrativ ein, mit dem ich erzogen worden war: in einem Körper zu leben, der an sich schon ein Störfaktor ist, der richtig bekleidet, gepflegt und trainiert werden will und muss, um den sozialen Anforderungen zu genügen.

Sie hat es ja so gewollt, sie hätte ja mal aufpassen können, das geschieht ihr recht, wie kann man nur so naiv sein, sie hätte das auch nicht anziehen sollen, sie hat sich ja auch einladen lassen, dann …

Meine Verzweiflung über mein Scheitern erstickte ich mit noch mehr Anstrengung, wenn sich auch nichts änderte, so hatte ich wenigstens nicht aufgegeben, ich ver*sucht*e es doch. Ich suchte, aber fand nicht den Weg aus der Gewalt, denn ich war süchtig.

Erst das Aufflammen neuer feministischer Debatten durch #MeToo brachte einen grundsätzlichen Wandel in mein Leben und ich begann, die Rolle, die ich zuvor mit so großer Leidenschaft gespielt hatte, zu hinterfragen. Ich fing an, den Schmerz zu spüren, der mit dieser Rolle verbunden war. Konnte ich sie ablegen? Würde er nicht auch verstehen können, dass sich etwas in unserer Beziehung ändern müsste? Zuerst wollte ich die Hoffnung nicht aufgeben. Wenn die Erkenntnis und der Wille nach Veränderungen da sind, kommen die Entzugserscheinungen. Aber vorher noch, lange vor dem Moment der Erkenntnis, kommt die Wut, und nicht irgendeine Wut, sondern eine verzweifelte, eine alles ergreifende Wut, die alles an sich und mit sich reißt, wie eine Flutwelle, vor der es kein Entkommen gibt.

Wut

Mama, das bist ja du auf dem Buch, wenn du dich mit Papa streitest. Mein Kind, das damals noch in den Kindergarten ging, hatte das Buch von Harriet Lerner entdeckt, das ich gerade las. Das Cover zeigt eine Frau, die die Faust ballt und die Zähne fletscht.[256] Die Aussage meines Kindes schockierte und beschämte mich. Ich hätte niemals damit gerechnet, dass mein Kind mich mit einer über einem Mensch-ärgere-dich-nicht-Spiel die Fäuste ballenden Frau identifizieren würde. In ihrem Ratgeber plädiert die Autorin, eine Psychologin, für mehr Akzeptanz – der eigenen Grenzen, aber auch der Fehler des Partners. So rät sie beispielsweise dazu, nicht durch Kritik den Frust des Partners zu steigern, wenn dieser sowieso schon unter Druck steht.[257] Dies sind sicher gut gemeinte Ratschläge, die ich mir auch ernsthaft zu Herzen nahm, nur ist es so, dass im Kontext einer patriarchalen Gesellschaft grundsätzlich mehr Verständnis für die (vor allem berufliche) Überforderung des Mannes herrscht. So habe auch ich mich bemüht, meinen Partner zu schonen und die gutgemeinten Ratschläge aus dem Wutbuch umzusetzen. Aber trotzdem hatte mein Kind mich weiterhin als diese Frau auf dem Umschlag erkannt, diese Frau, die ich eigentlich nicht sein wollte, der man ihre Wut deutlich ansah

Doch ich war längst diese Frau auf dem Buchcover geworden. Ich inkarnierte diesen schreienden Mund, diese hilflose Gestalt, die sich über einem Gesellschaftsspiel Luft machen muss. Ich war die, der man nicht zuhören wollte, die, die nicht ernstgenommen wurde, ich war die hysterische Frau mit ihrer Wut.

Verrückt

In dem bereits erwähnten Theaterstück *Gaslicht* des britischen Dramatikers Patrick Hamilton quält der Ehemann seine Frau, indem er ihre Wahrnehmung in Frage stellt, in ihr Zweifel an ihrer eigenen Wahrnehmung sät. Eine Brosche verschwindet und taucht wieder auf, ein Bild fehlt plötzlich an der Wand, ein Besuch ist niemals erschienen. Alles, was sie wahrnimmt, wird von ihrem Partner geleugnet, bis sie selbst daran zweifelt. Der Begriff *Gaslighting*, der auf dieses Stück zurückgeht, bezeichnet eine psychische Manipulation, bei der das Opfer absichtlich desorientiert wird. Genauso wie der Ehemann im Theaterstück von den Menschen, die im und um das Haus herum sind, von Bediensteten, Bekannten oder Freunden, Unterstützung für sein toxisches Spiel bekommt, erhalten Männer die Unterstützung der Gesellschaft, um Frauen zum Schweigen zu bringen und sie, wenn auch auf eine indirekte Art und Weise, zu unterwerfen. Das gesamte Umfeld leugnet, was sie sieht, erlebt, wahrnimmt, empfindet. Bis sie selbst glaubt, sich zu täuschen, bis sie sicher ist, dass sie wertlos ist, dass ihr nicht zu glauben ist, dass sie besser schweigt. Das Ziel ist ihr Verschwinden, die Auslöschung ihrer Existenz. Die Frau selbst ist nicht mehr wahrnehmbar.

In der Schlussszene der von Regisseur George Cukor realisierten Neuverfilmung von *Gaslicht* von 1944 (unter dem Titel *Das Haus der Lady Alquist*) bittet der von Polizisten gefesselte Mann seine Frau, ein Messer aus der Schublade zu nehmen, um ihn loszubinden. Sie öffnet die Schublade und antwortet, dass dort kein Messer sei. Dann nimmt sie doch ein Messer heraus, hält es in der Hand und fragt sich, ob das überhaupt ein Messer sein kann. Es ist kein Messer, denn sie tickt ja nicht richtig, sie verliert alles, ihr kann man nicht glauben, also kann das kein Messer sein und sie ihrem Mann nicht helfen.

Aber sie sagt nicht nur das, sie sagt auch, dass sie ihm hätte helfen können, dass sie ihn hätte lieben können, bei ihm sein, für ihn da sein, für ihn sorgen können, wenn sie nicht so verrückt wäre. Denn er hat sie dazu gemacht, hat sie verrückt gemacht. Ingrid Bergman hat für die Hauptrolle in dem Film den Oscar erhalten.

Wut braucht ein Ziel, aber auf Ereignisse und Emotionen, die nicht existieren, zielt man nicht. So verläuft die Wut im Sande.

Bist du doof, die Worte meines Partners hatte ich mir nur eingebildet, er hatte das ja nie so gesagt, nie so gemeint, nie gewollt, ich hatte alles nur falsch verstanden. Die Momente, in denen meine Wahrnehmung nicht nur in Frage gestellt, sondern schlichtweg geleugnet wurde, waren unendlich.

Er hatte das Kind nicht geschlagen, sondern nur mit dem Handtuch in seiner Hand gewedelt, denn er hatte ja das Gleichgewicht verloren, weil das Kind wieder so aufgedreht war und nicht auf ihn hören wollte.

Der Anruf beim Arzt? Ja, selbstverständlich hatte er sich darum gekümmert! Stundenlang war er am Telefon gewesen, aber es hatte niemand abgenommen, nicht mal ein Anrufbeantworter. Wann hatte er es denn versucht? In der Mittagspause? Oder am Abend? Also nein, er hatte es ständig versucht, immer wieder. Wir hatten schon vor einem Monat darüber gesprochen und er den Anruf noch immer nicht gemacht? Ja, er verstand das ja auch nicht, aber er hatte jetzt schon so viel Zeit darin investiert.

Zeig mir dein Telefon, forderte ich irgendwann, *ich will Beweise sehen, will sicher sein, denn glauben tue ich dir schon lange nicht mehr.*

Ich redete mir gut zu, aber das unangenehme Gefühl in meinem Innern, die Wut, blieb.

Also wohin mit meiner Wut?

Allzu oft ist sie aus mir herausgebrochen. Was kein

Ziel hatte, hat sich einen Weg gesucht. Obwohl ich mich bemühte, die Wut in mir zu unterdrücken, brach sie doch aus mir heraus. Ziellos und grenzenlos. Ich schrie, ich heulte, ich fluchte. Da meine Wut an meinem Partner abprallte wie an einer Wand, richtete ich sie gegen die mir nahestehenden Menschen, machte ihnen haltlose Vorwürfe, reagierte allzu leicht mit Verletzung und Enttäuschung: Ich ließ meine Wut an meiner Herkunftsfamilie, an meinen Freund*innen, meinen Kindern aus, indem ich mich über Kleinigkeiten aufregte, zeterte, jammerte und schrie.

In meiner Partnerschaft fühlte ich mich gefangen wie ein Insekt im Spinnennetz, und da die Spinne sich versteckt hielt, bis ihr Opfer dem sinnlosen Kampf im Netz erlag, richtete ich meine Wut gegen alle, die um mich herum waren, gegen all die stummen Zeugen meiner Qual.

Für Hélène Frappat ist Gaslighting nicht nur die Tat eines boshaften Narzissten, sondern ein gesellschaftliches Problem.[258] Es ist das, was das männlich dominierte System Frauen antut, Tag für Tag. Das Opfer isoliert sich durch seinen hilflosen Kampf selbst. Und die eigene Wut wird zum Motor der Selbstzerstörung.

Wohin mit meiner Wut?

Gaslighting erstickt jeden Aufschrei, indem es nicht nur seine Opfer, sondern auch die Gesellschaft sprachlos macht. Schlimmstenfalls werden diese zu Mittätern, so wie das Hausmädchen im Stück *Gaslicht*, das den Täter emotional unterstützt und damit sogar anfeuert.

Zeugen

Es braucht zwei Menschen für eine toxische Beziehung und meist einen dritten, um ihr zu entkommen.

Im Film *Gaslight* ist es ein Polizist, der die dunklen Machenschaften des manipulierenden Ehemannes ans Licht bringt.

Es braucht Zeugen, sagte einmal die Therapeutin meines Kindes zu mir, als ich mir darüber Gedanken machte, ob und wie ich meine Kinder nach der Meldung beim Jugendamt noch mit ihrem Vater alleinlassen konnte. Ich versuchte, so gut es ging, Babysitter und Nachhilfelehrer zu organisieren, die ins Haus kamen, sobald ich dieses für Aufträge oder andere Verpflichtungen verließ. Als die Kinder zu einer ersten Sitzung mit zur Paartherapeutin kamen, war ich schockiert, wie viel von ihren Aussagen das wiederholte, was ich schon lange angeklagt hatte. Die Angst, die sie vor ihrem Vater hatten, seine fehlende Aufmerksamkeit. Aber immer, wenn ich in der Therapie darüber gesprochen hatte, leugnete mein Partner, was ich sagte, und behauptete teilweise sogar das Gegenteil. Doch je mehr Zeugen ins Haus kamen, umso leichter fiel es mir schließlich, die Kinder und mich aus dieser Situation zu befreien. Meine Wut dagegen, die mit der Zeit immer lauter wurde, so dass ich sie am Ende kaum noch unterdrücken konnte, hatte mich immer nur in eine Einbahnstraße geführt. Sie hätte mich fast in den Abgrund gerissen, wie so viele Frauen vor mir. Denn wütende Frauen, so will es das Patriarchat, müssen zum Schweigen gebracht werden.

Martha Mitchell, die Ehefrau von John N. Mitchell, Wahlkampfmanager von Richard Nixon, hätten ihre Wut und ihr Wunsch, die Wahrheit laut auszusprechen, fast das Leben gekostet. Sie war eine der zentralen Whistleblower in der Watergate-Affäre und wurde dafür entführt und tagelang in ein Hotelzimmer gesperrt. Bei zahlreichen Fluchtversuchen hielten fünf Männer sie gewaltvoll unter Kontrolle, darunter der Leibwächter ihres Mannes. Zuvor hatte Martha Mitchell einer befreundeten Journalistin am Telefon erzählt, dass sie ihren Mann verlassen wollte, und dass ihr Unstimmigkeiten aufgefallen waren zu öffentlichen Aussagen in Bezug auf den Einbruch im Watergate-Hotel.

In der Fernsehserie *Gaslit* wird Martha Mitchell von Julia Roberts gespielt. Die echte Martha Mitchell starb vereinsamt und isoliert, von den meisten Menschen, ihrer Familie auch, war sie aufgegeben worden. Ihr Mann und seine Mittäter hatten sie erfolgreich als Alkoholikerin und Irre diskreditiert. Dabei hätte es, so soll der Journalist David Frost 1977 und damit ein Jahr nach ihrem Tod gesagt haben, ohne Martha Mitchell niemals eine Watergate-Affäre gegeben.[259] Sie hatte die Wahrheit ans Licht und wurde selbst zum Schweigen gebracht.

In den dunkelsten und einsamsten Nächten habe ich angefangen, alles genau aufzuschreiben. Nicht mal, um nicht zu vergessen, sondern um mich nicht selbst im Spinnennetz der Widersprüche zu verlieren. Und über dem Schreiben begriff ich, dass die Aussagen meines Partners nie kohärent waren. Er schrie etwas in Wut und schockierte mich, nur um Stunden später zu behaupten, alles sei ganz anders gewesen, ich hätte mich getäuscht, ihn nur falsch verstanden. Genauso wie damals im Flugzeug und so viele Male danach. Also schrieb ich alles auf. Dabei konzentrierte ich mich auf den Auslöser. Auf den Augenblick, der die Krise ins Rollen gebracht hatte, die Sekunde, in der die Blase geplatzt war. Oft bekommen Frauen in Gewaltbeziehungen auch von Psychologen den Rat, ein Tagebuch zu führen.

»Nicht, indem man sich Gehör verschafft, gibt man das menschliche Erbe weiter, sondern in dem man den Verstand nicht verliert«, schreibt Hélène Frappat. Und sie weist auch darauf hin, dass Sigmund Freud seine Theorie einer weiblichen Hysterie aus der eigenen Ignoranz gegenüber der Gewalt seines Vaters entwickelte. Er war sich nämlich bewusst, dass die Hysterie seiner Schwester sich durch die Gewalt des Vaters entwickelt hatte.[260] Sich der

Wut hinzugeben bedeutet, das Risiko einzugehen, dabei den Verstand zu verlieren, denn genau das ist das Ziel des Gaslighting: die Frau selbst zu diskreditieren. Um dies zu verhindern, braucht es Zeugen, die das Schweigen brechen, die die Wahrheit ans Licht bringen und bestätigen, dass die Wut kein Wahn ist, sondern Berechtigung hat, und wenn niemand Zeugnis ablegt, dann bleibt immer noch die Schrift, um zu verhindern, dass die Lüge gewinnt.

Gedächtnis

Der Psychologieprofessor Brendan Maher setzte Martha Mitchell mit dem Begriff des »Martha-Mitchell-Effekts«[261] für Fehldiagnosen ein Denkmal. Er bezeichnet den Effekt, wenn das Umfeld ein Individuum in seinen Aussagen nicht ernst nimmt und systematisch seine Wahrnehmung in Frage stellt, bis es sich selbst nicht mehr glaubt. Das Gaslighting ist nicht nur eine Methode, die ein Individuum benutzt, um einen anderen Menschen zu manipulieren, es ist darüber hinaus auch systematisch in unserer Gesellschaft verankert. Mit der Einführung des Begriffs Martha-Mitchell-Effekt wurde auch nachhaltig dem ihr widerfahrenen Unrecht widersprochen. Bald fünfzig Jahre nach ihrem Tod ist ihr Schicksal eines, das immer noch viele Frauen im Privaten wie auch in der Öffentlichkeit erleben. Das Gedenken an mutige Frauen wie Martha aufrechtzuerhalten und auch an ihre Leistung zu erinnern, ist eine Form des Widerstands gegen das systematische Gaslighting von Frauen im Patriarchat. Es ist Widerstand gegen das Schweigen. Und es ist Widerstand gegen das Verschwinden. Indem sie zum Schweigen gebracht werden, verschwinden die Frauen aus der öffentlichen Sphäre. Sie werden nicht mehr wahrgenommen und damit aus der öffentlichen Wahrnehmung weg und ins Haus gesperrt. Aber Martha Mitchell ist nicht die einzige Frau, die zum Schweigen gebracht wurde und deren Name als ein pathologischer Begriff in die Lehrbücher einging. Nach Kassandra, der Heldin der griechischen Antike, wurde das »Kassandra-Syndrom«, auch »Kassandra-Komplex«, benannt.

Nach der Deutung der Psychologin Laurie Layton Schapira betrifft dieser Komplex vor allem Frauen, die sich in einer dysfunktionalen Beziehung befinden. Auch ihre Wahrnehmung wird in Frage gestellt, ihnen werden ihre Emotionen und Empfindungen nicht geglaubt, sie werden schlichtweg als hysterisch bezeichnet.[262] Nicht die Tat lässt die Menschen aufschrecken, erzählt Christa Wolf in ihrem Roman *Kassandra*, sondern das Benennen der Tat.[263] In Wolfs Erzählung steht Kassandra auf Agamemnons Beutewagen und blickt noch einmal auf ihr Leben zurück, während sie in den selbstgewählten Tod fährt. Selbstgewählt, da sie es abgelehnt hat, mit Aineias Troja noch rechtzeitig zu verlassen. Sie sieht voraus, dass mit den Helden nach dem Krieg ein neues Patriarchat geschaffen wird, und will nicht darin leben. Christa Wolf hat mit diesem antiken Mythos ein zentrales Narrativ des Patriarchats erzählt: Eine Frau, die die männliche Dominanz öffentlich anprangert, sie ausspricht, anklagt und sogar ablehnt, muss zum Schweigen gebracht werden.

Kurz vor seinem Tod hatte mein Vater für uns ein Haus auf dem Land gebaut. Oft hatte ich ihn auf die Baustelle begleitet. Ich liebte es, diesen Ort zu erkunden, der erst nur ein Loch war, das mit Beton gefüllt wurde, sich langsam in Räume verwandelte, die ein Dach bekamen und zu einem Zuhause wurden. Ich liebte es, durch das Gerüst des Hauses zu laufen und mir vorzustellen, wie die Räume später aussehen würden. Während mein Vater auf der Baustelle beschäftigt war, spielte ich in den freistehenden Räumen das Leben im Haus. Oft aber trieb es mich auch hinaus, denn das Grundstück war umgeben von Wiesen und Wäldern. Dazwischen lagen viele Fischteiche und ich verbrachte viel Zeit mit den Fröschen. Ich folgte den Rufchören der Männchen und beobachtete sie bei der Paarung, sah, wie sich das Männchen ans Weibchen klammerte und wie dieses später den Laich in dicken Ballen an Pflanzen heftete. Ich fing die Kaulquappen und sammelte sie in Eimern oder Einmachgläsern. Versteckte sie im Skelett des Hauses und ließ sie bei meinem nächsten Besuch wieder frei. Die Jungfrösche rettete ich aus der Dürre der bereits fertiggestellten Kellertreppen und brach in Tränen aus, wenn ich einen von ihnen zu spät fand und er schon in der Sonne vertrocknet war. Frösche können, wenn sie in ihrer Metamorphose bei der Entwicklung verzögert sind, sogar im Larvenstadium überwintern. Während ich den Fröschen nachjagte, war mein Vater damit beschäftigt, unser Eigenheim zu bauen, das meine Mutter einrichten durfte, als es fertig war. In diese Zeit des Hausbaus muss auch die endgültige Zerrüttung ihrer Beziehung gefallen sein.

In den Unterlagen meines Vaters habe ich Tagebuchnotizen aus der Woche vor seinem Tod und einen Brief meiner Mutter gefunden. Er hatte gerade seinen vierzigsten Geburtstag mit einem großen Fest gefeiert, von dem er sich emotional und körperlich nur langsam erholte. Während er sich über die Ansprüche seiner Partnerin beschwerte, beschrieb, dass er die Gläser für sie zurückgebracht hatte, die sie für seine Geburtstagsfeier ausgeliehen hatte, hat sie sich in ihrem Schreiben an ihn auf eine sachliche Stellungnahme beschränkt. Sie kümmerte sich um die Kinder, schrieb sie, und machte entsprechende Vorschläge zur Aufteilung der finanziellen Beteiligung im Haus, schlug vor, einen Anwalt zu konsultieren.

Die Schriften meiner Eltern aus der Vergangenheit spiegeln meine Gegenwart. Während ich, die Frau, mich mit den Jahren im Haus in meiner Rolle emotional und körperlich abgenutzt fühle, so dass ich mich eigentlich nur noch auf das Wesentliche, nämlich die Arbeits- und Aufgabenverteilung konzentriere, um meine Energie zu schonen oder auch um neue Energie zu finden, ist der mir gegenüberstehende Mann mit seinem Befinden und seinen Empfindlichkeiten beschäftigt.

Er hätte *Prügel* bekommen, steht auch noch in den Notizen meines Vaters. Meine Mutter, die nicht nur die Gläser, sondern auch die Kinderbetreuung und vieles mehr für seine Geburtstagsfeier organisiert hatte, war in ihrer Rolle der Retterin zur Täterin geworden, als sie ihre Grenzen kommunizierte. Das Spiel im Dreieck einer toxischen Beziehung habe ich nur zu gut kennengelernt. Bis heute weiß ich nicht, wie ich mich davor schützen kann, aber ich habe wenigstens gelernt, die Zeichen zu lesen, wenn das Beziehungsdreieck in Bewegung gerät und die Rollen getauscht werden. Dies geschieht auch nach der Trennung, denn Betreuung und Umgang des Nachwuchses bieten weiterhin eine Angriffsfläche. Und statt mich von der Wut und Verzweiflung mitreißen zu lassen, wie von einer dunklen Strömung, versuche ich diese zu bekämpfen.

Nicht alle Frösche werden zu Prinzen, wenn eine Prinzessin sie an die Wand wirft. Auch das musste ich lernen. Ich musste lernen, dass dieses Narrativ eine weitere Lüge des Patriarchats ist. Im Märchen ist die Frau eine Prinzessin, sie wird nur von anderen daran gehindert, ihre gute Gestalt anzunehmen, sie wird in Lumpen gekleidet oder in Türme gesperrt. Ein Prinz aber ist nicht gleich ein Prinz, er muss im Märchen erst dazu werden, er muss sich seinen königlichen Status überhaupt erst verdienen, und nicht jedem Mann gelingt dies.

Qui fuit rana nunc rex est, hat Titus Petronus Arbiter in seinem Satyricon geschrieben: *der ein Frosch war, ist jetzt König*. In vielen Interpretationen des Märchens wird die Rolle des Froschs als Unterstützung der Wandlung des Mädchens zur jungen Frau betont. Er fordert sie heraus, und er macht sie zur Frau, indem er sie zur Handelnden macht. Aber eigentlich ist es doch sie, die ihm erlaubt, sich in einen Prinzen zu verwandeln, indem sie ihn bei sich aufnimmt, von ihrem goldenen Teller essen und aus ihrem goldenen Becher trinken lässt und ihn dann an die Wand wirft. Erst durch sie und die Grenzen, die sie ihm setzt, fällt der Zauber von ihm ab und er verwandelt sich in einen Königssohn wie eine Kaulquappe in einen Frosch.

Der Prinz im Froschkönig braucht für seine Verwandlung einen Kuss. Er ist auf die bedingungslose Liebe der Frau angewiesen, um erlöst zu werden. Wenn sie ihn nur hingebungsvoll und selbstlos liebt, bekommt sie den Königssohn. Während die Frau im Märchen bereits Prinzessin ist und nur von dem Mann durch eine heldenhafte Tat erlöst werden muss, muss der Mann auch als Frosch die Frau erobern, er muss erst geküsst und dann mit aller Kraft an die Wand geschleudert werden, bevor er Prinz wird.

Nicht alle Frösche werden zu Prinzen, und das ist das Dilemma des Mannes. Nicht alle Kaulquappen verwandeln sich, nicht alle Jungfrösche werden groß. Während die Frau Prinzessin spielen muss, um ihren Platz im Haus der Gesellschaft zu haben, muss der Mann sich durchsetzen und unter Beweis stellen. Er muss sich durchsetzen, um ein *Big Man* zu werden, oder ein König, dann kann er auch mal Blaubart sein, die Prinzessin in seinem Schloss einsperren, sie beherrschen und über Leben und Tod in seinen vier Wänden entscheiden. Dann hat er die Kontrolle und die sichert er mit Gewalt.

Er solle mindestens zweimal in der Woche in seine Praxis kommen, hatte der Therapeut in seinem bereits erwähnten Brief ein halbes Jahr zuvor meinem Vater geschrieben. Er müsse daran arbeiten, sein *Gewordensein* zu verstehen, denn immerhin würden ja *Ehe und Familie auf dem Spiel* stehen. Mein Vater hatte die Kontrolle im Haus verloren. Drei Tage, nachdem meine Mutter ihm den Vorschlag für eine gleichgestellte Aufteilung der Haushaltskosten geschrieben und mit einem Anwalt gedroht hatte, wurde das Gewehr im Haus gebraucht.

Das Haus als Konzept eines familiären Haushalts ist der Gedächtnisort des Patriarchats. Mit der Aufrechterhaltung des *domus* als Lebensmittelpunkt der Kleinfamilie bleibt auch der *patria potestas* hartnäckig im kulturellen Gedächtnis unserer Gesellschaften bestehen. Er wird über Generationen weitergegeben und manifestiert sich in der Lesart, mit der wir die Körper im Haus bedenken. So sehr wir uns auch bemühen, eine gleichberechtigte Gesellschaft zu schaffen, in der Menschen nicht in soziale Rollen gezwängt werden, die ihnen aufgrund körperlicher Aspekte zugeschrieben werden – das Haus als sozialer Raum des kulturellen Gedächtnisses favorisiert die Manifestation intimer Dominanz.

Die Gewalt im Haus wird über die Konstruktion der Räume fort- und festgesetzt. Der Begriff *Elternschlafzimmer* gehört zum Grundlagenvokabular der Architekt*innen. Dieser setzt voraus, dass ein Paar immer in einem Zimmer schläft. Das von Virginia Woolf postulierte *Zimmer für sich allein* als Voraussetzung einer weiblichen Selbstermächtigung wird damit bereits in der Planung eines Hauses außer Kraft gesetzt. Paare schlafen zusammen. Damit fängt es an. Und es geht weiter mit der Schwangerschaft, die nicht nur den Körper der Frau herausfordert, sondern auch Planung und Organisation und damit nach *mental load* verlangt. Die der Geburt folgende Elternzeit wird immer noch mehrheitlich von Frauen genommen. Diese kümmern sich um die Arzttermine, die Einschulung, die Hausaufgaben, kurzum, über die Struktur der materiellen Räume werden die sozialen definiert, und der weiblich gelesene Körper weiterhin auf die Sphäre des Hauses reduziert. Wenn die Kinder irgendwann aus dem Haus sind, wird die Frau, oft bedingt durch den Altersunterschied, meist zur Sorgenden und Pflegerin des Mannes, bevor sie dann, allein, im Altersheim verstirbt. Die gesellschaftlichen Strukturen verdammen den weiblichen Körper in einer generalisierten Opferposition: Von der Frau wird erwartet, für die anderen zu sorgen und sie zu pflegen, dabei wird sie meist alleingelassen, sei es als Mutter, sei es als Pflegende, sie ist dazu verdammt, sich unter- und einzuordnen, wenn sie nicht spurt, wird sie für hysterisch, für verrückt erklärt und am Ende verreckt sie, allein.

Wir brauchen also als Gesellschaft nicht nur neue Begriffe, sondern auch neue Räume, wenn wir unser kulturelles Gedächtnis und damit unsere Form des Zusammenlebens transformieren möchten.

Auch der aus den USA stammende Begriff *Master Bedroom* bietet keine Alternative für eine gerechte Gesellschaft, denn er enthält bereits die Konnotation einer Herrschaft über andere.[264] Auch der öffentliche Raum bedarf einer Transformation, denn er ist voll von exklusiven Orten für Männer. Tatsächlich ist unsere Welt mehrheitlich für Männerkörper gestaltet, wie Caroline Criado-Perez in ihrem Buch *Unsichtbare Frauen. Wie eine von Daten beherrschte Welt die Hälfte der Bevölkerung ignoriert*[265] zeigt. Sei es die Regelung des öffentlichen Verkehrs, die Planung öffentlicher Toiletten, Transportmittel, Stadtplanung, die medizinische Versorgung oder auch die Architektur von Sozialwohnungen: Die Bedürfnisse männlich gelesener Körper werden privilegiert und der die Care-Arbeit leistende Bevölkerungsteil weniger berücksichtigt. Selbst Medikamente werden nach den Bedürfnissen des männlichen Bevölkerungsteils entwickelt und hergestellt, und genauso verhält es sich mit den Bedürfnissen am Arbeitsplatz. Die Durchschnittstemperatur in Büros ist beispielsweise auf Männer geeicht, deren Körper ein anderes Wärmeempfinden als der weibliche hat. Die den Frauen im Haus historisch zugesprochenen Räume sind außer der Küche das Bügelzimmer und der Waschkeller und vielleicht noch das Kinderzimmer, solange die Kleinen in den Schlaf gesungen werden wollen. Auch in Kneipen und Bars sind Frauen historisch weniger präsent als Männer, und wenn sie präsent waren, dann vor allem zur Bedürfnisbefriedigung der Herren.

Neue Räume nur für Frauen zu schaffen, *Safe Spaces*, kann in diesen Fragen bestenfalls eine Übergangslösung sein.

Als Emmanuel Macron 2017 zum ersten Mal zur Präsidentschaftswahl antrat, hatte er die Gleichstellung seinem Wahlprogramm vorangestellt. Macron wollte der Präsident des Feminismus sein und initiierte nach seiner Wahl den bereits erwähnten runden Tisch gegen häusliche Gewalt.

Dieses ambitionierte Vorgehen für eine gerechtere Gesellschaft löste sich in seiner zweiten Legislaturperiode seit 2022 nach und nach unter dem Eindruck des zunehmenden Rechtsrucks, der dauerhaften politischen Krisen und weltweiten Konflikte immer weiter auf, wie eine Brausetablette im Wasserglas. Aus der Fürsprache des Feminismus wurde nach und nach das Durchwinken einer toxischen Männlichkeit. Macron verteidigte beispielsweise den der Vergewaltigung und mehrerer sexueller Übergriffe beschuldigten Schauspieler Gérard Depardieu zunächst, bevor er unter der öffentlichen Kritik wieder zurückruderte.[266]

Von Honoré de Balzac bis Obelix, Gérard Depardieu hat in seiner Karriere fast alle männlichen Helden der französischen Nation inkarniert. Aber wenn Depardieu für das französische Kulturgut steht, dann steht er auch für die Misogynie dieser Kultur, genauso wie Siegfried Mauser oder Till Lindemann in Deutschland.

Sie stehen für das *male entitlement*, also für den Anspruch »wichtiger« Männer auf weiblich gelesene Körper, für das Recht, sich Frauen gegenüber in einer bestimmten Art und Weise zu verhalten. Dahinter steht auch die Tatsache, dass sich viele andere Männer, die im kollektiven Gedächtnis nicht als Prinzen gelten, sich selbst vielleicht sogar als Frösche empfinden wie die Incels, sich Frauen gegenüber genauso verhalten. Dahinter steht die Tatsache, dass Frauen aus der Öffentlichkeit verdrängt und unsichtbar gemacht werden. Dahinter steht der Gender-Pay-Gap. Dahinter steht die Tatsache, dass Frauen warten sollen, bis der Prinz vorbeikommt und sie erlöst. Und wenn sie dann Aua sagen, weil der Prinz ihnen hinter den geschlossenen

Türen des Palasts das gepuderte Nasenbein bricht, um seine Dominanz auch im Intimen zu manifestieren, dann bekommen sie zur Antwort: *Schweig*! Denn die fehlende strukturelle Gleichstellung der Frau begünstigt überhaupt erst den Aufstieg der Männer. Diese werden selbst nicht als *Big Men,* als *Gatekeeper,* als gute Familienväter oder Prinzen geboren, sie werden dazu gemacht. Aber die Prinzen, die in Wahrheit alte dicke Frösche sind, dürfen und müssen an die Wand geworfen werden. Niemand muss mehr geküsst werden, damit er irgendwas wird, weil alle schon längst etwas sind.

Grenze

Als ich anfing, dieses Buch zu schreiben, als es noch ein Roman war und kein erzählerisches Essay wie jetzt, noch keine Reflexion, in der ich *ich* schreibe, als würde ich mich selbst beschreiben, sondern ein anderer Text, ein rein fiktiver, in dem *ich* noch eine andere, eine mir unbekannte Figur war, keine Autofiktion wie jetzt, eine Figur, in der sich die Wirklichkeiten der Wahrnehmungen vermischten wie im realen Leben, als ich also anfing, diesen Text zu schreiben, war ich überzeugt, war mir sicher, der Gewalt im Haus auch ohne Trennung ein Ende setzen zu können. Ich glaubte fest daran, dass *wir* es schaffen würden. Dass unsere Liebe groß genug war, um am Ende über die Gewalt zu siegen.

Der langen Zeit zum Trotz, die ich bereits unter der Gewalt im Haus litt, gab ich doch die Hoffnung nicht auf, dass sie verschwinden würde, ohne dass die letzte, die endgültige Grenze gezogen werden müsste.

Die Kinder, so hoffte ich, sollten nicht bei getrennt lebenden Eltern aufwachsen. Ihnen sollte nicht ein Elternteil entrissen werden, so wie mir. Das Trauma meiner Kindheit erwachte in den Nächten meiner Gegenwart. Es hielt mich wach und gefangen in dieser sehr langen Nacht der häuslichen Gewalt. Meine Kinder sollten keine verzweifelte Mutter haben, so wie ich eine gehabt hatte. Solange ich für die Beziehung weiterkämpfte, war ich überzeugt, dass alles noch gut werden könnte.

Dass ich dabei gegen meinen Partner kämpfen musste, ignorierte ich, noch. Ich glaubte fest und sehr lange daran, dass es, wenn es mir nur gelingen würde, mich meinem Partner verständlich zu machen, keine Gewalt mehr in unserem Haus geben würde.

Warum ging ich nicht? Warum verließ ich ihn nicht? Warum blieb ich? Wenn es so schlimm war, warum zog ich keine Grenze, schlug ich nicht die Tür hinter mir zu?

Die Antwort darauf steht in jeder Zeile dieses Textes. Sie steht besonders in den Kapiteln *Nacht, Hoffnung, Schuld.* Ich ging deshalb nicht, weil ich glaubte, es seien Ausrutscher, weil ich die Hoffnung nicht aufgeben wollte, weil ich die Schuld bei mir selbst suchte. Ich musste erst dieses Buch schreiben, um gehen zu können.

Ich tanzte weiter und immer weiter den narzisstischen Tanz mit meinem Partner, den *codependency dance*, selbst wenn dies aus Verzweiflung geschah. Weil ich hoffte, doch irgendwie noch eine Änderung zu erreichen, ein ruhiges Zuhause schaffen zu können, in einer friedlichen Beziehung zu leben, die auf gegenseitigem Verständnis und Respekt beruhte.

Aber sein Gehalt war die Keule, mit der er mich unter Kontrolle halten konnte. Es ging auf sein Konto, er zahlte mir Haushaltsgeld – wenn ich mehr brauchte, musste ich darum bitten. Er sammelte seine Rentenpunkte und einen vorzeigbaren Lebenslauf. Ich wurde Hausfrau und ich schwöre, ich habe mir wirklich Mühe gegeben, eine gute Hausfrau zu sein, eine, auf die ein Mann stolz sein kann.

»Mit Hausarbeit kann man als Frau nie gewinnen«, schreibt Jacinda Nandi, »macht sie sie nicht, ist sie eine Schlampe, macht sie sie doch, ist sie eine dumme Schlampe, die sich ausbeuten lässt«.[267] Und die Tatsache, dass sie damit in unserer Gesellschaft Recht hat, setzt die Grenze, die ich nicht ziehen konnte. Eine Frau, die sich um die Hausarbeit kümmert, wird in einer heteronormativen Beziehung keinen Respekt finden, solange Care-Arbeit in unserer Gesellschaft nicht aufgewertet wird.

Meine Wut wuchs proportional zu meiner Verzweiflung über die Situation, aber gehört wurde ich nicht. Auch nicht in der Paartherapie, die wir auf meinen Wunsch hin anfingen.

Eine Paartherapie macht nur Sinn, wenn beide Partner bereit sind, sich auf Veränderungen einzulassen, erklärte mir die Therapeutin. Wir aber zogen an unterschiedlichen Strängen, denn die grundsätzliche Veränderung der Beziehung hätte bedeutet, mir als Frau den Raum zuzugestehen, den er als Mann für sich beanspruchte: Die Freiheit, über die eigene Arbeitszeit ohne familiäre Einschränkung zu verfügen und dem anderen die Sorge um Haushalt und Nachwuchs zu überlassen.

Was mich in der Beziehung hielt, war die vielleicht sinnlose und verzweifelte Hoffnung auf eine gleichberechtigte und damit auch gewaltfreie Partnerschaft – aber diese Hoffnung war nicht ganz unbegründet. Es gehört zum Zyklus häuslicher Gewalt, dass Versprechungen gemacht werden, um die Partnerschaft aufrechtzuerhalten, und dass diese nicht eingehalten werden, gehört auch dazu.

Allem Leid zum Trotz wollte ich doch weiter an den *Honeymoon* glauben.

Wir lebten in unserer Partnerschaft nicht bewusst nach diesen gesellschaftlichen Narrativen. Sie werden über unser Handeln und unsere Bereitschaft zu Kompromissen transportiert. Spätestens wenn Kinder kommen, ist es für heterosexuelle Paare schwer, eine gleichberechtigte Beziehung zu leben, selbst wenn sie sich redlich bemühen, die alten Muster zu brechen.

»Insgesamt doktern diese Versuche, klassische Rollenbilder zu überwinden, natürlich nur an der Oberfläche, an den Symptomen herum, im Kern ist das immer noch binär gedacht. Trotzdem möchte ich für meine Kinder nicht als Mann präsent sein, sondern als Mensch«[268], schreibt Paul Brodowsky in seinem Roman *Väter*. Das Konzept Mensch verschwand in unserem Haus hinter der Grenze der herkömmlichen Geschlechterrollen. Er inszenierte seine toxische Männlichkeit. Ich antwortete mit einer inszenierten Weiblichkeit. Dabei begegneten wir uns nicht als Menschen. Wir lebten aneinander vorbei. Auch wenn ich mir wünschte, die Grenze überschreiten zu können und mich in der Beziehung von den Rollenerwartungen zu befreien, so gelang es mir nicht. Selbstverständlich lehnt die Mehrheitsgesellschaft häusliche Gewalt ab. Trotzdem gehört genau diese Gewalt zum Alltag, sie ist Teil des sozialen Systems, wie auch die Ignoranz gegenüber sexualisierter Gewalt gegen Frauen durch bekannte Männer Teil des Systems ist. Ein Femi(ni)zid ist die sichtbare Spitze des Eisbergs, aber dieser besteht vor allem aus den unzähligen Gewalthandlungen gegen Frauen im Alltag.

Der australische Humorist Troy Kinne hat mehrere Sketches zu Paarbeziehungen veröffentlicht. Sein Video über »the magic basket« ging 2016 viral.[269] Darin antwortet ein Mann seiner von der Hausarbeit überforderten Frau, sie solle sich mal entspannen, alles würde gut, denn sie hätten im Haus einen magischen Wäschekorb, der alle schmutzige Wäsche wie von selbst wusch, faltete und in die Schränke räumte. Sie solle es mal ausprobieren. Es sei denn, so erklärt der Mann seiner sprachlosen Frau, er allein sei der Auserwählte. Ich habe erst jetzt beim Fertigstellen dieses Manuskripts verstanden, dass dieser einfache Sketch die perfekte Darstellung des *beherrschenden Einflusses* ist. Der Mechanismus der gesellschaftlichen Strukturen des Patriarchats wird darin in überzogener Art und Weise dargestellt: Die Frau macht die unsichtbare Hausarbeit, damit der Mann sich mächtig fühlen kann. Er ist der Auserwählte.

Offensichtlich ist die Entzauberung der Welt noch lange nicht beendet, das Patriarchat ein weiterer Gott, den wir als Menschen töten müssen, um unserem Ideal einer gerechten Gesellschaft zu entsprechen.

Die intime Form der Dominanz wird über diese Mechanismen der Ignoranz gegenüber den sozialen Geschlechterrollen, denen wir Menschen unter *beherrschendem Einfluss* folgen, reproduziert. Mein Partner konnte sich nicht davon befreien, denn sonst wäre er nicht mehr der Mann im Haus, der Auserwählte, er wäre kein Mann mehr gewesen.

Männer nehmen sich deutlich häufiger als Frauen das Leben. Im Jahr 2022 wurden 75 % der Suizide in Deutschland von Männern begangen.[270] Männer töten, sich selbst oder Frauen und Kinder. Männer töten, wenn sie an den gesellschaftlichen Anforderungen ihrer Männlichkeit scheitern, wenn sich das Gefühl eines Lebensbankrotts einstellt.

Die Grenze war erst mit der Meldung der Therapeutin beim Jugendamt überschritten. Das war der Augenblick, in dem ich realisierte: Wenn ich jetzt nicht endlich springe, dann nie. Ich stand schon lange am Abgrund, und erst jetzt wusste ich, ich musste meine Kinder an die Hand nehmen, mich umdrehen und gehen, sonst würde dieser Abgrund uns alle verschlingen.

Sororität

Ich kann mich nicht wirklich an ihr Gesicht erinnern, kein Lächeln oder trauriger Blick ist mir in Erinnerung geblieben. Alles, was ich von ihr weiß, ist, dass sie nicht glücklich war in ihrer Ehe, jedenfalls nicht mehr am Ende. Sie hat sich allein und verlassen gefühlt, meine Großmutter. Sie wurde immer wieder als hysterisch bezeichnet. Lange hat mich, wenn ich an sie gedacht habe, eine Angst beschlichen, ich könnte auch so sein wie sie – hysterisch. Heute glaube ich nicht mehr, dass meine Großmutter hysterisch war, sie war eine von vielen Frauen, die in ihrem Haus lebten wie in einem Sarg, als wären sie lebendig begraben worden. Während sie zusehen mussten, wie sich ihre männlichen Partner mit zunehmenden Beziehungsjahren immer weiter nach Außen orientieren und sich dabei auch oft neue und jüngere Partnerinnen nebenher nehmen konnten, mussten sie ihr Leben im Innern fristen, und selbst der Nachwuchs, um den sie sich so aufopferungsvoll kümmern mussten, war nicht zum Bleiben bestimmt. Während die Kinder kamen, um zu gehen, blieb den Frauen nur das Warten.

»Waiting for fulfilment«, so zählt Faith Wildling in ihrer Performance auf, »waiting for the children to marry. Waiting for something to happen. Waiting ...«[271]

Während der männliche Partner die Welt rettet, sitzt die Frau im Haus und wartet. Die Strukturen der patriarchalen Gesellschaft sind darauf ausgerichtet, Frauen im Haus zu halten, und sind sie nicht willig, so wird Gewalt gebraucht. Zwar ist die Gewalt nicht legitim, denn die Täter werden verurteilt und geächtet, aber auch sie sind nur die Spitze des Eisbergs. Die, die verurteilt werden, sind die, die es selbst nicht geschafft haben, die selbst am Männlichkeitsideal gescheitert sind. Die Männer aber, die ihnen diese Ideale vorgelebt haben, die vorgelebt haben, wie mit Frauen umzugehen sei, wie etwa die Väter in den Medien, die kommen meist ungeschoren davon.

»Das Schuldgefühl ist nur eine von vielen Möglichkeiten, andere zum Objekt zu machen«[272], schreibt Audre Lorde. Ihr Anliegen war, Frauen zum gegenseitigen Empowerment, zur gemeinsamen Wut gegen das Patriarchat aufzurufen, jenseits von Herkunft und Colour. Genau wie Elif Shafak der Amerikanerin antwortete, sie verstehe nicht, warum sie keine Feministin sei, ruft Audre Lorde zu einer Sisterhood auf, die dieselben Privilegien für jede Frau zum Prinzip macht.

Es gibt kein Patriarchat ohne Gewalt. Dies zeigt uns die Geschichte. Das System patriarchaler Gesellschaften ist auf Ungleichheit gebaut, und Ungleichheit ist Gewalt. Die intime Form der männlichen Dominanz hat ihre Quelle im Haushalt, der auf heteronormativer Rollenteilung basiert.

Die einzigen wirklich gleichgestellten Haushalte, die ich kenne, sind die von gleichgeschlechtlichen Partnerschaften, der meiner Schwester und ihrer Partnerin zum Beispiel. In einem solchen Modell zu leben, wirkt sich auch auf die Haltung gegenüber den Geschlechterrollen der Kinder aus. Sie müssen weniger Energie aufwenden, um sozialen Erwartungen und Zwängen zu entsprechen, sondern können ihre Individualität freier entfalten. Ich plädiere nicht dafür, die heterosexuelle Liebe abzuschaffen, sondern das heteronormative Rollensystem, in dem Frauen für Männer die Sorge- und Pflegearbeit gratis machen.

Beim Auf- und Erziehen meiner Kinder konnte ich immer wieder auf die wichtige Hilfe von anderen Menschen zählen, sei es aus der engen oder fernen Verwandtschaft oder dem Freundeskreis. Bei diesen Menschen handelte es sich in der Regel um Frauen.

Sororität, abgeleitet von dem französischen Wort »sororité«, bedeutet Schwesternschaft.

Das Wort entspringt dem Lateinischen *soror*, Schwester. Im Mittelalter bezeichnete *sororitas* eine religiöse Frauengemeinschaft. Mit François Rabelais wurde *Sororität* seit der Renaissance auch unabhängig von der Religion mit einem Frauenkollektiv assoziiert, das solidarisch und gleichberechtigt lebt. Mit der französischen Revolution wurde der maskuline Begriff »Brüderlichkeit« als politisches Konzept universeller Grundsatz der Französischen Republik. So markierte der Begriff »Brüderlichkeit« die Konstituierung einer männlichen, politischen Gemeinschaft, von der Frauen ausgeschlossen waren.[273]

Für die französische Autorin Chloé Delaume ist die *Sororität* ein Mittel zum Zweck, ein machtvolles Mittel, das dazu dienen kann, die Macht den Händen der Männer zu entreißen und sie gerecht zu verteilen. Es geht darum, nicht nur sichtbar zu sein, sondern auch die Stimme zu erheben. Jede Stimme, die den männlichen Machtmissbrauch im System denunziert, zählt. Delaume weiß, wovon sie spricht. Als Kind musste sie mitansehen, wie ihr Vater erst die Mutter und dann sich selbst in der Küche im eigenen Haus erschoss. Der Haushalt im Patriarchat ist die Folterkammer der Gesellschaft, hier foltern Männer Frauen und Kinder so lange, bis sie selbst daran zerbrechen und sich die Kugel geben. Genau wie mein Vater und auch der von Chloé Delaume. Was uns gerettet hat, ist die von der Mutter inspirierte Sprache, wie Delaume so treffend beschreibt: *»Ich habe auch früh erfahren, dass Worte außerordentlich verletzend sein können – durch den Vater. Aber die Sprache zu meistern bedeutete auch, Macht zu besitzen. Denn die einzigen Male, als meine Mutter Macht über meinen Vater hatte, waren Momente, in denen sie ihm sprachlich überlegen war. Ich habe sehr schnell verstanden, wie das funktioniert.«*[274]

Und es ist die Sprache, mit der wir als Frauen gewinnen können. Männer, so Delaume, sind dabei nicht ausgeschlossen, sondern eingeladen: »Um die Männer zu beruhigen, von denen die vollkommene Abdankung ihrer Privilegien zu erwarten ist, wird für die Zukunft sorgsam der Begriff der Geschwisterlichkeit oder Adelphität zitiert. Adelph, Altgriechisch, meint Bruder und Schwester.«[275]

Die Allgemeine Erklärung der Menschenrechte wurde 1948 in Paris verkündet. Ihr erster Artikel heißt: »Alle Menschen sind frei und gleich an Würde und Rechten geboren. Sie sind mit Vernunft und Gewissen begabt und sollen einander im Geiste der Brüderlichkeit begegnen.«

Das Konzept der Brüderlichkeit als Teil des patriarchalischen Systems betrifft nicht nur das Grundverständnis des französischen Staates, sondern auch das Verständnis der Menschenrechte an sich. Damit wird die Grundlage geschaffen, auch in der Gegenwart traditionelle Systeme der Dominanz zu etablieren, wie die durch *Boys-Clubs* etablierte Macht der *Big Men.*

Wir sind niemals modern gewesen. Es ist also Zeit, dass wir für unsere gesellschaftlichen Ziele, für eine Gesellschaft, in der es keine Gewalt gegen Frauen mehr gibt, eine neue Sprache finden.

Dazu gehört auch das Hinterfragen von Mythen und Märchen und die Emanzipation aus ihrer das System der intimen Dominanz reproduzierenden Lesart. Dazu gehört beispielsweise auch die bereits am Anfang dieses Textes erwähnte Erzählung von Scheherazade. Joumana Haddad hat sicherlich Recht, wenn sie die Lesart als Geschichte der weiblichen Unterwerfung unter die intime Dominanz des Mannes im Haus ablehnt.[276] Doch die Rolle der Schwester wurde aus meiner Sicht bisher zu wenig berücksichtigt. Scheherazade gelingt die List nicht allein, sondern nur mit der Hilfe ihrer Schwester Dinharazade. Diese kommt auf Bitten von Scheherazade jede Nacht, nachdem der König seine Bedürfnisse befriedigt hat, ins Ehegemach und bittet ihre Schwester, eine Geschichte zu erzählen. Und jede Nacht ist es Dinharazade, die die Erzählkraft der Schwester lobt und sie bittet, weiterzuerzählen.[277] Sie gibt Scheherazade die Bühne, auf der sie erzählen kann.

Scheherazade gelingt die Rettung, weil ihre Schwester jede Nacht als Zeugin anwesend ist und sie damit vor der Gewalt im Haus rettet.

Es braucht, wie gesagt, Zeugen der Gewalt, um den Zyklus der Gewalt zu beenden. Und es braucht einen Raum, in dem die Stimme des Opfers gehört wird. Die Therapeutin, die mir den Zyklus häuslicher Gewalt, in dem ich steckte, überhaupt erst erklärte, die ich später verließ, da sie mir die Hoffnung nahm und zu der ich nach der Meldung beim Jugendamt zurückkehrte, als ich keine Hoffnung mehr hatte, gab mir diesen Raum und die Kraft, diese Geschichte aufzuschreiben und mich selbst aus der Dunkelheit zu befreien. Ihre Sororität war die für mich wichtigste Unterstützung auf diesem Weg.

Indem wir alte Narrative neu interpretieren, können wir die Lesart unserer Gegenwart ändern. Sororität, Geschwisterlichkeit, ist ein Mittel gegen häusliche Gewalt. Wir dürfen unsere Schwestern nicht alleinlassen, ihren Geschichten zu lauschen ist ein Anfang, um sie zu retten.

Die Sororität ist die Waffe, mit der wir alle Menschen in weiblich gelesenen Körpern vor der Gewalt, dem Schweigen und dem Vergessen retten können. Wir können sie retten, indem wir ihnen zuhören, indem wir ihnen eine Stimme geben, wenn sie nicht mehr sind. Indem wir ihnen Denkmäler errichten, in Texten, Bildern, Filmen, und damit unsere Welt bevölkern, damit die Martha Mitchells und mit ihnen alle anderen zum Schweigen Gebrachten doch noch Gerechtigkeit erfahren. Und je mehr Menschen mit männlich gelesenen Körpern sich diesem Kampf anschließen, umso näher kommen wir einer Gesellschaft, die tatsächlich dem Ideal der Geschlechtergerechtigkeit und damit auch der *Adelphität* entspricht – und nicht mehr nur der Brüderlichkeit.

Lachen

Das Bedürfnis nach Sicherheit steht nicht hinter Grundbedürfnissen wie Nahrung oder ein Dach über dem Kopf. Diesen Satz der Therapeutin werde ich nie vergessen. Sie sagte ihn zu mir, als ich mich getrennt hatte und mich Sorgen um die Zukunft der Kinder plagten. Die Bedürfnispyramide des Psychologen Abraham Maslow war lange das dominante Modell, um die Motivation für das menschliche Handeln zu erklären. Bei diesem Modell bilden die physiologischen Bedürfnisse die Grundlage und Voraussetzung für die anderen Bedürfnisse, wie Sicherheit oder soziale und affektive Bedürfnisse bis hin zur Selbstverwirklichung. Auf ihrem Notizblock hatte die Therapeutin eine Pyramide gezeichnet, ganz oben schrieb sie »Porsche« hinein. Ich dachte, dass dies sicher kein Bedürfnis wäre, das ich mal zu befriedigen hätte. Porsche war ich nie gefahren und mein Partner hatte unsere Fahrzeuge immer nur auf seinen Namen angemeldet, es war ja auch sein Geld. Ich bezweifelte, dass ich mir in Zukunft überhaupt noch ein Auto leisten könnte. Da machte die Therapeutin nicht nur einen Strich durch ihre gezeichnete Pyramide, sondern auch durch meine Gedanken. *Das ist ein veraltetes Modell,* erklärte sie, *heute sieht man es eher so, dass das Bedürfnis nach Sicherheit grundsätzlich überall ist, es umkreist uns wie die Luft, die wir atmen.*

Während sie eine Spirale auf ihren Block skizziert, wird mir klar, dass ich die ganzen Jahre, in denen ich bereits unter der Gewalt im Haus litt, die Priorität auf die physiologischen Grundbedürfnisse gelegt habe. Ich habe mir immer gesagt, wenigstens sind die Kinder versorgt und haben ein Dach über dem Kopf, aber sicher habe ich mich nicht gefühlt. Und auch mein Partner hat sich in seiner Position nicht sicher gefühlt. Er war von mir verunsichert, wenn ich Handlungen oder Entscheidungen von ihm hinterfragt habe. Wenn ich anderer Meinung war, wenn ich meinen Willen durchsetzen und mich nicht unterwerfen wollte. Dann konnte er sich seiner Position nicht sicher sein.

Meist bin ich schon mit den Kindern schlafen gegangen, aus Angst, wir könnten uns in die Quere kommen, wenn er seine Ruhe vor dem Fernseher haben wollte und ich mich dazusetzte, und wir dann wieder die ganze Nacht streiten würden, weil es für mich eben schwer war, damit umzugehen, nicht sicher sein zu können, von meinem Partner nicht verletzt zu werden, und sei es auch nur verbal. Zwar kann es immer vorkommen, dass jemand ein Wort sensibler aufnimmt als vom Sprecher gedacht, aber dann sollte die Verletzung gehört und anerkannt werden. Das war meinem Partner unmöglich, und genauso unmöglich war es ihm, über seine Verletzungen anders zu kommunizieren als mit Wut und Abwehr. Mir dagegen war es nicht möglich, mit der sich ergebenden emotionalen Unsicherheit zu leben. Das Bindungstrauma meiner Kindheit verfolgte mich seit dem gewaltvollen Tod meines Vaters im Haus. Ich musste lächeln, bei der Therapeutin, denn das Trauma war nun zwar nicht vorbei, aber ich hatte gelernt, damit zu leben.

»Frauenstürmisch sind wir«, schreibt Hélène Cixous, »was unser ist, löst sich von uns ab, ohne daß wir fürchteten, dadurch geschwächt zu sein. Unsere Blicke ziehen davon, unser Lächeln läuft, das Lachen all unserer Münder, unser Blut rinnt und wir verströmen uns ohne uns zu erschöpfen, unsere Gedanken, unsere Zeichen, unser Schreiben, die halten wir nicht zurück, und wir haben vor dem Mangel keine Angst.«[278]

In ihrem Essay *Das Lachen der Medusa* erklärt Cixous, dass Frauen entweder die Wahl haben, sich der männlichen Dominanz unterzuordnen, oder aber sie können sich selbst ihres Körpers bemächtigen und eine weibliche Schrift produzieren. Die Ironie ist dabei ein zentrales Mittel dieser Selbstermächtigung.

Diese Ironie, so Hélène Frappat, manifestiert auch die Heldin am Ende von *Gaslight*, indem sie sich selbst für verrückt erklärt. Nachdem ihr Mann ihr einreden wollte, sie sei verrückt, kann sie ihm in letzter Instanz nicht mehr helfen. Indem sie zu dem wird, zu dem er sie machen will, nutzt sie die Ironie als Waffe der Befreiung.[279]

»Ich habe mich geschämt. Ich hatte Angst und habe meine Scham und meine Angst hinuntergeschluckt. Ich habe mir gesagt: du spinnst ja!« Hélène Cixous nennt hier alle Formen der sozialen Manipulation, die Frauen zum Schweigen bringen: Die Scham, die Angst und schließlich der Wahn. Wie viele Frauen sind für verrückt erklärt worden, weil sie sich weigerten aufzugeben, nicht schweigen wollten, ihre Stimme erhoben, bis sie weggesperrt wurden.

Auf den Schrecken der Nacht folgt das Lachen. Ich habe in all den Jahren nach seinem Tod nur ein einziges Mal von meinem Vater geträumt. In diesem Traum stehe ich auf einer Lichtung im Wald. Mein Vater tritt aus der Dunkelheit dieses Waldes zu mir und sagt, es täte ihm leid. Ich verzeihe ihm und bevor er wieder auf die andere Seite der Lichtung gehen muss, dorthin, wohin ich ihm nicht mehr folgen kann, umarmen wir uns und lachen.

Die vielen Tage und auch Nächte, an und in denen ich an diesem Essay schrieb, haben mir nicht nur erlaubt, zu erkennen, in welchem System ich gefangen war, sondern auch Türen geöffnet, um das Haus zu verlassen, und Wege gezeigt, um eine neue Form der Familie zu schaffen und zu leben.

Dank

Dieses Buch wurde mit der Hilfe vieler Menschen geschrieben. Mein Dank gilt all den Autoren und Autorinnen, die nicht müde werden, über und gegen die Gewalt im Haus zu schreiben. Mein großer Dank gilt dem Kollektiv der Edition Nautilus, für das Vertrauen in diese Erzählung. Ein besonderer Dank an Katharina Picandet, meiner Stimme so geduldig eine Form gegeben zu haben. Dem Kollektiv Otherwriters danke ich für die literarische Heimat, für den Halt und die Unterstützung in schwierigen Zeiten, vor allem Katharina Bendixen und Sibylla Vričić Hausmann.

Meiner Schwester Viktoria danke ich für ihren Mut.

Meinen Kindern danke ich für all ihre Liebe, Geduld und vor allem ihr Lachen.

Meiner Mutter danke ich dafür, dass sie nie aufgegeben hat und meinem Vater dafür, dass er sein Leben gegeben hat, um mich vor der Gewalt im Haus zu schützen.

Anmerkungen

1 Haddad, Joumana: *Wie ich Scheherazade tötete. Bekenntnisse einer zornigen arabischen Frau.* Übersetzt von Michael Hörmann. Hans Schiler Verlag, Berlin. 2010.

2 Metzler Lexikon Philosophie: *Gewalt.* spektrum.de/lexikon/philosophie/gewalt/810 (04.03.24).

3 Den Begriff Frau verwende ich als eine soziale Kategorie unserer Gesellschaft, die sich historisch entwickelt hat. Ich bin mir bewusst, dass die *Frau* oder *Frauen* keine feststehende Einheit sind, genau wie *Mann* oder *Männer.*

4 Dowling, Colette: *Der Cinderella-Komplex: Die heimliche Angst der Frauen vor der Unabhängigkeit.* Übersetzt von Manfred Ohl und Hans Sartorius. S. Fischer, Frankfurt am Main. 1982.

5 Jennifer Aniston schrieb einen vielbeachteten Artikel dazu bereits 2016, aber 2022 war das Thema für sie immer noch aktuell und vor allem schmerzhaft. huffpost.com/entry/for-the-record_b_57855586e4b03fc3ee4e626f?0830ynt7rezmpldi=

6 zeit.de/gesellschaft/zeitgeschehen/2018-11/haeusliche-gewalt-partnerschaftsgewalt-statistik-beziehungstaten-metoo

7 olaf-scholz.spd.de/aktuelles/detail/news/massnahmen-gegen-haeusliche-gewalt/13/06/2001/

8 bundesregierung.de/breg-de/service/archiv/archiv-mediathek/podcast-gewalt-gegen-frauen-1818518

9 twitter.com/olafscholz/status/1463793071427047427

10 lefigaro.fr/actualite-france/violences-conjugales-macron-envisage-d-elargir-le-fichage-aux-mis-en-cause-sur-le-modele-des-fiches-s-20220415

11 Marinić, Jagoda: *Sheroes.* S. Fischer, Frankfurt am Main. 2019: 13.

12 Urwin, Jack: *Boys don't cry. Identität, Gefühl und Männlichkeit.* Übersetzt von Elvira Willems. Edition Nautilus, Hamburg. 2017: 150.

13 ndr.de/kultur/Femizide-in-Deutschland-Fallzahlen-gehen-2021-leicht-zurueck,femizid100.html (06.03.24).

14 Russel, Dina E.: *Femicide. The Politics of Woman Killing.* Twayne, New York. 1992: 9.

15 Partnerschaftsgewalt – Kriminalistische Auswertung Berichtsjahr 2023: bka.de/DE/Presse/Listenseite_Pressemitteilungen/2024/Presse2024/240607_PM_BLB_Haeusliche_Gewalt.html (20.06.24).
stern.de/lifestyle/liebe-sex/gewalt-in-beziehung—kein-ort-ist-fuer-frauen-gefaehrlicher-als-das-eigene-zuhause-32948088.html (20.06.24).

16 Assmann, Aleida: *Erinnerungsräume, Formen und Wandlungen des kulturellen Gedächtnisses.* Beck, München. 2018: 27.

17 Backes, Laura; Bettoni, Margherita: *Alle drei Tage. Warum Männer Frauen töten und was wir dagegen tun müssen.* Dtv, München. 2021.

18 Cruschwitz, Julia; Haentjes, Carolin: *Femizide. Frauenmorde in Deutschland.* Hirzel, Stuttgart. 2022.

19 Widler, Yvonne: *Heimat bist du toter Töchter.* Kremayr & Scheriau, Wien. 2022.

20 Hedayati, Asha: *Die stille Gewalt. Wie der Staat Frauen alleinlässt.* Rowohlt, Hamburg. 2023.

21 Clemm, Christina: *AktenEinsicht. Geschichten von Frauen und Gewalt.* Kunstmann, München. 2022.

22 Ebd., 193–196.

23 Benkel, Franziska: *Wir haben nichts mehr zu verlieren … nur die Angst! Geschichte der Frauenhäuser in Deutschland.* Orlanda, Berlin. 2021.

24 Biwi Kefempom: *Femi(ni)zide.* Verbrecher Verlag, Berlin. 2023.

25 Hirigoyen, Marie-France: *Masken der Niedertracht.* Übersetzt von Michael Marx. Dtv, München. 2002: 23.

26 Dorlin, Elsa: *Selbstverteidigung.* Übersetzt von Andrea Hemminger. Suhrkamp, Berlin. 2020: 207.

27 Hustvedt, Siri: *Eine Frau schaut auf Männer, die auf Frauen schauen.* Übersetzt von Uli Aumüller und Grete Osterwald. Rowohlt, Hamburg. 2020.

28 Walker, Lenore E.: *The battered women.* William Morrow, New York. 1980.

29 Ernaux, Annie: *Die Scham.* Übersetzt von Sonja Finck. Suhrkamp, Berlin. 2020: 11.

30 Manne, Kate: *Down Girl. The Logic of Misogyny.* Oxford, Oxford University Press. 2017 (dt.: *Down Girl. Die Logik der Misogynie.* Übersetzt von Ulrike Bischoff. Berlin, Suhrkamp. 2019).

31 Beauvoir, Simone de: *Le deuxième sexe.* Gallimard, Paris. 1976: 247 (dt. Ausgabe: *Das andere Geschlecht. Sitte und Sexus der Frau.* Übersetzt von Uli Aumüller, Grete Osterwald, Eva Rechel-Mertens und Fritz Montfort. Rowohlt, Hamburg. 2018).

32 Hedayati, *Die stille Gewalt.*

33 Dorlin, Elsa: *Selbstverteidigung.* Übersetzt von Andrea Hemminger. Suhrkamp, Berlin. 2020: 217.

34 Lévi-Strauss, Claude: *Anthropologie structurale. PON, Paris.* 1974: S. 70-115 (dt.: *Strukturale Anthropologie I.* Übersetzt von Hans Neumann. Suhrkamp, Frankfurt am Main. 1977).

35 Lévi-Strauss, Claude: *Die elementaren Strukturen der Verwandtschaft.* Übersetzt von Eva Moldenhauer. Suhrkamp, Frankfurt am Main, 2009.

36 sietmanagement.fr/theorie-de-la-domination-dans-les-champs-sociaux-p-bourdieu/

37 Bourdieu, Pierre: *La domination masculine.* Le Seuil, Paris. (1998) 2002: 51 (dt.: *Die männliche Herrschaft.* Übersetzt von Jürgen Bolder. Suhrkamp, Frankfurt am Main 2012).

38 Bärfuss, Lukas: *Vaters Kiste. Eine Geschichte über das Erben.* Rowohlt, Hamburg. 2022: 29.

39 Eribon, Didier: *Retour à Reims.* Flammarion, Paris. 2010: 15 (dt.: Rückkehr nach Reims. Übersetzt von Tobias Haberkorn. Suhrkamp, Berlin. 2016).

40 Ebd.: 96.

41 Connell, Raewyn: *Masculinities.* University of California Press, Berkeley. 2005.

42 Mahmoudy, Betty: *Nicht ohne meine Tochter.* Übersetzt von Herlind Grau und Klara D. Klein. Bastei Lübbe, Bergisch Gladbach. 1991.

43 Kara, Yadé: *Selam Berlin.* Diogenes, Zürich. 2003.

44 Sattouf, Riad: *Der Araber von morgen.* Knaus, München. 2015.

45 Cruschwitz/Haentjes, *Femizide:* 156.

46 Wilpert, Bettina: *Die unerkannte Pandemie.* LEV, Leipzig. 2020: *Morde an Frauen: Die unerkannte Pandemie Femizid* (lvz.de), lvz.de/lokales/leipzig/die-unerkannte-pandemie-femizid-IAK6TKDZGCSILPXBR4YS4PCY54.html (28.06.24).

47 Regache, Camille: »Violences conjugales entre femmes aussi«. In: *La Déferlante, La revue des révolutions féministes.* Nr. 13, Paris, 2024: 131–135.

48 Harari, Yuval Noah: *Sapiens. Une brève histoire de l'humanité.* Albin Michel, Paris. 2015: 132 (engl. Originalausgabe: *Sapiens. A Brief History of Humankind.* Dt.: *Eine kurze Geschichte der Menschheit.* Übersetzt von Jürgen Neubauer. Pantheon, München. 2015).

49 Beauvoir, *Le deuxième sexe*: 147.

50 Paris, Gilles: *Autobiografie einer Pflaume.* Übersetzt von Melanie Walz. Btb, München. 2007.

51 liberation.fr/france/2006/02/25/homoparents-des-parents-ordinaires_31425/ (10.03.24).

52 mdr.de/nachrichten/deutschland/gesellschaft/kleines-sorgerecht-homosexuelle-paare-reform-100.html (11.03.24).

53 Hedayati, *Die stille Gewalt*: 148.

54 fr.de/sport/fussball/mutter-dfb-nationalmannschaft-sohn-emil-geburt-svenja-huth-jetzt-auch-offiziell-92834679.html (11.03.24).

55 zdf.de/nachrichten/politik/ausland/italien-lgbtqia-meloni-100.html (11.03.24).

56 Bourdieu, *La domination masculine:* 59.

57 Goffmann, Erving: *Stigma. Über Techniken der Bewältigung beschädigter Identität.* Übersetzt von Frigga Haug. Suhrkamp, Frankfurt am Main. 1975.

58 Wildeblood, Peter: *Against the Law.* Weidenfeld and Nicholson, London. 1955.

59 youtube.com/watch?v=rqsyiH0On9M (11.03.24).

60 Kern, Björn: »Von Kita, Klima und Kapitalismus«. In: Peveling, Barbara; Richter, Nikola (Hg.): *Kinderkriegen. Reproduktion reloaded.* Edition Nautilus, Hamburg. 2021: 220.

61 Das Gesetz wurde 2020 im Strafgesetzbuch neu definiert. dejure.org/gesetze/StGB/184i.html (27.06.24).

62 Lücke, Jo: *Für Sorge – Wie Equal Care euer Familienleben rettet.* Knaur, München. 2024: 82-94.

63 zeit.de/wissen/gesundheit/2019-05/magersucht-bulimie-anorexie-kinder-jugendliche-erkrankung (13.03.23).

64 Kaiser, Mareice: *Das Unwohlsein der modernen Mutter.* Rowohlt, Hamburg. 2021.

65 film-rezensionen.de/2021/01/10-tage-ohne-mama/ (13.03.24).

66 deutschlandfunkkultur.de/emma-ein-anderer-blick-kluge-feministische-comics-aus-100.html (14.03.24).

67 Despentes, Virginie: *King Kong Theorie.* Übersetzt von Claudia Steinitz und Barbara Heber-Schärer. Kiepenheuer & Witsch, Köln. 2018: 10.

68 destatis.de/DE/Presse/Pressemitteilungen/2024/02/PD24_073_63991.html (10.03.24).

69 Beauvoir, Simone de: *Memoiren einer Tochter aus gutem Hause.* Übersetzt von Eva Rechel-Mertens. Rowohlt, Hamburg. 2014.

70 Hänel, Hilke: *Wer hat Angst vorm Feminismus?* Beck, München. 2021: 55.

71 Dorlin, *Selbstverteidigung:* 207.

72 Walker, Lenore E.: *The battered Woman.* Harper, New York. 1980: 24–50.

73 Chemla, Judith: *Notre silence nous a laissées seules.* Robert Laffont, Paris. 2024.

74 Nandi, Jacinta: *50 Ways to Leave Your Ehemann.* Edition Nautilus, Hamburg. 2022: 202.

75 Godelier, Maurice: *Big Men & Great Men: Personifications of Power in Melanesia.* Cambridge University Press, Cambridge. 1991.

76 Latour, Bruno: *Wir sind nie modern gewesen. Versuch einer symmetrischen Anthropologie.* Übersetzt von Gustav Roßler. Suhrkamp, Frankfurt am Main. 2008.

77 Gilmore, David: *Manhood in the Making.* Yale University Press, Yale. 1990: 101.

78 Delvaux, Martine: *Le boys club.* Les éditions du remue-ménage, Québec. 2019.

79 Orenstein, Peggy: *Schoolgirls. Young Women, Self-Esteem and the Confidence Gap.* Random House, New York. 1994.

80 Urwin, *Boys don't cry:* 53.

81 Chönz, Selina; Carigiet, Alois: *Schellen-Ursli.* Orell Füssli, Zürich. 2009. Die Handlung spielt in den 1950er Jahren.

82 Urwin, *Boys don't cry.*

83 Playboy-Interview: John Lennon and Yoko Ono. In: *Playboy.* Januar 1981: 75.

84 Urwin, *Boys don't cry:* 61.

85 Eribon, *Retour à Reims:* 96.

86 Coffin, Alice: *Le génie lesbien.* Grasset, Paris. 2020.

87 Partnerschaftsgewalt – Kriminalistische Auswertung Berichtsjahr 2022: bmi.bund.de, HaeuslicheGewalt2022.pdf (06.03.24).

88 Calhoun, Ada: *Why we can't sleep: Woman's new midlife crisis.* Grove Press, New York. 2020.

89 Mika, Bascha: *Die Feigheit der Frauen.* Goldmann, München. 2012: 13.

90 Beauvoir, *Le deuxième sexe.*

91 Balzac, Honoré de: *Die alte Jungfer.* Übersetzt von Hedwig Lachmann. Edition Holzinger. Berlin 2016 (im Original erschienen 1837).

92 Perrot, Michelle: *Histoire de chambres.* Le Seuil, Paris. 2009.

93 Beauvoir, *Le deuxième sexe:* 85.

94 Gropp, Rose-Marie: *Göttinnen und Fußabstreifer. Die Frauen und Picasso.* Piper, München. 2023.

95 Hedayati, *Die stille Gewalt:* 98.

96 Mauss, Marcel: *Die Gabe. Form und Funktion des Austausches in archaischen Gesellschaften.* Suhrkamp, Frankfurt am Main. 1999.

97 Benkel, *Wir haben nichts mehr zu verlieren … nur die Angst!*

98 deutschlandfunkkultur.de/alleinerziehend-armut-familie-100.html (22.03.24).

99 Garsoffky, Susanne; Sembach, Britta: *Die Alles ist möglich-Lüge.* Pantheon, München. 2014.

100 Lecoq, Titiou: *Libérées! Le combat féministe se gagne devant le panier de linge sale.* Fayard, Paris. 2017.

101 Mauss, *Die Gabe.*

102 Oppitz, Michael: *Notwendige Beziehungen. Abriß der strukturalen Anthropologie.* Suhrkamp, Frankfurt am Main. 1993: 73–123.

103 Woolf, Virginia: *Professions for Women. Collected Essays.* Hogarth Press, London. 1966.

104 Feministinnen fordern in Algerien schon lange die Abschaffung dieses Familienrechts: information.tv5monde.com/terriennes/algerie-le-code-de-la-famille-le-code-de-linfamie-selon-aouicha-bekhti-2569771 (08.06.23).

105 Clemm, *AktenEinsicht:* 163.

106 Lecoq, Titiou: *Le couple et l'argent. Pourquoi les hommes sont plus riches que les femmes.* L'iconoclaste, Paris. 2022.

107 Ebd.: 86f.

108 Schwilden, Frédéric: *Toxic Man.* Piper, München. 2023: 72.

109 lemonde.fr/les-decodeurs/article/2019/07/02/en-carte-la-france-devient-le-56e-pays-a-interdire-la-fessee_5484477_4355770.html (20.03.23).

110 Roche, Charlotte: *Mädchen für alles.* Piper, München. 2015: 9.

111 finanzielle-gewalt.de/finanzielle-gewalt-gegen-frauen/ (20.03.24).

112 Henchoz, Caroline: *Le couple, l'amour et l'argent. La construction conjugale des dimensions économiques de la relation amoureuse.* L'Harmattan, Paris. 2008.

113 vzhh.de/themen/lebensmittel-ernaehrung/einkaufsfalle-supermarkt/pink-tax-frauen-zahlen-mehr (20.03.23).

114 Stelling, Anke: *Schäfchen im Trockenen.* Verbrecher Verlag, Berlin. 2018: 8.

115 Terra Amata, italienisch: Geliebtes Land: musee-terra-amata.org/expositions/briqamata/ (27.06.24).

116 mdr.de/geschichte/ddr/alltag/familie/frauen-gleichberechtigung-ostfrauen-kathrin-aehnlich-100.html (20.01.23).

117 www.bundestag.de/resource/blob/645642/1555642dbaa59ca8633da5bbb78b941b/WD-7-055-19-pdf-data.pdf (19.03.24).

118 Diehl, Sarah: *Die Freiheit, allein zu sein. Eine Ermutigung.* Arche, Zürich. 2022: 14.

119 Kullmann, Katja: *Die singuläre Frau.* Hanser, München. 2022: 23.

120 Engels, Friedrich: *Der Ursprung der Familie, des Privateigenthums und des Staats. Im Anschluss an L. H. Morgan's Forschungen.* 2. J. H. W. Dietz, Stuttgart 1886.

121 Beauvoir, *Le deuxième sexe:* 99–106.

122 Stüttgen, Tim: »Die Hexenjagd ist zurückgekehrt«. Interview mit Silvia Federici. In: *taz,* 10.10.12 (taz.de/!552063/, 15.06.24).

123 Aggarwal-Schifellite, *Manisha: The feminist architect who tried to liberate kitchens from houses.* Atlas Obscura. 12.09.16 (atlasobscura.com/articles/the-feminist-architect-who-tried-to-liberate-kitchens-from-houses, 16.06.24).
124 Bourdieu, *La domination masculine:* 34ff.
125 Despentes, *King Kong Theorie:* 105.
126 Lord, James: *Picasso und Dora Maar.* Übersetzt von Astrid von dem Borne. Matthes & Seitz, Berlin. 1994.
127 Behjat, Shila: *Söhne großziehen als Feministin. Ein Streitgespräch mit mir selbst.* Hanser, München. 2024.
128 Schwarzer, Alice: *Eine tödliche Liebe: Petra Kelly und Gert Bastian.* Kiepenheuer & Witsch, Köln. (1993) 2001.
129 Ebd.: 53.
130 Ebd.: 60.
131 Biwi Kefempom, *Femi(ni)zide:* 208–214.
132 derstandard.de/story/2000139642246/gewalt-in-der-familie-getoetet-ohne-dass-es-ein-verbrechen (24.03.24).
133 Schwarzer, *Eine tödliche Liebe.*
134 Cruschwitz/Haentjes, *Femizide:* 10.
135 Latour, Bruno: *Sur le culte des dieux faitiches, suivi de Iconoclash.* La Découverte, Paris. 2010.
136 Maïllies, Annie; Blum, Sylvie: *Pablo Picasso et Françoise Gilot: La femme qui dit non.* ARTE, Frankreich. 2020.
137 Gilot, Françoise; Carlton, Lake: *Vivre avec Picasso.* Bibliothèques 10–18, Paris. 2006.
138 Maïllies/Blum, *Pablo Picasso et Françoise Gilot.*
139 francetvinfo.fr/culture/arts-expos/pablo-picasso/metoo-homme-violent-ou-homme-de-son-temps-un-musee-de-barcelone-debat-du-rapport-aux-femmes-de-pablo-picasso_5138455.html (11.04.2023).
140 Dittloff, Christian: *Prägung.* Piper, München. 2023: 97.
141 Cruschwitz/Haentjes, *Femizide:* 29.
142 Schwarzer, *Eine tödliche Liebe:* 119.
143 Cruschwitz/Haentjes, *Femizide:* 65.
144 bfmtv.com/politique/discours-de-candidat-macron-critique-a-droite-comme-a-gauche-a-l-issue-du-beauvau-de-la-securite_AD-202109140333.html (26.05.23).
145 francetvinfo.fr/faits-divers/hommage-aux-trois-gendarmes-tues-a-ambert-le-recueillement-des-proches-et-des-habitants_4236583.html (26.05.23).

146 Atwood, Margaret: »Writing the Male Character«. In: *Second Words: Selected Critical Prose*, 1960–1982 (1983). Readhowyouwant, Surry Hills, New South Wales. 2013.
147 Jamoulle, Pascale: *Je n'existais plus*. La Découverte, Paris. 2021.
148 Knausgård, Karl Ove: *Leben*. Übersetzt von Ulrich Sonnenberg. Btb, München. 2015.
149 Hustvedt, *Eine Frau schaut auf Männer, die auf Frauen schauen*: 144–170.
150 »Annie Ernaux im Gespräch mit Céline Sciamma«, in: *La Déferlante*, Nr. 1, Paris. März 2021: 19.
151 Leidig, Eviane: *The Women of the Far Right: Social Media Influencers and Online Radicalization*. Columbia University Press. New York. 2023.
152 Dworkin, Andrea: *Right-wing Women: The Politics of Domesticated Females*. Perigee Books, New York. 1983.
153 Roig, Emilia: *Das Ende der Ehe. Für eine Revolution der Liebe*. Ullstein, Berlin. 2023.
154 Federici, Silvia: *Hexenjagd. Die Angst vor der Macht der Frauen*. Übersetzt von Margarita Ruppel. Unrast, Münster. 2019.
155 Lecoq, Titiou: *Libérées!*
156 tf1info.fr/justice-faits-divers/video-violences-sexistes-j-espere-que-ca-ne-se-reproduira-plus-la-premiere-reaction-de-la-femme-de-mohamed-haouas-apres-sa-condamnation-2258777.html
157 Dorlin, *Selbstverteidigung*: 217.
158 Foucault, Michel: »Subjekt und Macht«. In: Ders.: *Analytik der Macht*. Übersetzt von Rainer Ansén u.a. Suhrkamp, Frankfurt am Main. 2005: 240–263.
159 Hirigoyen, Marie-France: *Masken der Niedertracht*. Übersetzt von Michael Marx. Dtv, München. 2002: 23.
160 Ebd.
161 Balzac, Honoré de: *Physiologie du mariage*. Alexandre Houssiaux Éditeur, Paris. 1855: 280 (Übersetzung: Barbara Peveling. Originaltext: »La femme est une propriété que l'on acquiert par contrat, elle est mobilière, car la possession vaut titre; enfin, la femme n'est, à proprement parler, qu'une annexe de l'homme …«).
162 Beauvoir, *Le deuxième sexe*: 233.

163 Robinet, Jayrôme C.: »Krieger oder Loser«. In: Blum, Donat; Moritz, Valentin (Hg.): *Oh Boy. Männlichkeit*en heute.* Kanon, Berlin. 2023: 41.
164 Chatwin, Bruce: *Traumpfade.* Übersetzt von Anna Kamp. Hanser, München. 1990.
165 liberation.fr/livres/2018/08/22/la-robe-blanche-course-eperdue-et-cause-perdue_1673931/
166 Beauvoir, *Le deuxième sexe:* 252.
167 reactfeminism.org/nr1/artists/wilding_en.html (14.08.23).
168 Karpman, Stephen: *Drama Triangle* (karpmandramatriangle.com/pdf/DramaTriangle.pdf, 08.08.23).
169 Beauvoir, *Le deuxième sexe:* 282.
170 Karpman, *Drama Triangle.*
171 Beauvoir, *Le deuxième sexe:* 310f.
172 sueddeutsche.de/panorama/familiendrama-in-frankreich-mit-toedlicher-akribie-1.1089577 (26.08.23).
173 centre-hubertine-auclert.fr/sites/default/files/medias/egalitheque/documents/violentometre-maj-10072019-web.pdf (10.09.23).
174 Hirigoyen, *Masken der Niedertracht.*
175 Hirigoyen, Marie-France: »De la peur à la soumission«. In: *Empan* 2009/1(73): 24–30 (cairn.info/revue-empan-2009-1-page-24.htm, (11.09.23).
176 Ebd.: 20–22.
177 coe.int/de/web/conventions/full-list?module=treaty-detail&treatynum=210 (02.04.24).
178 praxistipps.focus.de/maske-19-das-steckt-hinter-dem-code_162276 (02.04.24).
179 Cruschwitz/Haentjes, *Femizide:* 66.
180 zeit.de/news/2024-02/19/hochrisikomanagement-schutz-vor-haeuslicher-gewalt (02.04.24).
181 dw.com/de/türkei-besiegelt-austritt-aus-istanbul-konvention/a-58098104 (02.04.24).
182 Hedayati, *Die stille Gewalt:* 149.
183 br.de/nachrichten/deutschland-welt/pruegelstrafe-in-deutschland-ein-historischer-rueckblick,TGOW2Et (02.04.24).
184 Dahrendorf, Ralf: *Homo sociologicus.* Westdeutscher Verlag, Opladen. 2005.
185 Hirigoyen, *De la peur à la soumission.*

186 Matwies, Frédéric: *Il y avait un monstre en moi – témoignage d'un ex-mari violent.* J'ai lu, Paris. 2014.
187 Lamy, Rose: *Préparez-vous pour la bagarre. En Bons Père de Famille.* Lattès, Paris. 2023.
188 Partnerschaftsgewalt – Kriminalistische Auswertung Berichtsjahr 2023: bka.de/DE/Presse/Listenseite _Presse mitteilungen/2024/Presse2024/240607_PM_BLB_Haeus liche_Gewalt.html (20.06.24).
189 Hedayati, *Die stille Gewalt:* 71.
190 lemonde.fr/societe/article/2023/12/04/sciences-po-sous-le -choc-apres-la-garde-a-vue-de-son-directeur-pour-violen ces-conjugales_6203882_3224.html (07.12.23). Die Universität wurde aufgrund der Bekanntmachung der Anklage wegen häuslicher Gewalt von Studierenden besetzt. Vicherat hatte bei seinem Antritt der Stelle versprochen, sich gegen Gewalt an Frauen stark zu machen.
191 125etapres.org/ (26.06.24).
192 Zahavi, Helen: *Dirty Weekend.* Harper Collins, London. 1993.
193 Dorlin, *Selbstverteidigung:* 207ff.
194 Lamy, *Préparez-vous pour la bagarre:* 15.
195 nouvelobs.com/culture/20091009.OBS4087/finkielkraut -defend-polanski-a-treize-ans-ce-n-etait-pas-une-enfant .html (04.04.24).
196 Lamy, *Préparez-vous pour la bagarre:* 82–93.
197 Karimi, Hanane: »Cologne, ou de la banalité du sexisme et du racisme«, In: *Huffington Post,* 26.02.16 (huffingtonpost .fr/actualites/article/cologne-ou-de-la-banalite-du-sexis me-et-du-racisme_72703.html, 05.04.24).
198 lemonde.fr/idees/article/2016/01/16/alain-finkielkraut-si -j-etais-de-droite-je-le-dirais-mais-ce-clivage-a-perdu -toute-pertinence_4848389_3232.html (05.04.24).
199 Nandi, *50 Ways to Leave Your Ehemann:* 185.
200 krone.at/3137041?fbclid=IwAR3txqnk3_DxSR4dMLVJuRBR _O0AKA6aSZZDpcyOmjrb8OKLhpkdVD7Fjgk (28.11.23).
201 Schwarz, Carolina: »Bussis für den Täter«. In: *taz,* 26.11.19 (taz.de/Der-Fall-Siegfried-Mauser-und-MeToo/!5640536/, 19.09.23).
202 deutschlandfunkkultur.de/der-fall-siegfried-mauser -eine-festschrift-fuer-einen-100.html (04.04.24).

203 deutschlandfunkkultur.de/absage-an-das-lyrik-kabinett-protest-gegen-lyrik-in-100.html (28.11.23).
204 facebook.com/permalink.php?story_fbid=2524284380953136&id=974219202626336 (28.11.23).
205 sueddeutsche.de/muenchen/kultur-im-angesicht-des-boesen-1.5248591 (19.09.23).
206 Haberl, Tobias: *Der gekränkte Mann.* Piper, München. 2022.
207 tagesspiegel.de/hart-aber-fair-zu-rammstein-musikmanager-verteidigt-sanger-lindemann-und-redet-sich-fast-um-kopf-und-kragen-10011922.html (05.04.24).
208 Frappat, Hélène: *Le Gaslighting ou l'art de faire taire les femmes.* L'Observatoire, Paris. 2023: 108.
209 Moritz, Valentin; Blum, David (Hg.): *Oh Boy. Männlichkeit*en heute.* Kanon, Berlin. 2023.
210 taz.de/Oh-Boy-und-kritische-Maennlichkeit/!5952809/ (19.09.23).
211 Lamy, *Préparez-vous pour la bagarre:* 155.
212 Mellul, Yael: *Mon combat contre l'emprise et le suicide forcé.* Michel Lafon, Paris. 2021.
213 youtube.com/watch?v=JJaoFLi0g4c (24.09.23).
214 Lamy, *Préparez-vous pour la bagarre:* 53.
215 Ebd.: 54.
216 Ebd.: 97–106.
217 stern.de/lifestyle/liebe-sex/gewalt-in-beziehung—kein-ort-ist-fuer-frauen-gefaehrlicher-als-das-eigene-zuhause-32948088.html (20.06.24).
218 psychologie-heute.de/familie/artikel-detailansicht/40477-du-hast-es-in-dir.html (21.06.24).
219 Beauvoir, *Le deuxième sexe.*
220 Hedayati, *Die stille Gewalt:* 57.
221 Lücke, *Für Sorge:* 38.
222 Spurgas, Alyson K.; Meleo-Erwin, Zoë C.: *Dekolonisiert Selfcare.* Übersetzt von Anne Emmert. Edition Nautilus, Hamburg. 2024.
223 haaretz.com/israel-news/2023-10-08/ty-article-magazine/.highlight/my-62-year-old-dad-fought-hamas-terrorists-to-free-my-family-the-israeli-state-failed-us/0000018b-1068-dcc2-a99b-15794b0d0000 (14.10.23).
224 Yalom, Irvin D.: *Existential Psychotherapy.* Basic Books, New York. 1980.

225 Kaiser, *Das Unwohlsein der modernen Mutter.*

226 Hirigoyen, *Masken der Niedertracht:* 23.

227 Hill, Jess: *See What You Made Me Do. Power, Control and Domestic Abuse.* Hurst, London. 2020.

228 Chemla, Judith: *Notre silence nous a laissées seules.* Robert Laffont, Paris. 2024: 149.

229 Adorján, Johanna: »Es ist als hätte sich ein Tor zur Hölle aufgetan«. In: *Süddeutsche Zeitung,* 22.02.24.

230 mediapart.fr/journal/france/110624/judith-godreche-la-lutte-contre-les-violences-envers-les-femmes-n-est-jamais-portee-par-l-extreme-droite (23.06.24).

231 Chemla, *Notre silence nous a laissées seules:* 217 (Übersetzung: Barbara Peveling, Original: »Maintenant, c'est votre naissance«). In Frankreich dürfen Hebammen seit 2016 eine Abtreibung durch Medikament und seit 2023 eine Abtreibung durch Absaugen durchführen, um Frauen einen schnellen und unkomplizierten Zugang zu Abtreibungen zu garantieren (service-public.fr/particuliers/actualites/A16989, 11.04.24).

232 Laurent, Deborah: »C'est horrible ce que j'ai fait mais ce n'était pas mon tour«, *7sur7,* 14.07.23.

233 Ebd.

234 Hedayati, *Die stille Gewalt:* 105.

235 bmi.bund.de/SharedDocs/downloads/DE/veroeffentlichungen/2023/lagebild-HG.pdf?__blob=publicationFile&v=1 (16.09.23).

236 Hedayati, *Die stille Gewalt:* 149.

237 Schwilden, *Toxic Man:* 180–185.

238 Chemla, *Notre silence nous a laissées seules.*

239 Dowling, Colette: *Sterntaler. Wie Frauen mit Geld umgehen.* Übersetzt von Heidemarie Fehlhaber. S. Fischer, Frankfurt am Main. 1998.

240 Hirigoyen, *Masken der Niedertracht:* 42.

241 Becker, Gary: *A Treatise on the Family.* Harvard University Press, Harvard. 1991.

242 Robinet, »Krieger oder Loser«, 53.

243 Moritz, Valentin; Blum, David (Hg.): *Oh Boy. Männlichkeit*en heute.* Kanon, Berlin. 2023.

244 Kumpfmüller, Michael: *Durst.* Kiepenheuer & Witsch, Köln. 2003.

245 Ebd.: 60f.

246 Auffermann, Verena: »Connys schreckliche Welt«, *Die Zeit*, 25.09.2023.

247 Bücker, Teresa: *Alle Zeit. Eine Frage von Macht und Freiheit.* Berlin, Ullstein. 2022.

248 Charpentier, Coline: *T'as pensé à ...? Guide d'autodéfense sur la charge mentale.* Inédit, Paris. 2020: 60. In Deutschland ist 2024 mit dem bereits erwähnten Buch von Jo Lücke ein entsprechender Ratgeber erschienen. Von Jo Lücke gibt es im Internet auch den Mental-Load-Selbsttest: equalcareday.de/wer-kuemmert-sich-der-equal-care-selbsttest/ (08.12.23).

249 gouvernement.fr/actualite/30-nouvelles-mesures-contre-les-violences-faites-aux-femmes (20.10.23).

250 Cruschwitz/Haentjes, *Femizide:* 66–72.

251 Mellul, *Mon combat contre l'emprise et le suicide forcé.*

252 Ein Abbruch bleibt in den ersten zwölf Wochen der Schwangerschaft straffrei, wenn die Frau sich vorher bei staatlich anerkannten Stellen einer Beratung unterzogen hat.

253 Suchanow, Klementyna: *Das ist Krieg.* Übersetzt von Antje Ritter-Müller. Europa Verlag, München. 2023: 295.

254 Frank, Jo: *Gewalt:* Atelier, Wien. 2023: 147.

255 Hirigoyen, *Masken der Niedertracht.*

256 Coverabbildung bei buecher.de: bilder.buecher.de/produkte/09/09651/09651101n.jpg

257 Lerner, Harriet: *Wohin mit meiner Wut. Neue Beziehungsmuster für Frauen.* Übersetzt von Olga Rinne. S. Fischer, Frankfurt am Main. 2001.

258 Frappat, *Le Gaslighting ou l'art de faire taire les femmes.*

259 patmitchellmedia.com/journal/2023/3/5/the-martha-mitchell-effect (14.12.23).

260 Frappat, *Le Gaslighting ou l'art de faire taire les femmes:* 177–212 (Übersetzung: Barbara Peveling).

261 Ebd.: 203.

262 Schapira, Laurie Layton: *The Cassandra Complex. Living with Disbelief. A Modern Perspective of Hysteria.* Inner City Books, Toronto. 1988.

263 Wolf, Christa: *Kassandra.* Suhrkamp, Frankfurt am Main. 2008.

264 welt.de/kultur/article211399977/USA-Makler-streichen -den-master-bedroom.html (24.12.23).

265 Criado-Perez, Caroline: *Unsichtbare Frauen. Wie eine von Daten beherrschte Welt die Hälfte der Bevölkerung ignoriert.* Übersetzt von Stephanie Singh, Btb, München. 2020.

266 lemonde.fr/politique/article/2024/05/08/affaire-depardieu -emmanuel-macron-assure-n-avoir-jamais-defendu-un -agresseur-face-a-des-victimes_6232144_823448.html (27.06.24).

267 Nandi, Jacinta: *Die schlechteste Hausfrau der Welt. Ein Erfahrungsbericht und Manifest.* Edition Nautilus, Hamburg. 2020.

268 Brodowsky, Paul: *Väter.* Suhrkamp, Berlin. 2023: 172.

269 youtube.com/watch?v=SqQgDwA0BNU (25.04.24).

270 destatis.de/DE/Themen/Gesellschaft-Umwelt/Gesund heit/Todesursachen/suizid.html (30.12.23).

271 reactfeminism.org/nr1/artists/wilding_en.html (14.08.23).

272 Lorde, Audre: *Sister Outsider.* Übersetzt von Eva Bonné und Marion Kraft. Hanser, München. 2021: 25.

273 Delaume, Chloé (Hg.): *Sororité.* Editions Points, Paris. 2021: 9.

274 Delaume, Chloé: *Der Schrei der Sanduhr.* Übersetzt von Christiane Seiler. DVA, München. 2004: 13.

275 Delaume (Hg.), *Sororité: 12* (Übersetzung: Barbara Peveling. Original: »Pour rassurer les hommes, à qui chemin faisant on demande l'abolition totale de leurs privilèges, on aura soin de citer le terme d'adelphité comme concret horizon. Adelph, en grec ancien, ça veut dire frère et sœur.«).

276 Haddad, *Wie ich Scheherazade tötete.*

277 Tausendundeine Nacht. Übersetzt von Claudia Ott. Beck, München. 2004.

278 Cixous, Hélène: *Das Lachen der Medusa.* Übersetzt von Claudia Simma. Passagen, Wien. 2017: 42.

279 Frappat, *Le Gaslighting ou l'art de faire taire les femmes:* 270.

Literatur

AEHNLICH, KATHRIN: »Bei uns endete die Gleichberechtigung an der Wohnungstür«. MDR, 10. Januar 2023 (www.mdr.de/geschichte/ddr/alltag/familie/frauen-gleichberechtigung-ostfrauen-kathrin-aehnlich-100.html, 20.01.23).

ASSMANN, ALEIDA: *Erinnerungsräume, Formen und Wandlungen des kulturellen Gedächtnisses.* Beck, München. 2018.

ATWOOD, MARGARET: »Writing the Male Character«. In: *Second Words: Selected Critical Prose, 1960–1982* (1983). Readhowyouwant, Surry Hills, New South Wales. 2013.

BALZAC, HONORÉ DE: *Physiologie du mariage.* Alexandre Houssiaux Éditeur, Paris. 1855.

BALZAC, HONORÉ DE: *Die alte Jungfer.* Edition Holzinger. Berlin. 2016 (im Original erstmals 1837).

BÄRFUSS, LUKAS: *Vaters Kiste. Eine Geschichte über das Erben.* Rowohlt, Hamburg. 2022.

BECKER, GARY: *A treatise on the Family.* Harvard University Press, Harvard. 1991.

BEHJAT, SHILA: *Söhne großziehen als Feministin.* Hanser, München. 2024.

BENKEL, FRANZISKA: *Wir haben nichts mehr zu verlieren ... nur die Angst! Geschichte der Frauenhäuser in Deutschland.* Orlanda Verlag, Berlin. 2021.

BEAUVOIR, SIMONE DE: *Memoiren einer Tochter aus gutem Hause.* Rowohlt, Hamburg. 2014.

BEAUVOIR, SIMONE DE: *Le deuxième sexe.* Gallimard, Paris. 1976 (dt.: *Das andere Geschlecht. Sitte und Sexus der Frau.* Übersetzt von Uli Aumüller, Grete Osterwald, Eva Rechel-Mertens und Fritz Montfort. Rowohlt, Hamburg. 2018).

BIWI KEFEMPOM: *Femi(ni)zide.* Verbrecher Verlag, Berlin. 2023.

BOURDIEU, PIERRE: *La domination masculine.* Le Seuil, Paris. (1998) 2002 (dt.: *Die männliche Herrschaft.* Übersetzt von Jürgen Bolder. Suhrkamp, Berlin 2012).

BRODOWSKY, PAUL: *Väter.* Suhrkamp, Berlin. 2023.

Bücker, Teresa: *Alle Zeit. Eine Frage von Macht und Freiheit.* Ullstein, Berlin. 2022.
Charpentier, Coline: *T'as pensé à ...? Guide d'autodéfense sur la charge mentale.* Inédit, Paris. 2020.
Chatwin, Bruce: *Traumpfade.* Übersetzt von Anna Kamp. Hanser, München. 1990.
Chemla, Judith: *Notre silence nous a laissées seules.* Robert Laffont, Paris. 2024.
Chönz, Selina; Carigiet, Alois: *Schellen-Ursli.* Orell Füssli, Zürich. 2009.
Clemm, Christina: *AktenEinsicht. Geschichten von Frauen und Gewalt.* Kunstmann, München. 2022.
Cixous, Hélène: *Das Lachen der Medusa.* Übersetzt von Claudia Simma. Passagen, Wien. 2017.
Coffin, Alice: *Le génie lesbien.* Grasset, Paris. 2020.
Connell, Raewyn: *Masculinities.* University of California Press, Berkeley. 2005.
Criado-Perez, Caroline: *Unsichtbare Frauen. Wie eine von Daten beherrschte Welt die Hälfte der Bevölkerung ignoriert.* Btb, München. 2020.
Cruschwitz, Julia; Haentjes, Carolin: *Femizide. Frauenmorde in Deutschland.* Hirzel, Stuttgart. 2022.
Dahrendorf, Ralf: *Gesellschaft und Freiheit. Zur soziologischen Analyse der Gegenwart.* Piper, München. 1961.
Dahrendorf, Ralf: *Homo sociologicus.* Westdeutscher Verlag, Opladen. 2005.
Delaume, Chloé: *Der Schrei der Sanduhr.* Übersetzt von Christiane Seiler. DVA, München. 2004.
Delaume, Chloé (Hg.): *Sororité.* Editions Points, Paris. 2021.
Delvaux, Martine: *Le boys club.* Les éditions du remue-ménage, Québec. 2019.
Despentes, Virginie: *King Kong Theorie.* Übersetzt von Claudia Steinitz und Barbara Heber-Schärer. Kiepenheuer & Witsch, Köln. 2018.
Diehl, Sarah: *Die Freiheit, allein zu sein. Eine Ermutigung.* Arche, Zürich. 2022.
Dittloff, Christian: *Prägung.* Piper, München. 2023.
Dorlin, Elsa: *Selbstverteidigung.* Übersetzt von Andrea Hemminger. Suhrkamp, Frankfurt am Main. 2020.

Dowling, Colette: *Der Cinderella-Komplex: Die heimliche Angst der Frauen vor Unabhängigkeit.* S. Fischer, Frankfurt am Main. 1997.

Dowling, Colette: *Sterntaler. Wie Frauen mit Geld umgehen.* Übersetzt von Heidemarie Fehlhaber. S. Fischer, Frankfurt am Main. 1998.

Dworkin, Andrea: *Right-wing Women: The Politics of Domesticated Females.* Perigee Books, New York. 1983.

Engels, Friedrich: *Der Ursprung der Familie, des Privateigenthums und des Staats. Im Anschluss an L. H. Morgan's Forschungen.* 2. J. H. W. Dietz, Stuttgart 1886.

Federici, Silvia: *Hexenjagd. Die Angst vor der Macht der Frauen.* Übersetzt von Margarita Ruppel. Unrast, Münster. 2019.

Frank, Jo: *Gewalt.* Edition Atelier, Wien. 2023.

Frappat, Hélène: *Le Gaslighting ou l'art de faire taire les femmes.* L'Observatoire, Paris. 2023.

Garsoffky, Susanne; Sembach, Britta: *Die Alles ist möglich-Lüge.* Pantheon, München. 2014.

Gary, Romain: *La promesse de l'aube.* Gallimard, Paris. 1973.

Gilot, Françoise; Lake, Carlton: *Vivre avec Picasso.* Bibliothèques 10–18, Paris. 2006.

Godelier, Maurice: *Big Men & Great Men: Personifications of Power in Melanesia.* Cambridge University Press, Cambridge. 1991.

Gilmore, David: *Manhood in the Making.* Yale University Press, Yale. 1990.

Goffmann, Erving: *Stigma. Über Techniken der Bewältigung beschädigter Identität.* Übersetzt von Frigga Haug. Suhrkamp, Frankfurt am Main. 1975.

Goody, Jack: *Die Entwicklung von Ehe und Familie in Europa.* Suhrkamp, Frankfurt am Main. 1989.

Gropp, Rose-Marie: *Göttinnen und Fußabstreifer. Die Frauen und Picasso.* Piper, München. 2023.

Haddad, Joumana: *Wie ich Scheherazade tötete. Bekenntnisse einer zornigen arabischen Frau.* Übersetzt von Michael Hörmann. Hans Schiler Verlag. Berlin. 2010.

Hänel, Hilke: *Wer hat Angst vorm Feminismus?* Beck, München. 2021.

Hedayati, Asha: *Die stille Gewalt. Wie der Staat Frauen alleinlässt.* Rowohlt, Hamburg. 2023.

Henchoz, Caroline: *Le Couple, l'Amour et l'Argent.* L'Harmattan, Paris. 2008.

Herzfeld, Michael: *The Poetics of Manhood. Contest and Identity in a Cretan Mountain Village.* Princeton University Press, Princeton. 2020.

Hill, Jess: *See what you made me do. Power, control and domestic abuse.* Hurst, London. 2020.

Hirigoyen, Marie-France: *Masken der Niedertracht.* Übersetzt von Michael Marx. Dtv, München. 2002.

Hirigoyen, Marie-France: »De la peur à la soumission«. 2009/1 (73): 24–30 (www.cairn.info/revue-empan-2009-1-page-24.htm, 11.09.23).

Hustvedt, Siri: *Eine Frau schaut auf Männer, die auf Frauen schauen.* Übersetzt von Uli Aumüller und Grete Osterwald. Rowohlt, Hamburg. 2020.

Foucault, Michel: »Subjekt und Macht«. In: Ders.: *Analytik der Macht.* Übersetzt von Rainer Ansén u.a. Frankfurt, Suhrkamp. 2005: 240–263.

Jamoulle, Pascale: *Je n'existais plus.* La Découverte, Paris. 2021.

Kara, Yadé: *Selam Berlin.* Diogenes, Zürich. 2003.

Kaiser, Mareice: *Das Unwohlsein der modernen Mutter.* Rowohlt, Hamburg. 2021.

Kern, Björn: »Von Kita, Klima und Kapitalismus«. In: Peveling, Barbara; Richter, Nikola (Hg.): *Kinderkriegen. Reproduktion reloaded.* Edition Nautilus, Hamburg. 2021: 219–227.

Knausgård, Karl Ove: *Leben.* Übersetzt von Ulrich Sonnenberg. Btb, München. 2015.

Kullmann, Katja: *Die singuläre Frau.* Hanser, München. 2022.

Kumpfmüller, Michael: *Durst.* Kiepenheuer & Witsch, Köln. 2003.

Latour, Bruno: *Wir sind nie modern gewesen. Versuch einer symmetrischen Anthropologie.* Übersetzt von Gustav Roßler. Suhrkamp, Frankfurt am Main. 2008.

Latour, Bruno: *Sur le culte des dieux faitiches, suivi de Iconoclash.* La Découverte, Paris. 2010.

Lamy, Rose: *Préparez-vous pour la bagarre: En bons père de famille.* Lattès, Paris. 2023.

Léger, Nathalie: *La robe blanche.* P.O.L., Paris. 2018.

Leidig, Eviane: *The Women of the Far Right: Social Media In-*

fluencers and Online Radicalization. Columbia University Press, New York. 2023.

Lerner, Harriet: *Wohin mit meiner Wut. Neue Beziehungsmuster für Frauen.* Übersetzt von Olga Rinne. S. Fischer, Frankfurt am Main. 2001.

Lévi-Strauss, Claude: *Die elementaren Strukturen der Verwandtschaft.* Übersetzt von Eva Moldenhauer. Suhrkamp, Frankfurt am Main, 2009.

Lévi-Strauss, Claude: *Anthropologie structurale.* PON, Paris. 1974 (dt.: *Strukturale Anthropologie I.* Übersetzt von Hans Neumann. Suhrkamp, Frankfurt am Main. 1977).

Lecoq, Titiou: *Libérées! Le combat féministe se gagne devant le panier de ligne sale.* Fayard, Paris. 2017.

Lecoq, Titiou: *Le couple et l'argent. Pourqoui les hommes sont plus riches que les femmes.* L'iconoclaste, Paris. 2022.

Lord, James: *Picasso und Dora Maar.* Übersetzt von Astrid von dem Borne. Matthes & Seitz, Berlin. 1994.

Lorde, Audre: *Sister Outsider.* Übersetzt von Eva Bonné und Marion Kraft. Hanser Verlag, München. 2021.

Lücke, Jo: *Für Sorge. Wie Equal Care euer Familienleben rettet.* Knaur, München. 2024.

Manne, Kate: *Down Girl. The Logic of Misogyny.* Oxford, Oxford University Press. 2017 (dt.: *Down Girl. Die Logik der Misogynie.* Übersetzt von Ulrike Bischoff. Berlin, Suhrkamp. 2019).

Manne, Kate: *Entitled. How Male Privilege Hurts Women.* London, Penguin. 2020.

Mauss, Marcel: *Die Gabe. Form und Funktion des Austausches in archaischen Gesellschaften.* Suhrkamp, Frankfurt am Main. 1999.

Matwies, Frédéric: *Il y avait un monstre en moi – témoignage d'un ex-mari violent.* J'ai lu, Paris. 2014.

Mellul, Yael: *Mon combat contre l'emprise et le suicide forcé.* Michel Lafon, Paris. 2021.

Mika, Bascha: *Die Feigheit der Frauen.* Goldmann, München. 2012.

Nandi, Jacinta: *Die schlechteste Hausfrau der Welt. Ein Erfahrungsbericht und Manifest.* Edition Nautilus, Hamburg. 2020.

Nandi, Jacinta: *50 Ways to Leave Your Ehemann.* Edition Nautilus, Hamburg. 2022.

Oppitz, Michael: *Notwendige Beziehungen. Abriß der strukturalen Anthropologie.* Suhrkamp, Frankfurt am Main. 1993.
Orenstein, Peggy: *SchoolGirls. Young Women, Self-Esteem and the Confidence Gap.* Random House, New York. 1994.
Paris. Gilles: *Autobiografie einer Pflaume.* Übersetzt von Melanie Walz. Btb, München. 2007.
Perrot, Michelle: *Histoire de chambres.* Le Seuil, Paris. 2009.
Peveling, Barbara: »Herztöne hören«. In: Peveling, Barbara; Richter, Nikola (Hg.): *Kinderkriegen. Reproduktion Reloaded.* Nautilus Flugschrift. Edition Nautilus, Hamburg. 2021.
Regache, Camille: »Violences Conjugales entre femmes aussi«. In: *La Déferlante, La revue des révolutions féministes.* Nr. 13, Paris, 2024: 131–135.
Robinet, Jayrôme C.: »Krieger oder Loser«. In: Moritz, Valentin; Blum, David (Hg.): *Oh Boy. Männlichkeit*en heute.* Kanon, Berlin. 2023: 41–54.
Roche, Charlotte: *Mädchen für alles.* Piper, München. 2015.
Roig, Emilia: *Das Ende der Ehe. Für eine Revolution der Liebe.* Ullstein, Berlin. 2023.
Russel, Dina E.: *Femicide. The Politics of Woman Killing.* Twayne, New York. 1992.
Sagan, Carl: *Cosmos.* Editions Mazarine, Paris. 1981.
Sattouf, Riad: *Der Araber von morgen.* Knaus, München. 2015.
Schopenhauer, Arthur: *Die Welt als Wille und Vorstellung.* Diogenes, Zürich. 2017.
Schwarzer, Alice: *Eine tödliche Liebe: Petra Kelly und Gert Bastian.* Kiepenheuer & Witsch, Köln. (1993) 2001.
Schwilden, Fédéric: *Toxic Man.* Piper, München. 2023.
Spurgas, Alyson K.; Meleo-Erwin, Zoë C.: *Dekolonisiert Selfcare.* Übersetzt von Anne Emmert. Edition Nautilus, Hamburg. 2024.
Stelling, Anke: *Schäfchen im Trockenen.* Verbrecher Verlag, Berlin. 2018.
Suchanow, Klementyna: *Das ist Krieg.* Übersetzt von Antje Ritter-Müller. Europa Verlag, München. 2023.
Tausendundeine Nacht. Übersetzt von Claudia Ott. Beck, München. 2004.
Urwin, Jack: *Boys don't cry. Identität, Gefühl und Männlichkeit.* Übersetzt von Elvira Willems. Edition Nautilus, Hamburg. 2017.

Moritz, Valentin; Blum, David: *Oh Boy. Männlichkeit*en heute.* Kanon, Berlin. 2023.

Walker, Leonore E.: *The battered woman.* Harper, New York. 1980.

Widler, Yvonne: *Heimat bist du toter Töchter.* Kremayr & Scheriau, Wien. 2022.

Wildeblood, Peter: *Against the Law.* Weidenfeld and Nicholson, London. 1955.

Windmüller, Gunda: *Weiblich, ledig, glücklich – sucht nicht.* Rowohlt, Hamburg. 2019.

Wolf, Christa: *Kassandra.* Suhrkamp, Frankfurt am Main. 2008.

Woolf, Virginia: *Professions for Women. Collected Essays.* Hogarth Press, London. 1966.

Yalom, Irvin D.: *Existential Psychotherapy.* Basic Books, New York. 1980.

Zahavi, Helen: *Dirty Weekend.* HarperCollins, London. 1993.

Printmedien

Adorján, Johanna: »Es ist als hätte sich ein Tor zur Hölle aufgetan«. In: *Süddeutsche Zeitung,* 22.02.24.

»Annie Ernaux im Gespräch mit Céline Sciamma«. In: *La Déferlante,* Nr. 1, März 2021: 19.

»John Lennon and Yoko Ono«. In: *Playboy,* Januar 1981.

Sudholt, Eva: »Der Sohn des Generals«. In: *Die Zeit,* 18.10.22.

Film, Fernsehen, Radio

Maïllies, Annie; Blum, Sylvie: *Pablo Picasso et Françoise Gilot: La femme qui dit non.* ARTE, Frankreich. 2020.

Cukor, George: *Gaslight.* MGM, USA. 1944.

Ross, Matt: *Gaslit.* Starz. 2022.

Inhalt